Dualidade Divina

Dr. William Keepin
com Cynthia Brix
e a dra. Molly Dwyer

Dualidade Divina

O Poder da Reconciliação entre
Homens e Mulheres

Tradução
MELANIA SCOSS

Editora
Cultrix
SÃO PAULO

Título original: *Divine Duality*.

Copyright © 2007 William Keepin.

Todos os direitos reservados. Nenhuma parte desta obra pode ser reproduzida ou usada de qualquer forma ou por qualquer meio, eletrônico ou mecânico, inclusive fotocópias, gravações ou sistema de armazenamento em banco de dados, sem permissão por escrito, exceto nos casos de trechos curtos citados em resenhas críticas ou artigos de revistas.

A Editora Pensamento-Cultrix Ltda. não se responsabiliza por eventuais mudanças ocorridas nos endereços convencionais ou eletrônicos citados neste livro.

Coordenação editorial: Denise de C. Rocha Delela e Roseli de S. Ferraz

Preparação de originais: Roseli de S. Ferraz

Revisão de provas: Maria Aparecida Salmeron

Nota ao leitor: Ao longo do livro, os nomes dos participantes dos workshops e alguns detalhes menores foram alterados para proteger a identidade de todos eles.

Dados Internacionais de Catalogação na Publicação (CIP)
(Câmara Brasileira do Livro, SP, Brasil)

Keepin, William
    Dualidade divina : o poder da reconciliação entre homens e mulheres / William Keepin com Cynthia Brix e Molly Dwyer ; tradução Melania Scoss. – São Paulo: Cultrix, 2010.

    Bibliografia.
    ISBN 978-85-316-1067-7

    1. Diferenças sexuais – Aspectos religiosos 2. Homem – Mulher – Relacionamento 3. Homem – Psicologia 4. Mulher – Psicologia 5. Papéis sexuais – Aspectos religiosos 6. Reconciliação – Aspectos religiosos I. Brix, Cynthia. II. Dwyer, Molly. III. Título.

10-03138   CDD-305.3

Índices para catálogo sistemático:
1. Homens e mulheres : Papéis sexuais : Sociologia   305.3

O primeiro número à esquerda indica a edição, ou reedição, desta obra. A primeira dezena à direita indica o ano em que esta edição, ou reedição, foi publicada.

Edição   Ano
1-2-3-4-5-6-7-8-9   10-11-12-13-14-15-16-17

Direitos de tradução para o Brasil
adquiridos com exclusividade pela
EDITORA PENSAMENTO-CULTRIX LTDA.
Rua Dr. Mário Vicente, 368 — 04270-000 — São Paulo, SP
Fone: 2066-9000 — Fax: 2066-9008
E-mail: pensamento@cultrix.com.br
http://www.pensamento-cultrix.com.br
que se reserva a propriedade literária desta tradução.

*Aos meus pais,
Madge e Bob Keepin,
que me deram o dom da vida
e continuaram sempre a se doar...*

*E para Aquele Sem Nome,
que me deu o dom da Vida
e a Quem
eu dou a minha vida.*

Sumário

Introdução
    O convite do amado 9

Capítulo 1
    Oásis da verdade: O chamado por reconciliação entre
    homens e mulheres 13

Capítulo 2
    Cultivo da compaixão: Princípios da reconciliação de gênero........... 45

Capítulo 3
    Testemunho das feridas de gênero 63

Capítulo 4
    Aprofundamento nos círculos feminino e masculino 73

Capítulo 5
    Cura pela graça: A alquimia da reconciliação 83

Capítulo 6
    Abraçar o amado: A transmutação da sexualidade profana em
    comunhão sagrada 103

Capítulo 7
    Obtendo o ouro alquímico 125

Capítulo 8
    Além das palavras: A cura transformacional em comunidades 141

Capítulo 9
    Maher-Bharata: Reconciliação de gênero na Índia 157

Capítulo 10
   Reconciliação de gênero na República do Arco-Íris 179

Capítulo 11
   Lições de uma década de cura de gênero 215

Capítulo 12
   Divindade da dualidade: Restaurando o equilíbrio sagrado entre masculino e feminino 223

Apêndice
   Resumo do modelo de reconciliação de gênero do Satyana 243

Notas 246

Sobre o Satyana Institute 248

Introdução

O convite do amado

> *O futuro da humanidade não será decidido pelas relações entre nações, mas pelas relações entre homens e mulheres.*
> – D.H. Lawrence

Quer estivesse exagerando ou não ao fazer essa declaração profética, D.H. Lawrence apontou para algo bastante real. A crise nos relacionamentos entre homens e mulheres atingiu uma proporção imensa e está criando um sofrimento profundo em bilhões de pessoas, literalmente. Para melhorar essa situação, muitos indivíduos e organizações profundamente comprometidos estão engajados de várias maneiras em projetos inspiradores, e o trabalho exposto neste livro mostra talvez outro passo em direção a esse objetivo.

As pessoas me perguntam frequentemente por que eu, físico por profissão, organizei um projeto de cura e reconciliação entre homens e mulheres. Esse caminho, desde seu ponto de partida até o de chegada, começou quando, ainda um jovem universitário, despertei para as questões femininas e, mais tarde, para as masculinas. Como li alguns dos primeiros clássicos da literatura feminista e "masculinista", eu estava abismado com a extrema magnitude da opressão entre os sexos e surpreso por essas percepções terem surgido somente no final do século XX. Logo a seguir, despertei para a magnitude e o impacto das condições do meu próprio gênero, sendo então forçado a iniciar um trabalho pessoal de cura diante de dois casamentos de pouca duração. No entanto, nunca encarei esses casamentos como "fracassados", pois aprendi muito com eles e, às vezes, as lições do coração não podem ser aprendidas de outra maneira. Tenho uma gratidão imensa especialmente à minha primeira mulher, mas também a outras mulheres da minha vida pessoal com quem aprendi desde cedo muitas lições fundamentais. Por isso, serei eternamente grato a elas.

Depois de completar meu doutorado em física matemática e conduzir pesquisas em teoria quântica e teoria do caos, reuni-me a um grupo internacional e interdisciplinar de pesquisa científica, onde mudei meu foco profissional para as alternativas sustentáveis à energia nuclear e aos combustíveis fósseis. Logo me vi envolvido numa controvérsia científica e me tornei um relutante denunciador quando revelei uma manipulação inescrupulosa de dados que favorecia os objetivos políticos da indústria nuclear. Voltei à faculdade no final da década de 80 para estudar filosofia oriental e psicologia transpessoal, e durante três anos fiz treinamento em trabalho de respiração holotrópica com Stanislav Grof, que foi um importante mestre para mim. Dentre os outros mestres e influências ao longo do caminho incluo Ravi Ravindra, Joanna Macy, Richard Tarnas, Barbara Findeisen e, mais recentemente, Llewellyn Vaughan-Lee e o padre Thomas Keating, bem como muitos alunos e colegas com quem tive o privilégio de trabalhar no decorrer dos anos.

Durante seis anos tive também o privilégio de trabalhar ao lado de duas psicólogas clínicas em Atlanta: Sharyn Faro e Bonnie Morrison, cuja clientela incluía muitas lésbicas e gays, assim como vítimas de traumas sexuais e de abusos. Na clínica, utilizei amplamente o trabalho de respiração holotrópica em experimentos com cura profunda, e vivenciei em primeira mão o inacreditável sofrimento decorrente da violência sexual e da opressão entre os gêneros. Curas profundas aconteciam com frequência nesse trabalho, e essa experiência clínica acabou se tornando parte dos alicerces ao construirmos o trabalho de reconciliação de gênero do Satyana Institute.

Comecei a praticar meditação zen no início dos anos 80; em seguida fiz vários retiros de meditação vipassana e, mais tarde, retiros de budismo tibetano. Fui então introduzido na sabedoria mística da Índia, sentindo-me profundamente afortunado por receber a orientação direta de um mestre espiritual hindu pouco conhecido. Isso mudou completamente minha vida, fazendo desabrochar em mim um apaixonado compromisso com a jornada espiritual e com o serviço ao Divino, que amadureceu e se tornou um comprometimento profundo com o caminho místico, depois enriquecido através de encontros com as tradições místicas sufi e cristã. Durante o processo, meu envolvimento com o trabalho de reconciliação de gênero se transformou completamente, sendo que o presente livro é o fruto direto dessa experiência. Por tudo isso, a minha gratidão não tem limites.

Os consortes masculino e feminino nas divindades das tradições místicas hindu e budista me inspiraram imensamente, ao lado da arrebatadora beleza da poesia mística de Rumi, Jnaneswar, Ramprasad, Rab'ia, Kabir, Mirabai e outros. Mas me espantou o fato de as mulheres serem tratadas de maneira tão insignificante em muitas dessas sociedades que produziram uma poesia devocional profunda dedicada ao Feminino Divino.

Sinto-me afortunado por ter me envolvido diretamente com várias comunidades alternativas desde 1984, em especial Findhorn (na Escócia) e, mais recentemente, Maher (na Índia) e Damanhur (na Itália). Sou grato por ter participado, com diversos colegas, da fundação do Global Ecovillage Network no começo da década de 90. Ao visitar numerosas comunidades espirituais e alternativas ao redor do globo, testemunhei os sofrimentos e vitórias de diversas comunidades em sua luta intensa com os complexos vínculos entre gênero, sexualidade, intimidade e espiritualidade, e isso serviu de base para o desenvolvimento do trabalho de reconciliação de gênero do Satyana Institute.

Tomadas em conjunto, essas experiências e circunstâncias incutiram em mim uma paixão pela cura e transformação profundas das relações entre homens e mulheres. Consciente da magnitude dessa necessidade, unida à escassez de respostas tangíveis na maioria das sociedades do mundo, senti-me compelido a oferecer qualquer contribuição que me fosse possível, e o trabalho documentado neste livro é o resultado. Deixo aos leitores a tarefa de julgar o valor dele e, se acharem que vale a pena, de construir algo que possa ir além.

O trabalho de reconciliação de gênero do Satyana Institute se desenvolveu durante um período de quinze anos, com alguns protótipos iniciais e a colaboração de vários colegas. No início dos anos 90, colaborei com a ativista social Heart Phoenix e com o ecologista profundo australiano John Seed, os quais organizaram uma série de protótipos de workshop que reuniram ativistas ambientais, tanto homens como mulheres, para explorar os vínculos entre os gêneros e a ecologia. Com o passar dos anos, outros colaboradores se envolveram, incluindo (em ordem alfabética de sobrenome) Liz Bragg, Davis Chapman, Raphael Tillman Fox, Kay Grindland, Harriet Rose Meiss, Bill Pfeiffer, Ben Robin e Jeffrey Weissberg.

Na metade da década de 90, comecei a desenvolver workshops do trabalho de reconciliação de gênero para locais mais amplos, em colaboração com

Johanna Johnson, Allen Kanner, Amy Fox, Anne Yeomans e outros, e publiquei um artigo sobre o assunto na revista *ReVision* (inverno de 1995). Enquanto isso, alguns dos primeiros colegas também haviam continuado a desenvolver o trabalho, inclusive Heart Phoenix e Jeffrey Weissberg, que criaram uma série de workshops de gênero, intitulada "Beyond the Veil", e a ofereceram regularmente no Kripalu Center, em Massachusetts, e em outros locais.

No final dos anos 90, minha antiga amiga e colega Diane Haug começou a colaborar comigo neste trabalho e depois Molly Dwyer juntou-se ao Satyana Institute, enquanto completava sua dissertação de Ph.D. em cosmologia de gênero. Molly deu importantes contribuições ao trabalho antes de se desligar, em 2003, para seguir sua paixão como escritora de ficção; e Diane continua colaborando conosco periodicamente. Cynthia Brix juntou-se ao Satyana Institute em 2001, como coordenadora administrativa, mas, ao concluir seu curso de teologia, tornou-se diretora de programas do instituto.

Ao longo dos anos, muitos convidados deram suas contribuições a essa rica mistura, dentre eles Peter Rutter, Carol Flinders, Andrew Harvey, Christopher Kilmartin, Lucia Ticzon, Rina Swenson, Mahnaz Afkhami, Larry Robinson e Stuart Sovatsky. Todos esses colegas trouxeram seus dons únicos ao trabalho de reconciliação de gênero, que cresceu e se enriqueceu através dos numerosos estágios de sua evolução; e agora esse trabalho parece estar pronto para atingir um público mais amplo e diversificado por meio deste livro.

Em vista da magnitude da cura que é necessária nos relacionamentos entre homens e mulheres de todo o mundo, estou plenamente consciente das limitações do nosso trabalho de reconciliação de gênero e do seu limitado escopo quando comparado à imensa necessidade de cura global de gênero. Entretanto foi um grande privilégio testemunhar a notável coragem e integridade e a absoluta ousadia de aproximadamente setecentos homens e mulheres de inúmeras culturas diferentes à medida que preparavam um novo terreno para se engajar nesse trabalho. Foi inacreditavelmente inspirador ver esses homens e mulheres maravilhosos se debatendo – às vezes humildemente, outras vezes triunfantemente (em geral ambos!) – com um dos mais intimidadores desafios que a sociedade humana enfrenta nos dias de hoje.

A todos esses fabulosos pioneiros que tiveram a coragem e a vulnerabilidade de embarcar juntos nesse trabalho, deixem-me dizer "muito obrigado", pois eles fizeram esse trabalho ser o que é e nos deram inspiração para escrever este livro. Que os frutos de seu corajoso trabalho possam inspirar e beneficiar os homens e mulheres de todo o mundo!

1

Oásis da verdade: O chamado por reconciliação entre homens e mulheres

*O Amado está com aqueles cujo coração
se partiu em benefício do Amado.*
– Ditado sufi

"Uma mulher pode se iluminar?", perguntou a inteligente e arrebatada aluna, com vivo entusiasmo. O brilho em seu olhar revelava sua exuberante paixão pela realização espiritual. Esse desejo ardente a levara até o norte da Índia, onde se reunira à comunidade budista exilada que tinha fugido do Tibete para escapar da perseguição chinesa.

"Não", foi a solene resposta do enrugado lama superior. Ele era um dos mestres mais venerados dentro da tradição do budismo tibetano, e sua voz sonora transmitia uma autoridade de comando e uma calma deliberada. "Uma mulher pode avançar até um estágio espiritual bastante elevado, exatamente anterior à iluminação", ele continuou num tom profundamente ressonante. "Então ela deve morrer e renascer como homem para obter a iluminação."

Por quê??, espantou-se a jovem em seu interior, e seu abatido coração afundou rapidamente no peito com profundo desapontamento. Ela aceitou relutantemente e com silenciosa resignação a resposta do velho e sábio lama. Não havia escolha: a integridade, profundidade e autoridade espiritual do lama estavam acima de qualquer questão. Ele era um mestre altamente reverenciado cuja simples presença exalava profundas qualidades de sabedoria e compaixão, qualidades que o ansioso coração daquela jovem aspirava ardentemente. Ela podia até mesmo sentir a compaixão dele por sua trágica condição de mulher que aspirava ao impossível. Em tibetano, a palavra para "mulher" significa literalmente "nascimento inferior".

Mas por que um ser humano precisa ser do sexo masculino para se tornar espiritualmente iluminado? Ela continuou pensando nessa questão, e profundamente, durante muitos anos. Quanto mais considerava a questão, menos sentido parecia fazer. Tentou racionalizá-la, confortando a si mesma com o pensamento de que o estado de iluminação está além da razão e do bom senso, portanto essa verdade profunda talvez só pudesse ser percebida depois que a mulher morria e renascia como homem e se tornava iluminada... não... *iluminado!* Ou talvez fosse como um koan zen, ela refletia, algo que transcende inteiramente toda a lógica e compreensão mental. Nesse meio-tempo, tal como as outras monjas tibetanas, ela ficava relegada a cozinhar, limpar e atender aos monges. Mas a questão não a deixava descansar, portanto continuou sua luta durante anos e sob os mais diferentes ângulos.

Ela encontrou outro lama que a iniciou nas práticas esotéricas da meditação budista tibetana. Sua sinceridade e seu profundo comprometimento fizeram com que se mudasse para uma caverna no Himalaia, a quase 4 mil metros de altitude, onde viveu sozinha por doze anos. Lá, meditava durante doze horas por dia, completando assim mais de 52 mil horas de meditação. Um profundo oceano de consciência espiritual e mística despertou dentro dela. Ao longo desses doze anos, ela quase morreu em duas ocasiões: a primeira, quando a entrada da caverna ficou bloqueada durante uma forte nevasca, mas ela conseguiu escavar uma saída. A segunda vez foi por causa de uma grande rocha que rolou. Ela estava sentada, quieta, quando de repente ouviu uma voz interior lhe dizendo "Saia". Como não saiu imediatamente, a voz se repetiu, insistente. "Saia *agora!*" Ela saiu e, de imediato, um bloco gigantesco caiu exatamente onde estivera sentada.

Mas a voz permanecia silenciosa em relação a outros assuntos, tais como o dilema de ser uma mulher lutando em vão por sua iluminação espiritual. Seu compromisso com a realização espiritual era absoluto, embora ela não pudesse alcançar seu objetivo máximo. Por quê? Porque era mulher. Não porque talvez fosse insuficientemente pura de coração. Não porque talvez seu compromisso não fosse profundo o suficiente ou ela fosse insuficientemente disciplinada em sua prática de meditação. Não porque ela era imperfeita em sua austeridade ou em sua aspiração ou em suas orações – todas essas eram razões plausíveis que ela prontamente aceitaria e entenderia. Mas não, o motivo era ser mulher. Ela levou esse dilema para sua sessão de meditação profunda. Mas, ao contrário de outras dúvidas e assuntos que submeteu à contemplação profunda, esse não se resolveu. A situação jamais ficou mais clara ou aceitável. Em vez disso, tornou-se mais desconcertante e confusa. Quanto mais ela examinava, mais vaga a questão se tornava – até mesmo risível. O fundamental se resumia a uma pergunta simples e ridícula que se apresentou de modo claro à sua mente: *O que um pênis tem de tão espiritualmente especial que é impossível se iluminar sem ele?*

Finalmente, chegou o dia em que ela teve a oportunidade de fazer sua pergunta a outros lamas superiores. Ela descera da montanha depois de doze anos em meditação, tendo alcançado algo que poucos lamas idosos jamais alcançaram. De fato, seu retiro intensivo e solitário de doze anos numa caverna no alto da montanha era algo que todos os lamas estavam convencidos ser impossível uma mulher realizar. Agora ela havia conquistado um imenso respeito entre os líderes da tradição do budismo tibetano. A tal ponto que foi convidada para um encontro de alto nível de alguns dos lamas mais elevados da tradição. Era a única mulher presente.

Nesse encontro, ela fez de novo a mesma pergunta: "Uma mulher pode se iluminar?" E, de novo, três dos lamas superiores lhe responderam "Não". Ela então lhes pediu que, por favor, fossem meditar e, com toda a seriedade, refletissem realmente sobre esta questão: *Por que uma mulher não pode obter a iluminação? O que, em particular, o órgão reprodutor masculino tem de tão espiritualmente especial que é impossível se iluminar sem um deles?*

Os três lamas se retiraram e meditaram regularmente sobre a questão por vários dias. Então voltaram e responderam a ela: "Não sabemos." A mulher fitou atentamente cada um dos lamas, buscando alguma pista ou informação adicional. Nada surgiu.

"Não conseguimos descobrir a resposta", eles concluíram.

"Claro", ela respondeu, "e isso porque não é verdade." Ela então anunciou aos lamas que estava assumindo o firme compromisso de continuar a encarnar em forma feminina até se tornar um buda plenamente iluminado num corpo de mulher.

Essa é a história verídica de Tenzin Palmo, uma monja do budismo tibetano nascida na Grã-Bretanha, que hoje ainda vive no norte da Índia, onde dirige um mosteiro que ela fundou para treinar as monjas tibetanas nas práticas esotéricas budistas que foram negadas às mulheres por mais de mil anos. O mosteiro Dongyu Gatsal Ling, de Tenzin Palmo, juntamente com alguns outros projetos pioneiros, está mudando os precedentes de séculos de patriarcalismo no budismo tibetano. E o mosteiro recebeu as bênçãos do Dalai Lama, que, por sinal, disse a Tenzin Palmo que uma mulher pode realmente se iluminar.

A essência da reconciliação de gênero

A história que acabamos de contar revela, em seus princípios básicos, a natureza da cura de gênero e da reconciliação entre homens e mulheres. Em essência, o processo é simples: os homens e mulheres se reúnem – em iguais termos, em integridade, renunciando às rejeições, tabus e desculpas usuais e condicionadas – e, conjuntamente, exploram a verdade de suas experiências, vulnerabilidades, percepções e aspirações. Nesse processo, eles fazem descobertas juntos e permitem que nasça uma nova compreensão. Permitem que essas novas revelações os mudem, aceitando a cura que for necessária e assumindo total responsabilidade pelas consequências de tudo aquilo que descobriram e vivenciaram em conjunto. Quando esse trabalho é conduzido com integridade e sensibilidade por um grupo, mesmo pequeno, de homens e mulheres, os benefícios resultantes não são apenas para eles, mas infiltram-se na comunidade, beneficiando a sociedade mais ampla.

Apesar de, em retrospectiva, a história de Tenzin Palmo parecer fascinante, quase extravagante e certamente cômica, viver aqueles anos desafiadores foi bastante real e profundamente doloroso para ela. Foram-lhe negadas as transformadoras práticas esotéricas do budismo tibetano – uma das mais profundas e belas escolas de sabedoria espiritual da história humana – simplesmente porque era mulher. Aqueles foram os anos mais solitários de sua vida, mais solitários que sua prolongada solidão na caverna. Entretanto, o povo tibetano – tanto homens como mulheres – jamais questionou a injustiça de gênero existente em sua tradição, pois, para eles, estava baseada na "realidade" do que eram as mulheres e os homens. Mas isso era uma completa ilusão, localizada bem no âmago de uma tradição que estava comprometida em desfazer as ilusões – e, por muitos séculos, essa ilusão negou injustamente às mulheres tibetanas, e especialmente às monjas tibetanas, seu direito nato à espiritualidade.

Nem Tenzin Palmo nem os lamas tinham condições de chegar por si mesmos a esse avanço. Precisavam uns dos outros. Ela precisava de homens lamas sinceros e bem-intencionados a quem propor a questão. Os lamas precisavam dela para que fizesse seriamente a pergunta de modo que eles se aventurassem na investigação. Depois, ela precisava de homens que respondessem com integridade, e eles assim fizeram – com isso, respeitaram-na e confirmaram os princípios espirituais de sua tradição. Juntos, Tenzin Palmo e esses poucos lamas promoveram um grande avanço – não apenas (nem principalmente) para eles mesmos, mas para o povo tibetano e para toda a tradição do budismo vajrayana, pois as mulheres são agora admitidas nos graus de mestria espiritual. Esse avanço ajudou a mudar para sempre a tradição do budismo tibetano.

É claro que em outros casos de reconciliação de gênero o processo pode ser, e geralmente é, bastante diferente, dependendo das circunstâncias. Pode causar liberações emocionais catárticas, ou envolver energias dinâmicas potentes, ou haver a emanação da profunda graça espiritual. Porém, a essência do processo é basicamente a mesma: homens e mulheres se reúnem como iguais, são profundamente honestos uns com os outros ao abordar suas experiências e, por esse processo, curam as feridas do passado, despertam juntos para novas realizações, atingem um patamar de reconciliação e perdão, e desse modo transformam-se mutuamente.

Oásis da verdade: A necessidade de um novo fórum para as mulheres e os homens

O fórum que Tenzin Palmo finalmente conquistou – um contexto no qual era levada a sério e podia perguntar sobre as questões inquestionáveis – é algo que todo ser humano anseia: um oásis da verdade, no qual as questões profundas podem ser seriamente levantadas e no qual a pessoa pode beber diretamente da fonte da verdade, livre das respostas condicionadas e das formas-pensamento culturais que modelam e distorcem uma grande parte da nossa experiência como seres humanos. No caso do gênero, esse oásis seria um fórum em que homens e mulheres possam se reunir com integridade, levantar questões desafiadoras sobre gênero e sexualidade, discutir o indiscutível e permitir que a cura e a reconciliação desabrochem naturalmente. Em todo o mundo, as sociedades precisam exatamente desse tipo de fórum – embora ele não exista em praticamente nenhum lugar. Mesmo em comunidades ou grupos espirituais, ou em contextos similares, nos quais se espera que um fórum aberto esteja presente, com frequência existem tabus impedindo que se fale abertamente de assuntos e dinâmicas de gênero, em particular nos casos em que o líder possa estar envolvido em dinâmicas de poder entre os gêneros ou em atividades sexuais que são mantidas ocultas.

O trabalho de reconciliação de gênero busca fornecer esse fórum necessário – um oásis da verdade e da cura, no qual os assuntos que dizem respeito ao masculino e ao feminino; às lésbicas, gays, bissexuais e transgêneros (LGBT); e aos condicionamentos culturais e às dinâmicas de poder que cercam a sexualidade e o gênero possam ser finalmente tratados de maneira aberta e honesta. Um fórum em que as histórias reais possam ser contadas, sem censura quanto aos detalhes, e ser verdadeiramente ouvidas. Um fórum que não se limite somente ao diálogo, mas que acolha as consequências de se perguntar sobre as questões profundas – onde as lágrimas, a ofensa, as dificuldades, a angústia, a vergonha, o disparate, o perdão, a compaixão, a cura e a graça espiritual possam aflorar em sua sabedoria inata e fluente. Um lugar onde o coração possa se derreter ou planar conforme a necessidade, e onde o espírito humano possa triunfar sobre os sofrimentos e tribulações de milhares de anos de opressão e injustiça de gênero.

Esse tipo de fórum é necessário em todas as culturas no mundo inteiro. É preciso ir além da mera troca verbal e compreensão conceitual, criando um lugar onde haja reciprocidade, compaixão, perdão e comunhão. Este livro documenta um modesto primeiro passo nesse rumo.

Projeto "O Poder da Reconciliação", do Satyana Institute

Antes de criar um fórum para a cura e reconciliação de gênero, o autor e vários colegas criaram inicialmente um projeto chamado "Reconciliação de Gênero", e mais recentemente "O Poder da Reconciliação", patrocinado pelo Satyana Institute, uma organização de serviço, sem fins lucrativos, fundada por Will Keepin e Jed Swift, e localizada atualmente perto de Seattle, no estado de Washington. Com o tempo, o Satyana Institute desenvolveu um processo de colaboração de gênero, tendo como meta a cura e a reconciliação de conflitos e injustiças baseados em gênero. O processo se fundou nos princípios universais do amor e do perdão, e a metodologia combinou um leque variado de modalidades, incluindo técnicas psicológicas e terapêuticas, disciplinas contemplativas, exercícios práticos e as abordagens transpessoal e espiritual. Essa metodologia diversificada provou-se vital para o sucesso do trabalho. Limitar a cura de gênero à modalidade cognitiva ou dialogal tenderia a desencaminhar o processo e obstruir um processo profundo e transformador. Este último ocorre quando os homens e mulheres transcendem as tensões e divisões da dualidade de gênero ao compartilhar o avanço emocional, psicológico e espiritual rumo a uma unidade mais elevada.

Nos últimos quinze anos, o Satyana Institute e suas encarnações anteriores organizaram mais de quarenta encontros para que, juntos, homens e mulheres explorassem a "reconciliação de gênero". A maioria desses eventos foi de workshops intensivos de cinco dias em regime fechado; o restante foi de duração mais curta, inclusive workshops de fim de semana, eventos de um dia e apresentações em conferências. Esses encontros forneceram um fórum único para que homens e mulheres confrontassem em conjunto as realidades da desarmonia de gênero e se engajassem num diálogo construtivo e num trabalho de cura de alguns dos mais controversos e aparentemente intratáveis problemas de gênero. O processo foi criado para funcionar bem tanto nos países ricos do Ocidente quanto nas sociedades com graves injustiças de gênero, como a Índia e a África do Sul. Este livro descreve o que vivenciamos e aprendemos nesses encontros. Nós o oferecemos na esperança de que ele inspire outros trabalhos que expandam os promissores resultados que testemunhamos até o momento.

A premissa fundamental em que se baseia o trabalho de reconciliação de gênero do Satyana é a de que tanto as mulheres como os homens sofrem os efeitos da injustiça de gênero, e elas e eles precisam uns dos outros para que haja cura e reconciliação verdadeiras e completas. Embora importantes progressos tenham sido obtidos pelos movimentos feministas e masculinos nas últimas décadas, nenhum grupo que trabalhe sozinho consegue criar o equilíbrio de gênero na sociedade. Os sexos precisam trabalhar juntos para que esse equilíbrio seja atingido, colaborando com novas e corajosas modalidades experimentais e transformadoras. É necessária uma abordagem totalmente nova que transcenda os métodos mais tradicionais de reforma social e política.

Neste livro, usamos o termo "reconciliação de gênero" ou "cura de gênero" para nos referirmos à forma particular de trabalho de cura e reconciliação, como documentada aqui, para homens e mulheres (independentemente da orientação sexual dos participantes). A terminologia "reconciliação de gênero" é consideravelmente nova, como mostra qualquer pesquisa rápida na Internet. O termo tem o potencial de ser interpretado de várias maneiras e pode ter diferentes significados em outros contextos. Algumas vezes, quando ouvem esse termo, as pessoas assumem que ele tem a ver com reconciliar conflitos acerca da própria identidade de gênero, que não é o seu significado aqui. Para nossos propósitos, adotamos o termo "reconciliação de gênero" como um modo taquigráfico de nos referirmos à forma particular de trabalho de cura entre homens e mulheres descrita neste livro.

O propósito da reconciliação de gênero é transformar as raízes do desequilíbrio de gênero em seus múltiplos níveis: dentro do indivíduo, nas relações interpessoais e na sociedade mais ampla. A reconciliação de gênero busca proporcionar um fórum facilitador, seguro e competente, onde homens e mulheres possam examinar em conjunto as dificuldades sutis do condicionamento cultural que cerca o gênero e a sexualidade, possam apoiar uns aos outros na cura das raízes das dinâmicas negativas de gênero e possam tratar as iniquidades e injustiças mundiais que estão associadas a esses problemas. Em exercícios de grupo, cuidadosamente programados e facilitados, os assuntos que raramente são discutidos em voz alta em outros locais, aqui, são compartilhados abertamente e tratados coletivamente. O processo envolve o poder de, em comunidade, dizer a verdade de modo franco e cuidadoso, unido à misteriosa graça do testemunho amoroso, do perdão e da presença compassiva para facilitar a cura e a reconciliação profundas. Um plano detalhado do projeto e dos estágios da reconciliação de gênero do Satyana Institute é apresentado no Apêndice A.

As questões e dinâmicas de gênero que afloram em nossos eventos de reconciliação de gênero não são novidades em si mesmas. A injustiça de gênero é antiga e universal, e as questões-chave têm sido frequentemente tratadas em grupos femininos e masculinos – trabalhando isolados uns dos outros –, que se esforçam para tornar conscientes as injustiças de gênero ocultas que existem em nossa sociedade. Essa separação entre grupos femininos e grupos masculinos foi historicamente necessária porque o trabalho autêntico de cura de gênero não poderia ter sido iniciado de outra maneira, e tal trabalho certamente precisa continuar.

Mas agora chegou o momento de darmos um novo passo: produzindo métodos criativos para que homens e mulheres colaborem na cura mútua de gênero. Novas e poderosas dimensões de um trabalho transformador entre homens e mulheres tornam-se possíveis quando as difíceis questões de gênero são enfrentadas com integridade e sensibilidade em grupos mistos.

Até onde sabemos, o trabalho reportado neste livro representa um dos pouquíssimos esforços organizados e continuados para a cura colaborativa de gênero, com homens e mulheres trabalhando juntos. Outros trabalhos de cura de gênero que mantêm alguma relação com o trabalho do Satyana têm utilizado vários métodos, principalmente formas diferentes de diálogo. Dentre os exemplos estão uma bem-sucedida série de workshops de fim de semana para homens e mulheres intitulada *Essential Peacemaking*, desenvolvida na década de 90 por Danaan Parry e Jerilyn Brusseau, antes da morte prematura de Parry em 1996.[1] Outra série de workshops de diálogo de gênero foi desenvolvida pelo Stone Center, em Wellesley, Massachusetts, que culminou no livro *We Have to Talk*, de Samuel Shem e Janet Surrey.[2] Marion Woodman e Robert Bly conduziram uma série de workshops experimentais e mitopoéticos para homens e mulheres, e foram coautores do livro *The Maiden King: The Reunion of Masculine and Feminine*.[3] Um interessante experimento de diálogo de gênero, com duração de uma semana e na forma de acampamento, está narrado no livro *What Women and Men Really Want*, de Aaron Kipnis e Elizabeth Herron.[4] Riane Eisler e David Loye foram os pioneiros no que eles chamam de modelo de "parceria" na relação de gênero, em seu livro *The Partnership Way*.[5] Além desses, sem dúvida existem os inumeráveis livros populares sobre gênero e relacionamentos íntimos, sendo que a maior parte é pouco relevante para o nosso trabalho, como a série *Homens São de Marte / Mulheres São de Vênus*, de John Gray, e os livros sobre estilos de comunicação de gênero, de Deborah Tannen. Diversos livros sobre a sexualidade consciente, de autores tais como Miranda Shaw, Georg Feuerstein, Barry Long, David Deida e Amarananda Bhairavan são bastante úteis. Outros livros relevantes a vários aspectos do nosso trabalho serão citados à medida que prosseguirmos.

O trabalho reportado neste livro é prático e experimental em sua natureza, em vez de analítico ou teórico, e os resultados são aplicáveis numa ampla gama de contextos teóricos ou filosóficos. Há uma abundância de teorias sobre a natureza das diferenças de gênero e, é claro, essas teorias contradizem umas às outras com frequência. A teoria essencialista, por exemplo, propõe que a mulher e o homem, em sua natureza básica, são fundamentalmente diferentes – biológica, psicológica e espiritualmente. Em contraste, a teoria construtivista propõe que a mulher e o homem são fundamentalmente a mesma coisa, com as aparentes diferenças sendo o resultado de processos sociais. Para o presente trabalho, tem pouca importância a perspectiva teórica, filosófica ou espiritual que o leitor tenha sobre a natureza do gênero ou das questões relacionadas. Como o leitor descobrirá, o que transparece nos acontecimentos relatados neste livro não depende de sua validação segundo alguma perspectiva filosófica ou orientação espiritual em particular.

As vítimas da "Guerra de Gênero"

Apesar de este livro apresentar uma mensagem otimista e positiva, é importante começarmos por conhecer as manifestações extremamente dolorosas da injustiça de gênero em nossa sociedade atual. Embora para muitos de nós as realidades da violência de gênero sejam familiares, é instrutivo revermos algumas estatísticas sóbrias que focam em particular as distintas maneiras pelas quais os diferentes subgrupos da população são afligidos.

Estatísticas de trauma de gênero em mulheres

- Nos Estados Unidos, uma mulher é estuprada ou sexualmente agredida a cada minuto – em geral por um amigo ou conhecido. Uma em cada cinco mulheres é vítima de estupro durante sua vida. No mundo todo, de 40 a 60% das agressões sexuais são cometidas contra adolescentes de 15 anos ou de menos idade, independentemente da região ou da cultura.
- A violência doméstica é a principal causa de lesões e de morte em mulheres entre 15 e 44 anos de idade. Pelo menos uma entre cada três mulheres e meninas ao redor do mundo apanhou ou sofreu abuso sexual durante sua vida. Esses índices são maiores na África, na América Latina e na Ásia, onde as estatísticas da ONU indicam que 58% das mulheres já sofreram violência física.
- Entre 40 e 70% de todas as mulheres vítimas de assassinato foram mortas por seu parceiro sexual. Nos Estados Unidos, dados do FBI indicam que pelo menos metade das 5.328 mulheres assassinadas em 1990 foram mortas por seus maridos ou namorados.
- "Crimes de honra", cometidos pelos membros masculinos das famílias, reivindicam a cada ano a vida de milhares de adolescentes e mulheres nas culturas da Índia, Oriente Médio e Ásia.
- Segundo estimativas, na Índia, 25 mil mulheres a cada ano são embebidas em querosene e queimadas por seus maridos ou parentes do marido. Em geral, esses crimes bárbaros são descartados como "acidentes domésticos" por um sistema judiciário patriarcal.
- Nos Estados Unidos, em relação aos homens, quase o dobro de mulheres (12,4 milhões) sofrem de depressão a cada ano.

Estatísticas de trauma de gênero em homens

- As vítimas da violência masculina são na maioria das vezes outros homens, somando 80% desse tipo de violência.
- Os homens cometem suicídio quatro vezes mais que as mulheres.
- Nos Estados Unidos, 6,4 milhões de homens sofrem de depressão a cada ano.
- Com mais frequência, a depressão masculina permanece ignorada e não tratada.
- Em 2007, os Escoteiros dos Estados Unidos foram legalmente forçados a revelar, pela primeira vez, seus arquivos secretos sobre abusos sexuais cometidos pelos líderes – com isso, expôs uma longa história de pedofilia perpetrada contra jovens escoteiros, que requereu o desligamento de pelo menos 5.100 líderes desde 1946.
- Entre adolescentes, os homens respondem por 90% dos suicídios consumados, uma estatística que expressa claramente a pressão sobre os jovens que estão chegando à maturidade.
- Os homens têm índices mais elevados que as mulheres em todas as quinze principais causas de mortalidade.
- Os homens constituem 60% das ocorrências fatais no trânsito, 79% das vítimas de assassinato, 95% das ocorrências fatais no local de trabalho e 99,993% das mortes em combate armado.
- A duração média de vida dos homens é 11% mais curta que a das mulheres. O stress masculino é um fator decisivo.

Estatísticas de traumas em lésbicas-gays-bissexuais-transgêneros

- Em dezesseis cidades dos Estados Unidos, os incidentes reportados de violência contra lésbicas/gays/bissexuais/transgêneros (LGBT) teve recentemente um aumento médio de 242% em um único ano. Incidentes de um posterior assédio e abuso das vítimas LGBT pela polícia aumentou em 155% no mesmo período (estudo do National Coalition of Anti-Violence Programs – NCAVP).
- No Fórum Social Mundial de 2007, em Nairóbi, a violência contra a comunidade LGBT da África foi enfatizada como uma preocupação importante. Recentemente, a Human Rights Watch documentou um visível aumento da violência contra lésbicas na África do Sul.

Essas estatísticas refletem a triste realidade social da injustiça de gênero e as violações dos direitos humanos associadas a ela. Também refletem as pressões culturais tanto sobre as mulheres como sobre os homens para que se submetam a modelos doentios e incapacitantes de feminilidade e masculinidade. Nas sociedades ao redor do mundo, pessoas de ambos os sexos e de todas as identidades de gênero são encapsuladas em papéis estreitamente definidos e, na maioria dos países, há fortes represálias contra aqueles que ousam dar um passo para fora dessas rígidas restrições. Inevitavelmente, essas pressões produzem conflitos generalizados no que se refere à própria pessoa e ao gênero, o que acaba cobrando um incalculável tributo de todas as sociedades. Mesmo no Ocidente, apesar da pretensa emancipação feminina, existem poderosas forças e pressões culturais que favorecem os homens e defendem os valores masculinos de modo desproporcional. As sociedades ocidentais ainda não estão equilibradas quanto ao gênero, e o fato de simularem esse equilíbrio é um dos obstáculos que impedem seu progresso.

Calamidade doméstica: O iceberg por trás da violência doméstica

O terrorismo é hoje uma ameaça amplamente anunciada em muitos países do mundo. Contudo esse perigo é mínimo quando comparado ao terrorismo diário da violência doméstica, que assola pelo menos uma em cada três residências ao redor do mundo. Nos Estados Unidos de hoje, por exemplo, o público está obcecado com a ameaça potencial dos terroristas estrangeiros. Porém, em termos puramente estatísticos, a maioria dos cidadãos tem uma chance muito maior de ser morta ou atacada por seus próprios parceiros íntimos ou por membros de sua família do que por terroristas. Quanto a isso, onde está a indignação pública? Como estão os norte-americanos se mobilizando para modificar essa ameaça tão mais urgente e que reivindica muito mais vidas do que o terrorismo?

Em toda guerra, sempre o número de feridos supera o de mortos. Qualquer que seja o número de mortos, sempre há um número maior de feridos, geralmente na base de dez para um, ou mais. E o número de feridos, por sua vez, sempre é superado pelo número dos prejudicados ou afetados psicologicamente.

Considere o que isso significa para a "guerra de gênero" da violência doméstica. Como mostrado nas estatísticas anteriores, a violência doméstica é a principal causa da mortalidade feminina nos Estados Unidos. Padrões similares se mantêm na maioria dos países ao redor do mundo. Em sua tragédia, essas mortes são apenas as perdas mais sérias do conflito de gênero. Além desses "mortos no campo de batalha", a cada ano há muitos milhares ou milhões que são feridos ou prejudicados por causa dos abusos físicos e sexuais cometidos por aqueles que, supostamente, são os que mais os amam. E, por sua vez, bem além do número desses "feridos" há os muitos milhões, ou talvez bilhões, que são psicologicamente machucados, deprimidos e prejudicados – vivendo sob condições opressivas ou ameaçadoras em seus lares e comunidades. Desse modo, um número imenso de pessoas está sofrendo profundamente em seus relacionamentos íntimos e familiares.

O que chamamos de "violência doméstica" nada mais é do que a ponta do iceberg do incomensurável sofrimento que aflige bilhões de pessoas – um fenômeno que pode ser chamado de "calamidade doméstica". Precisamente nesses relacionamentos em que a pessoa deveria se sentir a mais amada e aceita, muitas delas são as mais miseráveis e vulneráveis – e no mundo inteiro. Grande parte dessa calamidade doméstica é criada e sustentada por relações disfuncionais entre homens e mulheres – muitas vezes conservadas pelas opressivas condições sociais, religiosas e de gênero que existem na sociedade, e das quais suas infelizes vítimas não sabem como escapar.

Essa imensa calamidade coletiva é, então, projetada para fora e abastece formas correspondentes de calamidade e opressão nas instituições sociais e nas relações entre as nações. Embora seja um clichê, a frase "a paz começa no lar" é verdadeira. Mas é precisamente no "lar" que bilhões de pessoas não vivenciam qualquer tipo de paz verdadeira. Como Mahatma Gandhi enfatizou, se praticarmos o amor e a não violência no mundo externo, mas não manifestarmos esses princípios na nossa vida doméstica diária, então qualquer sucesso no mundo exterior será apenas uma quimera.

Tudo isso aponta para uma crise global nas "relações justas", e de proporções tão gigantescas que é quase inconcebível. Essa crise clama por uma resposta maciça da sociedade, mas, se olharmos para a magnitude do sofrimento envolvido, ela parece ter recebido muito pouca atenção. A violência doméstica está arrasando as nossas comunidades, embora vivamos como se ela não existisse – seria como viver próximo a uma montanha gigantesca, que, de tão grande, passasse despercebida.

O insondável poder do amor

O principal fator que ajuda a manter toda essa calamidade doméstica firme em seu lugar é não falar dela. Os indivíduos, as famílias e a sociedade conspiram para conservar bem escondido esse assombroso sofrimento. Por exemplo, uma lição básica, confirmada pelos autores depois de anos facilitando o trabalho de reconciliação de gênero, é que existem lacunas imensas e cruciais na percepção que as mulheres têm dos homens e na percepção que os homens têm das mulheres. Essas lacunas na mútua percepção consciente são conservadas intactas pelos tabus e pelas perguntas ou tópicos de conversa proibidos – especialmente em reuniões mistas, mas também em grupos de um só gênero. Como resultado, os homens não percebem a profundidade e a natureza do sofrimento suportado pelas mulheres, nem as mulheres percebem a natureza e a profundidade do sofrimento masculino, nem os heterossexuais percebem a natureza e a extensão do sofrimento da população LGBT. As mulheres não compreendem a dor e a inaptidão devastadoras que os meninos e os homens sofrem ao ser condicionados para se tornar "homens de verdade": como suas emoções lhes são negadas, como sua sensibilidade interior é coagida a se transformar em competitividade masculina, como sua sexualidade é brutalizada e dessacralizada por meio do condicionamento machista – seja na escola, na família, na igreja, no serviço militar ou no local de trabalho. Nem os homens conseguem perceber a magnitude do sofrimento das mulheres e meninas em relação às incessantes ameaças (ou experiências) de estupro, abuso físico e violência psicológica; a negação à opinião autêntica e aos poderes intuitivos; o condicionamento opressivo que cerca a beleza feminina; os medos que cercam a imagem do corpo; a dolorosa realidade do assédio sexual e a barreira invisível no local de trabalho – só para citar alguns. Em todas as sociedades, tanto as mulheres como os homens são fortemente condicionados a reprimir a realidade diária dessas experiências e ser coniventes com o restante da sociedade para manter ocultas as dimensões de sua experiência compartilhada. Padrões semelhantes são aplicáveis em relação ao sofrimento da população LGBT, o qual, com frequência, a população heterossexual ignora completamente.

Porém, é precisamente ao se levar uma luz corajosa e compassiva a essas áreas-tabu que acontecem a cura e a transformação profundas dos condicionamentos sociais de gênero. Como Martin Luther King Jr. enfatizou, a mudança social não ocorre quando mantemos ocultas a corrupção e a injustiça, mas, ao contrário, quando confrontamos a escuridão com o poder do amor. Não importa quão desafiador se torne algumas vezes o processo decorrente, sempre o amor e a luz interior do coração humano terão o poder de dispersar a escuridão e a ignorância. O processo pede – na verdade, *requer* – aquilo que é mais elevado no coração humano, algo que, na falta de um termo melhor, chamaremos de "consciência divina"; algo que habita no íntimo de cada ser humano, independentemente de sua raça ou de sua herança cultural ou religiosa. Essa consciência divina se manifesta como o despertar de um amor universal, o *ágape* que transcende todas as fraquezas humanas, a escuridão e a obscuridade. A cura e a reconciliação de gênero invocam conscientemente esse amor universal do coração, que, no final, tem a capacidade de superar os formidáveis e bastante reais desafios da opressão e da injustiça de gênero que vêm atormentando as sociedades humanas há milhares de anos, literalmente. Segundo as palavras de Martin Luther, se "o pessimismo concernente à natureza humana não for balanceado por um otimismo concernente à natureza divina", então nós "fecharemos os olhos para a cura da graça". O poder do amor invoca essa graça, que, por sua vez, facilita a cura profunda e promove uma mudança social autêntica. Sem um cultivo consciente do amor, a graça não chega e a cura social não permanece.

Martin Luther King falou desse processo em termos cristãos, mas precisamente o mesmo processo é descrito em termos hindus por meio de dois princípios, *ahimsa* e *satyagraha*, proferidos pelo Mahatma Gandhi. Gandhi enfatizou que *ahimsa* e *satyagraha* concedem um "poder universal e incomparável" àqueles que o praticam. O trabalho de reconciliação de gênero do Satyana Institute absorveu esses princípios espirituais universais. Inerentemente, nosso trabalho se baseou em todas as tradições espirituais, não estando em débito com nenhuma tradição em especial. A seguir e no próximo capítulo, essa orientação espiritual será discutida mais detalhadamente.

A natureza alquímica da reconciliação de gênero

Na prática, como o poder desse amor universal é ativado e invocado? Adotamos o termo "alquimia coletiva" para descrever seu desdobramento em um processo curativo de gênero. A antiga tradição da alquimia tem sido amplamente desacreditada e descaracterizada na sociedade moderna como uma ciência física arcaica que aspira transformar chumbo em ouro. No entanto, o significado profundo da alquimia tem pouco a ver com a transformação física, e sim com um processo espiritual em que o "chumbo" da psique humana – a escuridão interior e os "venenos" represados que habitam na mente e no coração (chamados de "matéria-prima") – é confrontado diretamente e transmutado na luz dourada do amor. Como os sábios afirmaram por meio das tradições, quando a escória do falso "eu" se queima, torna-se parte da luz. A alquimia se refere a esse processo, que é operado pelo incomensurável poder do amor. O processo é, há muito tempo, conhecido pelos mestres espirituais das várias tradições, contudo só em tempos relativamente recentes, através do trabalho de pioneiros como Carl Jung, a alquimia foi reconhecida no Ocidente como possuidora de alguma legitimidade.

Tradicionalmente, a alquimia se refere a um processo de transformação espiritual que ocorre dentro do indivíduo. Segundo a descrição do processo pelo mestre sufi e estudioso junguiano Llewellyn Vaughan-Lee, a luz divina ou centelha da alma é direcionada a áreas no interior do indivíduo em que haja inconsciência ou percepção consciente bloqueada. Conforme vai sendo direcionada para dentro, a luz da alma ilumina e, finalmente, dissolve a escuridão interna. A princípio, esse processo traz até a percepção consciente aquilo que foi reprimido e não admitido. Com frequência, esse é um processo doloroso e humilhante, pois, tipicamente, revela à consciência do indivíduo uma grande quantidade do material repugnante de sua "sombra". Contudo, nas profundezas dessa escuridão, reside uma luz inata, a qual Jung deu o nome de "natureza luminosa". À medida que o processo alquímico prossegue, essa luz interior latente é despertada e, com o tempo, transforma completamente o indivíduo em um ser de luz. Embora extremamente simplificada nessa descrição, em essência, a escuridão interior é transmutada em luz e amor.[6]

No trabalho de cura de gênero ocorre um processo análogo num nível coletivo ou comunitário. Nós nos reunimos num grupo diversificado – de homens e mulheres, por exemplo – e depois de estabelecer o contexto e criar um ambiente seguro para o trabalho, começamos a explorar com cautela as arenas que são habitualmente evitadas ou ignoradas quanto às experiências de gênero vividas pelos participantes. Confrontamos a escuridão coletiva em nossa sociedade que está ligada a condições de gênero, à sexualidade e à opressão do feminino, e que tem predominado desde a antiguidade. No começo, o processo é doloroso, por isso é normalmente evitado em nossa sociedade e, quando iniciado, raramente vai além desse estágio. No trabalho de cura de gênero, nós vamos em frente e continuamos a examinar as questões-chave de modo direto e aberto, sem hesitação, mas com compaixão, e com homens e mulheres trabalhando juntos. Ao agirmos assim, iluminamos com a luz da nossa consciência pessoal e social os corredores escuros da dor humana, que há tanto tempo tem sido negligenciada e oprimida. À medida que o processo continua, algo extraordinário começa afinal a acontecer. Há o despertar de uma nova luz; uma energia curadora e uma graça, inesperadas, surgem de algum lugar. Isso é surpreendente para muitos participantes porque com frequência, justamente quando parece que o grupo está começando a pisar no território mais intratável ou desencorajador – território que aparenta estar muito além da nossa limitada capacidade de compreensão –, acontece uma infusão de graça e presença curadoras que preenche com amor cada uma das pessoas e que abre novos caminhos para serem trilhados pelo grupo. Isso precede poderosas experiências grupais de cura, reconciliação e perdão, que constituem o "ouro" dessa alquimia coletiva.

O processo de alquimia coletiva leva algum tempo para ser compreendido e precisa ser testemunhado repetidas vezes para ser compreendido profundamente. Embora ocorra dentro de um grupo e inclua um forte elemento de cura, ele é fundamentalmente diferente dos processos psicológicos coletivos, como a terapia de grupo. Na terapia de grupo, o terapeuta é um profissional treinado que detém uma autoridade clínica sobre o grupo e vai trabalhando com cada indivíduo à medida que o processo se desenrola. O papel do terapeuta é, em parte, apontar aquilo que necessita ser curado em cada indivíduo e ser o "especialista" no processo de cada pessoa.

No trabalho de reconciliação de gênero, se há algum tipo de "terapeuta" presente, seria ele a própria sabedoria do grupo. Quando alguém desnuda sua alma antes do restante do grupo ou comunidade, não faz parte do papel dos facilitadores ou dos outros participantes analisar a história ou a experiência dessa pessoa. Ao contrário, a história é testemunhada e acatada por todos no grupo, o que frequentemente faz com que se precipitem participações de outros membros do grupo. O processo, então, evolui organicamente dentro do grupo, formando uma energia sinérgica que pode expandir-se em inúmeras direções criativas. Com o tempo e à medida que a confiança se estabelece na comunidade, as histórias e revelações pessoais começam a expor verdades ainda mais vulneráveis ou segredos mais bem guardados, e, conforme a comunidade dá atenção a eles, a natureza alquímica do processo começa a se revelar. De dentro das trevas e dos sofrimentos inevitáveis, a luz começa a brilhar.

Esse processo é similar ao que os sufis chamam de "luz sobre luz", no qual a luz interior da alma é encontrada e ampliada por uma luz correspondente que provém do Divino. O sábio hindu Sri Aurobindo descreve esse mesmo processo em sua Yoga Integral, em que a graça da aspiração espiritual que se estende "para cima" a partir do coração humano é encontrada e imensamente ampliada por uma graça espiritual que "desce" do plano Divino. No trabalho de reconciliação de gênero, esse processo ocorre dentro de um grupo ou comunidade em vez de ocorrer na jornada espiritual interior de um indivíduo.

À medida que as pessoas direcionam a luz da atenção coletiva para suas vulnerabilidades interiores e segredos ocultos, o choque e a indignação que sentiram inicialmente logo se dissolvem e se transformam num alívio profundo e duradouro, resultado de olharem diretamente para a verdade. Então um senso de realidade começa a se estabelecer e os membros do grupo são confortados e até mesmo nutridos por essa verdade revelada, bem mais do que se escandalizaram por algum segredo revelado ou alguma ilusão condenável, muitos dos quais eles já conhecem profundamente em seus corações. O poder do trabalho faz surgir esse processo alquímico, em que as trevas são transmutadas em luz e a energia que estava aprisionada, mantendo uma rígida censura social e um condicionamento cultural doentio, torna-se liberta.

Esse processo alquímico caracteriza todos os tipos de trabalho de reconciliação em grupo, mas se intensifica especialmente ao trabalharmos com as questões de gênero. Isso porque, quando o assunto é gênero e sexualidade, não só a intimidade do coração está envolvida, mas também o corpo e a mente. O anseio do coração humano por amor e intimidade está envolto pelo gênero, e abarca todos os níveis, desde o desejo por um cônjuge ou parceiro amoroso até as formas universais de amor a Deus ou ao Divino.

O trabalho de reconciliação de gênero não é para qualquer um. Ele requer um alto grau de disponibilidade para ser pessoalmente desafiado, ter seus segredos revelados, e expandir-se e tornar-se vulnerável. Nem todos estão abertos e prontos para isso. Como nos disse ironicamente um amigo e colega, com um sorriso atravessado no rosto: "Prefiro deitar nu numa cova de escorpiões do que fazer um trabalho de reconciliação de gênero." No entanto, para aqueles que estão prontos, o processo pode ser profundamente gratificante e, em geral, é vivenciado como algo poderosamente transformador e libertador.

Masculino, feminino e gênero

No decorrer do nosso trabalho de reconciliação de gênero, esforçamo-nos para manter a mente aberta aos valores inerentes a todas as perspectivas espirituais e filosóficas porque nosso trabalho é especialmente prático e não busca promover alguma posição teórica em particular. No entanto, é importante para nós, como autores, tornar explícitas nossas orientações e tendências filosóficas, psicológicas, sexuais e espirituais no que se relaciona a este livro. Extraímos uma grande quantidade de ensinamentos e sabedorias das tradições espirituais e místicas, tanto do Ocidente como do Oriente, e associamos esses ensinamentos a elementos das psicologias junguiana e transpessoal. Quanto à natureza das diferenças sexuais, adotamos aquilo que pode ser chamado de "perspectiva neotaoista", que afirma a complementaridade dos princípios masculino e feminino; e encaramos a sexualidade física como uma manifestação específica de uma complementaridade mais universal, a qual pode ser vista como uma abordagem *yin/yang* generalizada. Essa perspectiva sugere que os princípios ou qualidades dos aspectos complementares masculino e feminino coabitam em cada ser humano, independentemente de sua condição e se ele possui um corpo masculino ou feminino. Adotamos essa e as demais perspectivas até certo ponto.

Um corolário dessa perspectiva consiste em que um equilíbrio dinâmico entre os princípios e qualidades masculino e feminino é necessário para o funcionamento sadio de uma pessoa, de um relacionamento ou de uma sociedade. Quando há um desequilíbrio sistemático entre o masculino e o feminino, como tem havido na cultura ocidental por mais de três milênios, o resultado inevitável é uma profunda doença social; e é essa a condição em que se encontra nossa sociedade atualmente.

O equilíbrio saudável entre as dimensões masculina e feminina da vida é fluido e dinâmico, jamais fixo e estático. Às vezes, o princípio masculino prevalece; em outras, o princípio feminino; e, em sua dança eterna, as duas energias mutuamente se interpenetram (masculino) e são mutuamente inter-receptivas (feminino). Em termos esotéricos, as energias masculina e feminina se unem no abandono de um amor profundo, e não na luta pelo poder. Em termos exotéricos, o equilíbrio dinâmico do feminino e do masculino se manifesta simultaneamente em múltiplos níveis: desde a solidão íntima de um indivíduo até a família e a comunidade, e mais além, por meio dos domínios mais amplos da cultura e da civilização. Assim como um pássaro só consegue voar quando usa as duas asas em equilíbrio dinâmico e coordenado, a humanidade só consegue alcançar seu pleno potencial e viver em paz duradoura quando um equilíbrio harmonioso entre o feminino e o masculino é efetuado.

Em relação ao gênero e à orientação sexual, vemos essas categorias como englobando um amplo espectro de possibilidades e expressões legítimas que transcendem a limitada polaridade masculino/feminino. No geral, encaramos a "diferença sexual" como algo que se refere a diferenças determinadas biologicamente nas características físicas e na fisiologia, enquanto "gênero" se refere a uma ampla variedade de categorias relacionadas e construídas socialmente. Embora as experiências pessoais de vida dos autores tenham sido heterossexuais, o trabalho de gênero, em si, tem atraído pessoas de diversas orientações sexuais, incluindo-se lésbicas, gays, bissexuais e transgêneros (LGBT). Valorizamos todas essas diferentes orientações sexuais, conforme mostramos em nossa análise mais detalhada, a seguir. É interessante notar que os resultados práticos do trabalho de reconciliação de gênero se desenvolvem geralmente em padrões similares para pessoas de formações filosóficas, sexuais e espirituais diferentes. O núcleo desse trabalho é o trabalho interior do coração, que transcende a orientação sexual, a identificação física e as diferenças filosóficas e de estilo de vida.

O propósito do trabalho de reconciliação de gênero do Satyana Institute não tem sido analisar a natureza das diferenças de gênero nem teorizar sobre ela, mas, ao contrário, tem sido convocar fóruns onde homens e mulheres possam mergulhar em uma exploração profunda de suas experiências como homens e mulheres e possam comunicá-las com sinceridade; e, a partir dessa base e por meio de uma interação dinâmica e criativa, possam alcançar um espaço de cura, perdão e reconciliação mútua.

A necessidade de mudança

Queremos repetir que o trabalho reportado neste livro é apenas um passo inicial. A necessidade de cura e reequilíbrio do feminino e do masculino é imensa e multidimensional, estendendo-se a praticamente todas as sociedades humanas ao redor do mundo. As questões-chave do desequilíbrio de gênero nas mulheres e nos homens são profundas, antigas e complexas; são estruturas arquetípicas que perpassam todas as culturas e eras da história humana. Obviamente, são amplos o escopo e a profundidade da transformação requerida para alcançarmos um equilíbrio harmonioso de gênero na sociedade – bem além daquilo que um único projeto poderia englobar.

Mas, apesar de conhecermos a magnitude desse desafio desencorajador, este livro esboça um passo inicial, admitidamente modesto, que pode ser dado rumo a esse objetivo de cura social e cultural entre homens e mulheres. Embora seja impossível saber exatamente qual a abrangência que a cura poderia alcançar no final do processo, acreditamos ter encontrado um ponto apropriado onde iniciá-la.

A comunicação sincera e a troca honesta em relação aos desafios ou assuntos delicados pode ser uma experiência transformadora em si mesma. Como o filósofo Martin Buber observou, o diálogo genuíno requer que todas as partes envolvidas estejam dispostas a ser mudadas pelo processo de diálogo em si. Essas mudanças ocorrem porque os participantes criam em conjunto um novo significado – um significado que é redescoberto por meio da interação deles. Assim, os participantes que saem desse tipo de troca são pessoas diferentes daquelas que entraram, e o significado resultante é compartilhado, em vez de pertencer a participantes isolados. A condição requerida para que isso aconteça é a disponibilidade de ser mudado pelo processo. Sem essa disponibilidade, o verdadeiro diálogo não ocorre.

O propósito do nosso trabalho de reconciliação de gênero tem sido programar eventos onde aconteçam apenas esses diálogos e as formas correlatas de cura e reconciliação. Não queremos sugerir que experiências profundas dessa natureza sempre ocorram em nossos encontros. Tais momentos de consciência compartilhada ou coletiva não podem ser forçados nem predeterminados. O máximo que podemos fazer é convidar as pessoas e criar as condições indispensáveis para que ocorram uma cura e uma reconciliação genuínas. O que surge depois depende de uma ampla série de fatores – principalmente das intenções e da boa vontade dos participantes.

Cura coletiva da injustiça de gênero

Nenhum ser humano escapa à angústia relacionada aos condicionamentos culturais de gênero e às injustiças associadas a eles. Isso é tão difundido que o tomamos como verdade e assumimos ser uma parte normal e inevitável da vida. A maioria das pessoas está pelo menos vagamente consciente de que nossa sociedade tende a valorizar o masculino em detrimento do feminino, mas poucos de nós têm consciência de quão poderosamente esse desequilíbrio modela a nossa realidade pessoal, familiar e social na vida cotidiana. Depois de milhares de anos de injustiça estrutural relacionada ao gênero e à sexualidade, o nível de cura e transformação sistêmicas requerido para tratar adequadamente esse desequilíbrio cultural só pode ser o coletivo – na sociedade em que ela surgiu.

Contudo, por causa da inexistência de fóruns ou veículos para esse nível de cura em nossa cultura, o ônus recai sobre cada casamento e cada parceria íntima, bem como em todos os relacionamentos profissionais e interpessoais. É claro que esses locais são tristemente inadequados para a tarefa de cura, e não por culpa deles. Na privacidade do quarto de cada casal, por exemplo, está presente toda a história e drama arquetípicos da "guerra dos sexos". Todo casal está sobrecarregado com um fardo que mal consegue discernir ou compreender, e muito menos transformá-lo por sua própria conta. Apesar de ter pouca ou nenhuma percepção direta dessa dor coletiva do ser humano, o casal vivencia seu poder e seu impacto negativo. É típico o fato de o casal não reconhecer que os conflitos e tensões que surgem em seu seio não são exclusivos de suas circunstâncias particulares, mas sim manifestações dessa dor coletiva humana que está sendo canalizada através dele.

Para escapar das pressões desse isolamento, precisamos pôr o fardo da cura de gênero no lugar a que ele pertence – no coletivo, com homens e mulheres trabalhando juntos, em comunhão consciente, para promover a cura necessária. A possibilidade dessa cura coletiva contém em si um imenso poder transformador que permanece sem uso até os dias de hoje. É difícil para as pessoas imaginarem a liberdade e a energia que seria liberada se a nossa sociedade abraçasse seriamente essa tarefa de cura coletiva de gênero. O tecido básico da sociedade seria desenredado e refeito; as mulheres e os homens andariam sozinhos e com segurança pelas ruas; as crianças seriam educadas na escola e no lar com um respeito intrínseco ao mistério sagrado da diversidade de gênero. A sexualidade seria liberta como uma expressão da intimidade partilhada, dentro de um contexto cultural mais amplo de harmonia e equilíbrio – um ambiente que apoiaria os casais e os parceiros íntimos a alcançar o apogeu da comunhão sublime e da divindade em suas experiências amorosas. Entretanto, na ausência dessa cura social de gênero, nenhuma dessas admiráveis transformações pode ocorrer, exceto talvez em alguns casos raros e isolados de uns poucos afortunados.

Nossa sociedade é, portanto, chamada a embarcar em uma nova aventura para a cura e a transformação de gênero. Depois de décadas de movimentos femininos e masculinos separados – valiosos, sem dúvida – é necessário darmos urgentemente outro passo: chegou a hora de as mulheres e os homens se unirem para criar juntos a harmonia de gênero. Precisamos nos reunir em grupos mistos para sondar novas profundezas da percepção relacional, da sinceridade corajosa, da escuta compassiva, da sensibilidade empática e da cura mútua. Essa forma de trabalho de gênero está quase que totalmente ausente em nossa sociedade, mesmo em movimentos progressistas de mudança social, com exceção de comunidades espirituais altamente conscientes. Contudo há uma poderosa aspiração, por parte de homens e mulheres de todas as orientações sexuais – muitos dos quais se anestesiaram durante anos em grupos separados de homens e mulheres –, de darem agora esse passo seguinte.

Reconciliação: Indo além da resolução de conflitos

Há hoje uma quantidade crescente de literatura sobre "reconciliação", um campo que está emergindo rapidamente e sendo reconhecido como um passo crucial que está além da resolução de conflitos. Um exame detalhado dessa literatura está fora do escopo deste livro. Nosso propósito, aqui, é apresentar um trabalho prático que cultive a reconciliação dentro dos domínios da cura de gênero. No entanto, seria adequado fazermos algumas pequenas observações sobre a reconciliação.

A reconciliação é um passo adiante no campo da resolução de conflitos, o qual, como tradicionalmente definido e praticado, está começando a ser visto como inadequado para criar harmonia, cura verdadeira e comunhão efetiva nas arenas em que existem conflitos crônicos. O trabalho de reconciliação reconhece que é necessário um nível mais profundo de cura comunitária e estreitamento de relações, que vá além de acordos e resoluções entre os líderes adversários. É preciso um tipo totalmente diferente de liderança para curarmos as feridas e criarmos caminhos em que os relacionamentos floresçam, de modo a apoiar o crescimento mútuo entre as partes que tradicionalmente têm estado em conflito.

Um fenômeno descrito na literatura sobre reconciliação é que os líderes desse novo campo raramente são os mesmos líderes que foram bem-sucedidos durante os processos de negociação e de resolução de conflitos. Observamos um fenômeno paralelo no nascente campo da reconciliação de gênero. A liderança na reconciliação de gênero não provém fundamentalmente dos líderes dos movimentos feministas ou masculinos, como seria de se esperar à primeira vista. Ao contrário, a liderança tem nascido em pequenos grupos de homens e mulheres que estão indo além das estruturas e pautas dos movimentos feministas e masculinos, e estão se envolvendo num nível sem precedentes de cura e reconciliação relacionadas à divisão de gênero. Esses homens e mulheres não estão interessados numa mera resolução de conflitos nem em obter concessões do "outro lado", mas sim em construir um nível totalmente novo de integridade e harmonia entre homens e mulheres que, no futuro, permita que a humanidade restabeleça a magia de uma comunhão equilibrada entre feminino e masculino. Em seus corações, os líderes emergentes da reconciliação de gênero se afastam naturalmente dos interesses partidários e, ao contrário, abastecem-se numa paixão pela unidade e pela comunhão entre todas as pessoas. Muitos desses líderes emergentes jamais tiveram um forte envolvimento com os movimentos feministas nem com os movimentos masculinos, e vários dos que tiveram esse envolvimento reportam ter se cansado das batalhas unilaterais, associadas a uma ausência total de escuta em ambos os lados. Enquanto isso, os líderes estabelecidos dos movimentos feministas e masculinos são reticentes quanto a esse trabalho emergente de reconciliação, mesmo que estejam inclinados para essa direção, pois eles têm em vista uma clientela com interesses próprios, esperando que seus líderes representem esses interesses.

Os líderes emergentes do trabalho de reconciliação têm geralmente um forte compromisso com a transformação espiritual em suas vidas pessoais e profissionais, e manifestam uma visão inclusiva de harmonia social para todas as pessoas. Eles lutam por uma unidade e uma unicidade práticas dentro de toda a família humana – e que estejam além das divisões de gênero, raça, religião, nação, credo e classe. Muitos estão motivados pela convicção interior de uma espiritualidade universal emergente que enaltece os mais nobres ensinamentos, comuns a todas as religiões, mas que desacredita os dogmas rígidos ou as crenças exclusivistas, difundidos por qualquer uma das tradições religiosas ou espirituais. Eles tendem a estabelecer suas principais relações cooperativas e compromissos profissionais de um modo que pouco se baseia em padrões reconhecidos de realizações e credenciais profissionais, mas fundamentados nos mais elevados padrões de valores éticos, de motivação, de humildade e de integridade pessoal – e esses líderes colaboram com aqueles que compartilham esses ideais. Eles não confiam em sua própria inteligência e em suas frequentemente consideráveis aptidões como fonte principal de orientação prática e de tomada de decisões, mas, ao contrário, cultivam um forte discernimento e um profundo silêncio interior que lhes permitem receber uma inspiração proveniente de uma sabedoria universal mais ampla. Finalmente, eles reconhecem que todos os seres humanos são basicamente muito mais semelhantes do que diferentes – a despeito de diferenças de gênero, orientação sexual, raça, classe etc. – e que superar todas as formas de egoísmo e unir as pessoas através de suas diferenças é o único caminho que nos conduzirá a uma humanidade pacífica. Eles veem todos os seres humanos como seus irmãos e irmãs, e tendem a se distanciar de qualquer prática social, religiosa ou econômica que privilegie algum grupo ou facção de seres humanos em detrimento do restante da humanidade.

Um exemplo-chave do processo de reconciliação na prática é a Truth and Reconciliation Commission (TRC), na África do Sul pós-*apartheid*. Liderada pelo arcebispo Desmond Tutu, a TRC representa um dos mais singulares experimentos da história humana em escala nacional e que trabalha explicitamente com a reconciliação e o perdão. Embora o processo não tenha ocorrido sem falhas, a TRC promoveu uma cura extraordinária num país que foi devastado pela violência racial sistemática. A missão da TRC não era apenas descobrir a verdade, mas também ir além da verdade, buscando "promover a unidade e a reconciliação nacional com um espírito de compreensão que transcenda o conflito e as divisões do passado". Surgiram recentemente vários livros importantes que analisam a experiência da TRC, portanto não é necessário examiná-la aqui em profundidade. Porém, é importante observarmos que a abordagem que a TRC tinha da reconciliação era moldada por um conteúdo religioso e dele estava imbuída, e isso facilitou uma experiência profunda de cura que permitiu um recomeço à sociedade sul-africana, tendo em vista a integração racial.

O processo de reconciliação é inerentemente inclusivo e espiritual. Não negligencia as metodologias tradicionais de resolução de conflitos, tais como a negociação e o compromisso, mas se esforça para ir além desses meios mais práticos, invocando princípios espirituais e práticas de compaixão, sabedoria, perdão e expansão da consciência. Essas qualidades espirituais não são vistas como ideais inatingíveis que pertencem apenas ao domínio dos santos, mas como um caminho prático e realista para alcançarmos resultados sem precedentes na transformação dos conflitos humanos.

Assim como a TRC sul-africana se baseou em fortes princípios religiosos, também o trabalho de reconciliação de gênero do Satyana Institute está fundamentado num conteúdo espiritual de natureza não sectária, com o objetivo similar de promover a cura profunda, a reconciliação e um novo começo. Talvez essa seja uma das razões por que o trabalho de reconciliação de gênero do Satyana foi aceito entusiasticamente na África do Sul pelos líderes do governo, das comunidades religiosas e das comunidades ativistas. Parece-nos que, devido à sua liderança pioneira em reconciliação, o povo sul-africano está pronto para aceitar outro nível necessário de reconciliação, o relacionado ao gênero. Essas questões são analisadas com mais detalhes no Capítulo 10, que descreve o trabalho do Satyana Institute na África do Sul.

Trabalho com mudança de orientações sexuais e identidades de gênero

As tradicionais identidades de gênero e orientações sexuais estão sendo, hoje, profundamente questionadas e extensamente desconstruídas, em particular entre as novas gerações das sociedades ocidentais. Nas últimas décadas, os interesses dos gays, lésbicas, bissexuais e transgêneros (LGBT) têm chegado muito mais à vista do público, assim como a dominância cultural da heterossexualidade e a dicotomia binária macho/fêmea têm passado por crescente escrutínio e crítica. Em poucas décadas, as sociedades ao redor do mundo foram despertadas para um nível muito maior de aceitação das diversas orientações sexuais, bem além dos tradicionais valores e preferências heterossexuais.

Essas amplas mudanças deram uma importante contribuição no desmonte de algumas das mais destrutivas formas de condicionamento de gênero. Estão surgindo alternativas aos tradicionais e rígidos papéis de gênero masculino e feminino, o que dá às pessoas uma liberdade maior para expressar sua singularidade e explorar novas formas de sexualidade e identidade de gênero, além das normas heterossexuais. Os tabus sobre a homossexualidade estão caindo por terra e diversos países estão implantando uma legislação pioneira que sanciona o casamento, ou pelo menos a união civil, entre pessoas do mesmo sexo.

A divisão ortodoxa de todos os seres humanos em duas categorias biológicas distintas, machos e fêmeas, está começando a ser questionada cientificamente. Cerca de uma em cada 1.500 crianças recém-nascidas é "intersexuada", ou seja, seus órgãos genitais não estão em conformidade com a anatomia comum de machos e fêmeas. Desde o século XIX, as crianças intersexuadas têm sido modificadas cirurgicamente para se tornar do sexo masculino ou feminino (normalmente deste último). Contudo essa prática está sob intensa crítica, pois frequentemente os indivíduos intersexuados, ao se tornarem adultos, sentem que foram equivocadamente forçados pela comunidade médica a assumir uma identidade sexual. Essa controversa arena está levantando novas e desafiadoras questões médicas e científicas sobre a biologia e a anatomia de homens e mulheres.

Apesar da crescente aceitação, as populações LGBT têm sido seriamente perseguidas na maioria das sociedades (talvez todas) do mundo, inclusive nos países ocidentais, supostamente avançados. Os indivíduos LGBT também têm sido alvo de crescentes "crimes de ódio", de homofobia e de políticas discriminatórias crônicas que constituem uma violação sistemática de seus direitos humanos fundamentais. Nas últimas décadas, esses abusos dos direitos humanos têm aparecido cada vez mais na mídia e na imprensa, e uma nova legislação está sendo lentamente implantada em muitos países para proteger essas populações vulneráveis. Em maio de 2007, para prevenir os crimes de ódio, a câmara dos deputados dos Estados Unidos aprovou um projeto de lei que incluía a "diversidade de gênero". Nove estados norte-americanos e o distrito de Colúmbia possuem agora leis antidiscriminação para proteger os transgêneros, e mais três estados estão com a legislação pendente. Em alguns países, entre eles a África do Sul, a justiça de gênero está garantida pela Carta de Direitos como um direito humano básico de todos os cidadãos, inclusive a escolha da orientação sexual, embora, na prática, a sociedade tenha ainda que trilhar um longo caminho para se emparelhar com os ideais da sua Constituição.

Ao longo dos anos, no trabalho de reconciliação de gênero do Satyana, atuamos com participantes de todas as orientações sexuais, porém a maioria da nossa clientela era de homens e mulheres heterossexuais. Também colaboramos com cofacilitadores e membros convidados de departamentos de universidades que seguiam orientações diversas (bissexuais, lésbicas e gays). Seis anos de trabalho intensivo de cura com clientes lésbicas e gays (mencionados na Introdução) sensibilizaram imensamente o autor (Will) para os interesses LGBT. No programa anual de treinamento profissional em reconciliação de gênero do Satyana Institute, onze dos 33 treinandos se identificaram como bissexuais (sete), lésbicas (duas), gay (um) ou transgênero (um). Essa experiência inestimável proporcionou ensinamentos profundos e contribuições vitais ao nosso trabalho de reconciliação de gênero. O Satyana Institute sempre acolheu os indivíduos LGBT em nossos programas, e defendemos a importância e a legitimidade das questões LGBT. Entretanto, dos quase setecentos participantes dos nossos programas de reconciliação de gênero ao longo dos anos, mais de 80% se identificaram como heterossexuais. Embora o modelo de reconciliação de gênero do Satyana funcione bem em participantes bissexuais, lésbicas e gays, alguns desses clientes preferiram, compreensivelmente, explorar outras modalidades de trabalho de gênero que focalizam com maior exclusividade as questões LGBT. O modelo de reconciliação de gênero do Satyana é idealmente menos adequado aos participantes transgêneros, que não se identificam nem como mulheres nem como homens, exceto nos casos em que haja um número substancial de transgêneros; quando isso ocorreu em alguns eventos, reconfiguramos completamente o modelo, com resultados promissores. Variações no modelo, para acomodar essas situações, são discutidas com mais detalhes no Apêndice A.

Resumindo, as dinâmicas num grupo com diversidade de gênero têm o potencial de se tornar uma fonte de tensão criativa dentro do grupo, que, manejada adequadamente, serve para conduzir todos os participantes a poderosas experiências de despertar, cura e aprendizado transformador. Na maioria dos encontros promovidos pelo Satyana Institute em que houve a combinação de participantes heterossexuais e GLBTs, tivemos como resultado um trabalho de reconciliação de gênero em nível profundo, que não ocorreria da mesma maneira se o grupo não fosse tão diversificado.

Bases espirituais da reconciliação de gênero

Nosso trabalho considera as dimensões espirituais da consciência humana e da sociedade como sendo fundamentais para a cura e a reconciliação de gênero. Esse compromisso não está enraizado em nenhuma ideologia religiosa ou filosofia espiritual. Ao contrário, procuramos invocar valores espirituais universais que não estejam ligados a alguma tradição em particular, mas que deem suporte a todas as tradições espirituais autênticas. Tal perspectiva inclusiva está começando a ser cada vez mais reconhecida como algo vital para a compreensão da consciência espiritual na sociedade humana. Ela representa aquilo que é chamado de "filosofia perene", "espiritualidade interfés", "espiritualidade integral" ou "sabedoria eterna" – termos que se referem a uma síntese geral das verdades universais da sabedoria espiritual que perpassa todas as culturas. Certamente, essa síntese das tradições mundiais de sabedoria não é nova, mas hoje está recebendo um reconhecimento mais amplo como algo vital para o despertar de um nível profundo e urgentemente necessário de consciência global e unidade humana.

Este livro não é um volume teórico e nosso propósito não é argumentar a favor de alguma estrutura filosófica ou espiritual em prejuízo de outra. Nós simplesmente fazemos uso da primazia do Espírito na consciência humana, como está refletido em todas as tradições mundiais de sabedoria, e afirmamos que, para ocorrer uma autêntica reconciliação de gênero – quer seja num nível individual, familiar, social ou cultural –, é essencial incluirmos as dimensões espirituais da consciência humana. Se não percebermos conscientemente o Espírito e se não invocarmos essa dimensão transformadora da existência humana, o dilema da desarmonia e injustiça de gênero – que têm afligido as sociedades humanas no mundo todo por milhares de anos – nunca será solucionado. Somente as reformas psicológicas e sociais – sejam elas em suas roupagens legais, políticas ou teológicas – não serão suficientes.

Em nosso trabalho fazemos uso das muitas e diferentes tradições e práticas espirituais, aplicando-as da maneira que nos parecer adequada à nossa tarefa de cultivar o campo da reconciliação de gênero. Todas as culturas e sociedades – desde as mais antigas até as mais industriais ou esotéricas – têm se deparado com a polaridade e complementaridade dos aspectos masculino e feminino, e todas elas têm contribuído com importantes informações e práticas. Assim, a partir de diferentes tradições e perspectivas, extraímos contribuições específicas que nos fossem adequadas, dentre as quais: as práticas de meditação silenciosa (como a meditação vipassana); a dualidade *yin-yang*, do taoismo; o amante/Amado, do sufismo; a sabedoria perene das tradições hinduísta e budista; o simbolismo místico cristão; as tradições da Deusa; e as tradições dos índios nativos norte-americanos, inclusive a tradição do *berdache* (terceiro ou quarto gênero, além do masculino e feminino).

Às vezes, certas representações arquetípicas da polaridade e unidade dinâmica do masculino e do feminino são especialmente valiosas no trabalho de reconciliação de gênero, dentre elas: a divindade metade-homem/metade-mulher de Ardhranarishvara, do misticismo hindu; o *conjunctio oppositorum*, da alquimia; a tradição cristã do misticismo nupcial; o rico simbolismo do *Mahabharata*, da mitologia hindu; a Mãe Terra e o Pai Céu, da sabedoria indígena; a árvore da vida, da cabala judaica; a representação do masculino e do feminino dos evangelhos gnósticos; o *heiros gamos* (casamento sagrado) e a união tântrica das divindades masculinas e femininas do hinduísmo e do budismo vajrayana. Reconhecemos que a própria sabedoria espiritual evolui, portanto não nos limitamos a somente essas tradições codificadas, pois novas ideias estão surgindo o tempo todo.

Nesse processo decidimos aplicar ideias específicas ou invocar cuidadosamente arquétipos particulares nos momentos em que eles surgissem de modo natural durante o trabalho, ou quando esclarecessem nosso propósito. Porém, nunca impusemos uma perspectiva em particular. Nosso objetivo não é, decididamente, desenvolver ou propor uma estrutura universal e enciclopédica acerca da compreensão das dimensões espirituais do masculino e do feminino, conforme se manifestam em diferentes contextos e tradições culturais. Ao contrário, entendemos que, basicamente, os aspectos feminino e masculino da existência são portais que se abrem para mistérios muito maiores cujas raízes mais profundas são absolutamente sagradas e estão muito além da nossa capacidade de expressá-las em modelos ou estruturas conceituais. Portanto, o "gênero" nada mais é que uma entrada para o vasto universo interior das relações supremas entre a unidade e a dualidade, entre o manifesto e o divino, entre o ser e o não ser, entre o temporal e o eterno.

Descobrimos que essa abordagem espiritual eclética funciona bem na prática, mas invocamos esse pluralismo inclusivo sem transformar em dogma o seu modelo ou estrutura. Seguimos o ditado: "Apesar de todos os modelos serem falhos, alguns são úteis." Nós nos utilizamos dos modelos universais como estruturas com potencial de trazer *insights*, mas não os impomos como um conjunto de verdades universais que precisam ser aceitas antes de iniciado o trabalho de reconciliação de gênero.

Nosso trabalho na reconciliação de gênero é prático e experimental, nunca teórico ou conceitual. Os participantes não precisam ter uma mesma estrutura espiritual para embarcarem juntos no trabalho de reconciliação de gênero. Trabalhamos de modo igualmente confortável tanto com católicos praticantes, muçulmanos devotos, praticantes de meditação zen, humanistas seculares, cientistas ocidentais, clérigos de várias congregações eclesiásticas e visionários Nova Era, quanto com grupos que mesclam todos eles. Os condicionamentos de gênero que todos nós vivenciamos atravessam todas essas categorias e nos unem em torno de um trabalho comum que precisamos fazer juntos, na qualidade de seres humanos. A partir desse alicerce o trabalho de cura de gênero prossegue naturalmente.

Para os participantes que não possuem uma forte formação ou orientação espiritual, o trabalho de reconciliação de gênero serve às vezes como um caminho natural para o despertar da espiritualidade. Um exemplo: quando uma comunidade de homens e mulheres explora em conjunto as dinâmicas de gênero, costumam surgir verdades e percepções contraditórias – tanto entre os diferentes sexos como em grupos de mesmo sexo. Esses momentos de aparente impasse proporcionam oportunidades significativas de avanço. Enquanto a comunidade permanece com a desconfortável tensão da contradição, os indivíduos começam a perceber a verdade do "outro" como sua própria experiência, e frequentemente as polaridades das posições conflitantes se dissolvem para fazer emergir uma inesperada e intensa união: um reconhecimento profundo de que, no final das contas, não há "outro". Todos somos um. Essa extraordinária percepção não ocorre poucas vezes durante os trabalhos de reconciliação de gênero – e é uma percepção direta, não um simples conceito ou princípio filosófico. Portanto, o "gênero" pode servir como um poderoso veículo para o despertar de ideias e percepções transformadoras.

Na prática, trabalhar baseando-se nos valores espirituais universais que sustentam a reconciliação de gênero ajuda os participantes, homens e mulheres, a aceitarem o objetivo de transformar – em vez de "vencer" – os conflitos de gênero, e facilita o surgimento de uma profunda confiança nos elementos mais desconcertantes ou misteriosos do processo. Isso ajuda as pessoas a aceitarem as dinâmicas espirituais, culturais e psicológicas, que se interpenetram no trabalho de gênero, e as complexas sutilezas que inevitavelmente surgem. O famoso adágio de Pascal: "O coração tem razões que a própria razão desconhece", caracteriza de modo apropriado a dimensão espiritual do trabalho de reconciliação de gênero.

Deixe-nos agora introduzir nosso trabalho, invocando uma oração do grande poeta místico Jnaneswar:

Honro o Deus e a Deusa,
Pais eternos do Universo [...]
Que belo! Ambos são feitos do mesmo néctar,
E partilham o mesmo alimento.

Em seu Supremo Amor,
Absorvem-se um ao outro,
Mas separam-se de novo,
Pela alegria de serem dois.

Não são completamente iguais,
Mas tampouco diferentes.
Ninguém sabe dizer exatamente o que são.

Quão doce é seu amor!
O universo é pequeno demais para contê-los,
Contudo, juntos, vivem felizes
Na mais ínfima partícula
e no âmago de cada ser.
Habitam o mesmo lar,
Com suas vestimentas de luz.
Juntos estão desde o início dos tempos,
Deleitando-se com seu Supremo Amor [...][7]

2

Cultivo da compaixão: Princípios da reconciliação de gênero

Quando fizerdes do dois um e quando fizerdes do macho e da fêmea uma só coisa, de forma que o macho não seja mais macho nem a fêmea seja mais fêmea, então entrareis no Reino dos Céus.
– Evangelho de Tomé (Ensinamento 22)

Na tradição espiritual jainista há uma parábola sobre um homem que ficou muito doente. Sua mulher cuidou dele diligentemente, dando-lhe alimentos nutritivos, fazendo-lhe fricções pelo corpo e zelando por todas as suas necessidades físicas. O médico veio vê-lo e lhe receitou remédios. Outros membros da família vieram visitá-lo, dando-lhe uma atenção amorosa. Apesar de todos esses cuidados, ele só piorava. Então, certo dia, ele sentiu seu coração se abrir intensamente à presença de Deus e, a partir desse instante, estava curado. À medida que rapidamente se recuperava, todos aqueles que tomaram conta dele sentiram que seus cuidados amorosos tinham finalmente dado bons resultados. O médico sorriu confiante, convicto de que os remédios foram eficazes, e a esposa respirou aliviada, certa de que a comida saudável e as massagens afetuosas que oferecera ao marido eram responsáveis pela recuperação. Porém, eles todos estavam equivocados ao atribuir a si mesmos a cura. Na verdade, foi a abertura interior do homem ao Espírito que gerou a cura.

Essa parábola ressalta a essência da cura, que é intrinsecamente misteriosa para a nossa mente cognitiva. Não sabemos como a cura "funciona". Porque ela está bem além da nossa capacidade racional de compreensão. Não conseguimos direcioná-la, embora possamos participar de seu desdobramento. Conseguimos desenvolver certas teorias sobre ela e reconhecer certos aspectos do processo, mas, na prática, o máximo que podemos fazer é nos alinhar à sabedoria profunda do processo curativo. Nós convidamos, invocamos e apoiamos o processo de cura, mas depois ele toma, inevitavelmente, seu próprio curso.

Assim como um ferimento físico sabe como curar a si mesmo, também a psique humana sabe instintivamente como se curar. Esse princípio é fundamental para o trabalho de cura de gênero, e talvez para todos os trabalhos de cura, pois reflete a existência de uma força ou um mistério superior que é responsável pela cura. Nossa tarefa no trabalho de reconciliação de gênero é permitir que esse misterioso processo de cura desabroche de uma maneira própria, orgânica e natural – e sermos direcionados por ele, em vez de tentar direcioná-lo.

A metáfora do ferimento físico é adequada. Quando sofremos um corte ou uma escoriação, mantemos o local limpo e coberto para evitar o contato com impurezas. O machucado então se cura por seus próprios meios; não somos nós que promovemos a cura. Não precisamos dizer aos vasos sanguíneos como se religarem, nem dizer à pele como se regenerar. O máximo que podemos fazer é criar um ambiente propício para que a cura ocorra. Nosso corpo, e não nossa mente, sabe internamente o que fazer para se curar.

O processo de cura da psique humana, inclusive dos tipos de feridas que afligem o masculino e o feminino – tanto dentro do indivíduo como entre os homens e as mulheres na sociedade –, é bastante parecido. Para participar do processo de cura não precisamos compreender conscientemente todas as suas sutis complexidades. Nem podemos direcionar conscientemente a cura da maneira como estamos acostumados a orquestrar ou gerenciar nossos outros esforços. O combustível invisível desse processo de cura é a nossa compaixão sincera e a nossa presença amorosa, e a sinceridade da intenção coletiva que depositamos nele.

Princípios da reconciliação de gênero

Através dos anos, cinco temas fundamentais surgiram em nosso trabalho de reconciliação de gênero – conhecimentos básicos que afloraram graças à observação e experiência. Essas ideias formam os alicerces filosóficos do trabalho e motivam sua aplicação prática. Todos os cinco temas refletem padrões que encontramos repetidamente ou ciladas que surgem com regularidade. Tomados em conjunto, esses cinco princípios contribuem para a nossa perspectiva emergente do trabalho conjunto com homens e mulheres, e para a forma como se desdobra todo o processo da reconciliação de gênero. Oferecemos esses princípios aqui, não como verdades ou axiomas definitivos, mas como diretrizes que foram coletadas em nossas investigações no rico campo da reconciliação de gênero.

1. Uma base espiritual é essencial para a reconciliação de gênero.

O desequilíbrio de gênero é, em suas raízes, uma crise espiritual coletiva. Portanto, os princípios e as práticas espirituais – universais e não sectários – são essenciais para transformar as relações de gênero. Por "base espiritual" ou "consciência divina", nós nos referimos simplesmente ao reconhecimento da existência de alguma forma de presença superior ou sabedoria mais elevada que é fundamental para todo tipo de vida. É algo que está além daquilo que a mente consegue compreender diretamente, embora isso não o torne menos real. Não importa como é nomeado – quer o chamemos de Deus ou Deusa, o Divino, Tao, Espírito ou simplesmente o Universo –, há um mistério essencial da consciência, um gênio criativo e um amor universal que permeiam toda a existência. No trabalho de reconciliação de gênero, esse mistério inefável é invocado e aceito conscientemente, e confiamos nele e nos aliamos a ele.

Todas as tradições religiosas afirmam a existência de alguma versão desse mistério. Há algo "lá fora" ou "aqui dentro" que é onipresente e absolutamente poderoso, e que precisa ser nosso guia se quisermos ser instrumentos de transformação das dinâmicas doentias que imperam em nossa espécie. Se ignorarmos esse mistério oculto e dependermos apenas dos nossos próprios talentos, nossa visão será míope e nosso trabalho se mostrará ineficaz e incompleto.

Uma notável formulação contemporânea dessa consciência ou sabedoria universal nos foi oferecida através do trabalho da Snowmass Conference, um grupo pioneiro de líderes espirituais de nove das principais religiões do mundo. Fundado pelo padre beneditino Thomas Keating, o grupo vem se reunindo há vinte anos e é composto por líderes de diversas religiões, tais como protestante, católica, ortodoxa oriental, islâmica, judaica, nativa norte-americana, hinduísta, budista theravada e budista tibetana. Esse grupo criou uma lista de pontos de consenso universal, partilhados por todos. O primeiro desses pontos é a existência de uma Realidade Última para a qual as diferentes tradições dão diferentes nomes, mas que não pode ser limitada por qualquer dos nomes ou conceitos, e é a fonte das potencialidades e realizações infinitas de todos os seres humanos. O sofrimento, a ignorância, a fraqueza e a ilusão são o resultado de vivermos nossa condição humana apartados dessa Realidade Última.

Thomas Berry reiterou esse princípio, afirmando que, para lidar eficazmente com as condições destrutivas que estão subjugando o planeta, precisamos "nos curvar ao Universo". Essa é outra maneira de dizer "prevaleça Tua vontade, não a minha" – o que requer abandonar-se à sabedoria maior das forças que dão origem a toda a existência. Há algo que está além do ser humano e que precisamos aceitar se quisermos encontrar o caminho para uma cura genuína ou uma mudança positiva de longa duração.

Isso não quer dizer que os agnósticos, ateus e outros, que se consideram "não espiritualistas", não possam participar do trabalho de reconciliação de gênero e se beneficiar dele. Na verdade, o trabalho em si geralmente promove uma abertura do coração, a qual conversa, em sua própria linguagem, com a nossa experiência universal mais profunda. A Snowmass Conference, do padre Keating, afirma que "a Realidade Última não deve ser vivenciada somente por meio das práticas religiosas, mas também por intermédio da natureza, das relações humanas e do serviço ao outro". Em muitas tradições, a prática de "comunidades formativas" facilita as experiências iniciatórias de despertares ou percepções intuitivas profundas, e isso é vivenciado com frequência no trabalho de reconciliação de gênero.

Talvez a dualidade mais fundamental na existência humana seja a de macho e fêmea. Trabalhar com homens e mulheres juntos abre a possibilidade de uma profunda comunhão que engloba a dualidade masculino/feminino, e de um despertar num ambiente em que se partilha um entendimento e uma experiência também profundos. A reconciliação de gênero é, portanto, uma forma de treinamento que ajuda o indivíduo a sair do casulo da própria autoidentificação e penetrar numa conexão empática com a "diversidade" e, a partir daí, penetrar enfim na experiência da Unidade.

A harmonia duradoura entre os sexos não é alcançada apenas por reformas sociais, psicológicas ou políticas. Esses métodos são certamente valiosos e necessários para conseguirmos a igualdade de gênero na sociedade, mas, por si mesmos, não são suficientes porque a reconciliação de gênero requer uma dimensão espiritual inerente. A desarmonia de gênero é imensa e está amplamente difundida; seus sintomas se manifestam de uma infinidade de maneiras em praticamente todas as culturas ao redor do mundo. Para haver uma autêntica reconciliação de gênero, buscamos uma abordagem abrangente que inclua, mas também transcenda, os métodos tradicionais de mudança social, invocando uma inteligência ou graça universal maior. Para isso, precisamos nos relacionar conscientemente com essa sabedoria superior.

Há uma parábola no Novo Testamento sobre uma mulher doente que estendeu a mão e tocou na borda do manto de Jesus, enquanto ele caminhava. Ele virou-se e disse: "Quem me tocou? Uma força saiu de mim." Tremendo, a mulher admitiu seu ato – e viu que estava curada. Ela não fazia ideia de como essa cura ocorrera; sabia apenas que Jesus estava passando por perto e que sua única esperança era estender a mão, tocá-lo e ser curada. Seu ato, sua fé e sua convicção é que produziram a cura – não o manto de Jesus.

Quando reunimos um grupo para a cura e reconciliação de gênero, estamos coletivamente realizando uma ação similar. Estendemos a mão para uma consciência e uma graça superiores, que estão *além da nossa capacidade, mas dentro do nosso alcance*. Esse ato e essa experiência estão relacionados àquilo que os místicos se referem como "união com o Divino": uma aniquilação do si mesmo, em que o eu é inteiramente dissolvido e mesclado a uma unidade mais elevada. Todos os verdadeiros agentes da cura sabem que, quando a cura se desenvolve em seu nível mais alto, não há um eu egoísta que fez o trabalho; ao contrário, ele simplesmente foi feito, como se inspirado pelo espírito ou pelo Divino que desceu à Terra. Nos grupos de reconciliação de gênero, estendemos coletivamente a mão para um poder ou graça desconhecido, com um potencial de cura que está bem além da nossa capacidade ou entendimento. Convidamos esse poder e presença sabendo, por experiência, que algo transcendente e universal pode agir e age através de nós, e que ele minimiza nossos próprios mecanismos para então curar, examinar, consertar e/ou reconstruir o que precisa ser curado. Assim como toda cura espiritual, a ferida de gênero da humanidade vai sarar um dia, não porque sabemos como curá-la, mas por meio de sua própria e misteriosa capacidade, combinada com nosso consentimento e abertura coletivos ao processo.

2. A cura e reconciliação de gênero requerem que seja dado igual valor à perspectiva feminina e à masculina, e que as diferenças intrínsecas entre os sexos sejam respeitadas e aceitas.

No trabalho de reconciliação de gênero é crucial mantermos um equilíbrio dinâmico entre as perspectivas masculina e feminina, e evitar todo tipo de preconceito sistemático relacionado a elas. Tanto os homens como as mulheres estão feridos e precisam uns dos outros para que haja uma cura verdadeira e completa. Mantermos o equilíbrio de gênero não significa que as diferentes perspectivas proporcionem o mesmo tipo de informação ou percepção consciente. Um aspecto essencial do trabalho de reconciliação de gênero é "manter a tensão dos opostos", como dizia Jung. Isso significa dar igual apoio a perspectivas fundamentalmente diferentes ou opostas dentro de uma coletividade, de modo que a magia criativa da alquimia dos opostos possa funcionar. Não há dúvidas de que as perspectivas do macho e da fêmea são em geral fundamentalmente diferentes e resultam em profundidade e clareza sinérgicas, criando então algo que nenhuma perspectiva consegue realizar por si só. O físico Niels Bohr expressou assim esse princípio: "O oposto de uma verdade profunda é, em geral, outra verdade profunda."

Todavia, um preconceito direcionado tanto à perspectiva masculina como à feminina pode insinuar-se para dentro do trabalho. Há várias décadas muita coisa tem sido feita para a articulação de uma análise feminista da nossa cultura; apesar de essencial, essa análise pode inadvertidamente ter contribuído para não reconhecermos os danos que foram causados também aos homens. Com frequência, temos visto refletido em nossos workshops de gênero o impasse que existe atualmente entre os movimentos feministas e masculinos. Cada lado exige ser ouvido pelo outro; e, ao não se sentir ouvido, fica articulando repetidamente os mesmos pontos. Para quebrar esse impasse, cada grupo precisa eliminar de sua mente coletiva os preconceitos e a agenda focados em gênero, e ouvir em profundidade para aceitar o outro.

Com muita frequência, quando os homens e mulheres estabelecem um diálogo, o resultado é uma simples troca de informações, ouvida pelo outro lado através do filtro dos preconceitos e condicionamentos de gênero, e geralmente descartada, sem ser recebida verdadeiramente. Porém, quando os homens e mulheres escutam com o coração, acontece um processo liberador ou purificador na coletividade, e algo transformador atravessa ambas as partes e penetra no diálogo.

No desenvolvimento pessoal e no trabalho espiritual, a percepção consciente da própria "sombra" é essencial para o processo, pois faz o papel de grão no moinho da transformação. Da mesma maneira, a percepção consciente coletiva da sombra de gênero é o grão no moinho da reconciliação de gênero. É fundamental que olhemos para essa sombra diretamente, sem posturas negativas ou defensivas. É vital que os homens e as mulheres – heterossexuais, lésbicas e gays – aprendam a escutar uns aos outros de maneira profunda e autêntica. Para conseguir isso precisamos olhar juntos aquilo que cada um de nós carrega em nossa sombra coletiva e examinar as partes de nós mesmos que não queremos necessariamente compartilhar. Se criarmos fóruns onde esse compartilhamento seja possível – onde tais coisas possam surgir dentro de uma atmosfera livre de julgamentos e culpas –, podemos então começar a criar as condições para uma transformação coletiva da consciência de gênero, que nossa cultura necessita urgentemente.

Todo ser humano incorpora tanto as qualidades masculinas quanto as femininas. Para ser íntegro, cada indivíduo precisa enfim criar uma integração equilibrada dessas qualidades e que lhe seja única. Infelizmente, nossa sociedade ainda perpetua o falso ideal de que o homem deve ser totalmente masculino e a mulher, totalmente feminina. Nenhum desses ideais é possível nem desejável. Como Jung e muitos outros enfatizaram, cada indivíduo integra uma combinação de qualidades pessoais, extraídas de um amplo espectro que vai desde as qualidades "essencialmente" masculinas até as "essencialmente" femininas. E porque cada indivíduo integra de modo diferente as características masculinas e femininas, afloram uma rica diversidade e um poder coletivo naqueles grupos ou comunidades de homens e mulheres que conduzem essas múltiplas combinações sob uma sinergia dinâmica.

Ser um verdadeiro homem ou uma verdadeira mulher significa apenas tornar-se inteiramente humano. E isso requer integrar um equilíbrio dinâmico entre aquilo que tem sido tradicionalmente identificado como qualidades femininas e masculinas. Em termos bastante gerais, os homens necessitam integrar qualidades que têm sido tradicionalmente associadas ao feminino, tais como compaixão, sensibilidade e nutrição; e as mulheres necessitam integrar qualidades que têm sido tradicionalmente associadas ao masculino, tais como liderança, assertividade e assumir riscos. Quando essas qualidades estão balanceadas num ser humano, o resultado é um aumento surpreendente da capacitação, da criatividade e do bem-estar.

Assim como um homem e uma mulher precisam unir-se para gerar um filho, também as qualidades masculinas e femininas precisam unir-se para gerar a plenitude do ser humano. Gerda Lerner alegou que "quando olhamos só com um olho, nossa visão fica com um alcance limitado e destituída de profundidade". Assim como a acuidade visual é obtida ao combinarmos as informações que chegam a ambos os olhos, também a profundidade da experiência humana surge ao sintetizarmos os dons tanto das qualidades masculinas como das femininas.

3. A transformação dos alicerces culturais do desequilíbrio de gênero é mais bem realizada em grupos ou comunidades.

No mundo atual, quando nos deparamos com dinâmicas de gênero desafiadoras em nossos relacionamentos pessoais, em geral procuramos resolver esses conflitos num nível pessoal ou interpessoal. Ou avaliamos nossos problemas e deficiências pessoais, ou focamos a deficiência dos nossos parceiros e amigos, e/ou talvez façamos uma terapia de casais. Ao agir assim, deixamos a situação desabar na esfera privada e pessoal, dando pouca atenção ao fato de que todos nós sofremos o profundo impacto dos condicionamentos sociais e culturais relacionados ao gênero. Esse condicionamento é tão onipresente que o tomamos como natural, e está tão completamente integrado ao nosso ambiente que dificilmente percebemos que ele existe.

Por ser a desarmonia de gênero uma catástrofe que afeta a consciência social coletiva, a reconciliação de gênero é necessariamente um trabalho coletivo. Ela pede que os participantes considerem não apenas sua experiência individual, mas também que se harmonizem com as energias coletivas e trabalhem com a diversidade e o leque de perspectivas que cada indivíduo traz para o grupo. Ao trabalhar em grupo, os participantes percebem que suas fronteiras começam a se expandir para além das dimensões pessoais, e recebem os benefícios da sinergia coletiva e da imensidão energética. Quando as questões de gênero são introduzidas nesse contexto, os indivíduos começam a perceber que muitos dos desafios de gênero, com os quais se debatem, são sistêmicos: forças ocultas que operam na coletividade e que estão bem além da compreensão ou das fraquezas individuais. Para muitos participantes, esta é a principal revelação – uma percepção chocante de quanto foram socializados e condicionados em cada estágio da vida, da primeira infância em diante.

Ninguém escapa ao condicionamento de gênero. A maioria de nós leva involuntariamente a sombra cultural de gênero para nossos relacionamentos importantes, e acabamos brigando com os nossos parceiros, familiares e amigos, e com colegas com quem nem nos relacionamos individualmente. Quando homens e mulheres fazem o trabalho de reconciliação de gênero em comunidade, eles começam a ver sob uma nova luz o poder dessa bagagem cultural. Percebem a vantagem de superar os padrões e condicionamentos sociais em muitas das suas experiências – e compreendem que, nesse contexto mais amplo, não estão sozinhos em relação àquilo que acontece com eles. Essa é uma percepção profunda que tem de ser abraçada holisticamente. Não é suficiente compreendê-la cognitivamente; precisa ser vivenciada emocional e psiquicamente. É necessário que se transforme em sabedoria do coração. Potencialmente, a reconciliação de gênero permite a cada indivíduo ver – de modo mais profundo – o tamanho imenso do desserviço que lhe tem prestado o seu condicionamento cultural.

Outra razão fundamental para que o trabalho de reconciliação de gênero seja mais bem realizado em grupos ou comunidades é que as comunidades são o terreno fértil para a era vindoura do despertar da humanidade. O mestre zen vietnamita Thich Nhat Hanh tem dito que o próximo Buda não virá como um indivíduo, mas sob a forma de uma comunidade – um grupo de pessoas vivendo juntas em amorosa gentileza e cuidadosa percepção consciente. Muitos místicos contemporâneos têm repetido essa visão, inclusive o mestre sufi Llewellyn Vaughan-Lee; ele diz que há uma nova energia divina vindo em direção à humanidade, que agirá apenas em comunidades e grupos, e diz também que as "regras" para o despertar espiritual mudaram. As comunidades são agora os veículos fundamentais para esse despertar.

Sem dúvida, os humanos chegaram a um ponto em que talvez a única maneira de sobreviver seja seguir diferentes formas de cooperação sinérgica. Essa percepção aponta para a necessidade de homens e mulheres unirem-se em comunidades e, juntos, descobrirem as formas pelas quais a sombra de gênero se manifesta. O trabalho de reconciliação de gênero, e também o poder da nossa intenção coletiva, fabrica o crisol que vai catalisar a cura necessária em nossa sociedade mais ampla.

4. O processo de reconciliação de gênero requer a plenitude da nossa humanidade – a integração das dimensões física, emocional, intelectual e espiritual – a fim de criar as condições para uma transformação genuína.

Se algum aspecto essencial da nossa humanidade for omitido durante o trabalho de reconciliação de gênero, a transformação resultante não será autêntica nem duradoura. A nossa sociedade frequentemente ignora ou evita as verdades desafiadoras, os dilemas e as expressões emocionais penosas quando eles afloram. Instituições inteiras são criadas para formalizar e reificar essas omissões. Nossas instituições religiosas costumam negar a dimensão física numa tentativa de fazer com que essa parte "inferior" de nós mesmos possa "ser transcendida". Nossos sistemas acadêmico e político, em sua cruzada para serem "racionais" ou científicos, tendem a depreciar as nossas partes intuitiva e espiritual. A maioria das instituições sociais tende a inibir nossas expressões emocionais e artísticas, e, em geral, suprimem sistematicamente a singularidade de cada ser humano.

Essa repressão socializada ajuda a manter inalterados a injustiça e os desequilíbrios estruturais de gênero. Como corretivo, precisamos desenvolver maneiras construtivas que deem plena voz e expressão a todo o espectro de respostas associadas às nossas experiências de gênero – inclusive às desafiadoras emoções de raiva, pesar, medo, tristeza, vergonha, desespero e vulnerabilidade. Não há dúvida de que um aspecto decisivo do trabalho de gênero seja uma facilitação eficaz do processo emocional intenso. Isso significa aceitar nossa humanidade, respeitando seu próprio curso de experiências – e jamais racionalizar, reprimir, sublimar ou negar as partes emocionais ou menos "certinhas" de nós mesmos.

Ao longo dos anos encontramos numerosas tentativas relacionadas ao trabalho de cura de gênero que limitavam sua metodologia a modalidades dialogais e cognitivas apenas. Percebemos que restringir o trabalho desse modo geralmente fazia com que todo o processo saísse dos trilhos. Por exemplo, durante vários anos, dois colegas psicoterapeutas, um homem e uma mulher, conduziram, cada qual por seu lado, grupos separados de homens e mulheres. Num certo momento decidiram iniciar um processo de reconciliação de gênero para seus clientes, combinando seus dois grupos. Depois de apenas dois encontros e da clássica confrontação de gênero, o projeto acabou abruptamente. O que aconteceu? No primeiro encontro, um dos homens disse para uma das mulheres que ela tinha belas mãos. A mulher se sentiu coisificada, em vez de ser vista como realmente era. O homem achava que estava inocentemente tentando ser sincero ao fazer um elogio inócuo à mulher. Uma troca verbal entre eles acabou se espalhando pelo grupo e rapidamente fez a escalada para um conflito exaltado, que traçou uma linha divisória de gênero e, por fim, não foi resolvido. A mesma discórdia surgiu no segundo encontro e o diálogo consequente se deteriorou, gerando uma pane, da qual o grupo simplesmente não conseguiu se recuperar, apesar da boa vontade genuína que fizera com que os dois grupos se unissem. Os organizadores perceberam que não havia escolha, a não ser abandonar totalmente o projeto. Segundo nossa visão, esse resultado ocorreu porque o processo limitou-se ao diálogo e à troca verbal. As tensões que surgiram no grupo misto exigiam um nível mais profundo de processamento, que não seria alcançado apenas por palavras.

Tomemos outro exemplo: um dos autores (Will) participou de um workshop de diálogo bohmiano, conduzido por Lee Nichol, um hábil facilitador que ministra workshops por todos os Estados Unidos e no exterior. Desenvolvido pelo físico David Bohm, o diálogo bohmiano é um método poderoso, projetado para dar suporte às indagações coletivas e à comunicação criativa em grupos. Um dos seus princípios básicos é que nunca há uma agenda fixa para o diálogo – o foco da conversação precisa ser livre para ir aonde o grupo a levar. Depois do workshop, Will perguntou a Nichol se ele nunca tinha mediado o conteúdo da conversa, em vez de simplesmente mediar o processo. Nichol respondeu que havia somente uma área em que ele intervinha: a "questão homem/mulher". Como Nichol explicou, essa era a única questão com a capacidade – se não a tendência – de arrastar o grupo para um pântano não construtivo, em que o próprio processo de diálogo afunda.

Essa história trouxe duas compreensões significativas: primeira, que explorar as "questões homem/mulher" é precisamente o que muitos grupos precisam para descobrir um nível totalmente novo de consciência grupal e de profundidade de experiência; e segunda, que usar apenas o diálogo não é uma metodologia adequada para levar o grupo até esse nível.

No trabalho de reconciliação de gênero há ocasiões em que os vários tipos de expressões e liberações emocionais são necessários. Inibi-los significa obstruir ou bloquear o processo de reconciliação. Há outras ocasiões em que o silêncio contemplativo, a oração ou meditação grupal, o trabalho de respiração, o psicodrama, o ritual espontâneo ou outras formas de trabalho grupal não verbal são absolutamente essenciais para uma boa resolução daquilo que aflora durante o processo. Ao longo deste livro descrevemos algumas das práticas que empregamos, as quais vão além dos níveis cognitivo e verbal, ajudando a liberar os bloqueios psíquicos e energéticos que inevitavelmente vêm à tona no trabalho de cura de gênero.

A necessidade de formas não verbais e de facilitações grupais não se aplica apenas à criação de um local seguro para a liberação das emoções desafiadoras, mas também à permissão da presença das dimensões extáticas da consciência. Esses aspectos do trabalho têm um imenso poder de cura e surgem de um modo muitas vezes surpreendente para aqueles que têm pouca experiência em trabalhos que envolvem processos grupais profundos. Na realidade, uma das principais motivações para insistirmos em caminhos experimentais adequados ao processamento de energias emocionais desafiadoras não é apenas para o bem delas, mas também porque, assim fazendo, criamos simultaneamente a possibilidade de expressão para as mais elevadas e benéficas energias emocionais e espirituais, as quais se seguem naturalmente aos trabalhos de liberação das emoções profundas. Essas energias positivas se manifestam de várias maneiras, incluindo-se as formas ricamente tocantes e inspiradoras das expressões criativa, artística e extática. Não é suficiente contar histórias inspiradoras ou ler belos poemas que celebram as qualidades do masculino, do feminino e da sua dança eterna. É vital criar um contexto experimental em que a pessoa possa, de fato, entrar diretamente em contato com essas dimensões, testemunhar a existência delas nos outros e celebrar seu direito inato a uma humanidade plena como homem ou mulher sobre a Terra.

5. A transformação das relações de gênero é um território não mapeado. Não existem especialistas, mapas ou guias.

A desarmonia de gênero é vasta e antiga, e suas implicações atingem todos os aspectos da sociedade humana. Como convocadores e organizadores do trabalho de reconciliação de gênero, não alegamos ter encontrado as respostas definitivas para a transformação das relações de gênero. Depois de quinze anos de facilitação do trabalho de gênero, os nossos métodos e abordagens continuam a evoluir e, certamente, não há uma fórmula definitiva que se aplique a todas as situações. Porém, aprendemos uma coisa com ele: levar uma percepção consciente compassiva e inabalável às dinâmicas de gênero em grupos e comunidades é um modo admiravelmente poderoso de começar. Como em toda prática espiritual, uma percepção consciente e profunda é, em si mesma, transformadora.

Talvez esse ponto pareça óbvio. No entanto temos observado constantemente que há uma grande lacuna na percepção que as mulheres têm da experiência masculina, e uma lacuna correspondente na percepção dos homens relacionada às mulheres. Cada um dos sexos mostra uma grande ignorância das várias dimensões da realidade social e da experiência individual do outro. E há uma lacuna igualmente grande na percepção mútua entre heterossexuais e homossexuais. Além disso, em nossa cultura existem tabus sociais e tópicos de discussão tacitamente proibidos que impedem as mulheres e os homens de explorar muitos dos aspectos da experiência de gênero – não apenas em companhias mistas, mas também dentro dos grupos de um só gênero. Esses tabus vão desde questões como estupro e pornografia até questões de identidade básica e de essência e experiência da sexualidade e da intimidade.

Há inúmeras formas de a injustiça de gênero ser inconscientemente amparada e perpetuada na sociedade. Mencionamos no Capítulo 1 algumas das formas como os homens e mulheres estão inconscientes da realidade social um do outro. Além disso, tanto os homens como as mulheres são socializados para perpetuar inconscientemente mitos prejudiciais dentro de seu próprio gênero. Por exemplo, os homens precisam examinar entre si as maneiras insidiosas com que foram condicionados a ridicularizar ou dominar as mulheres e rejeitar o feminino por intermédio de habituais comportamentos e brincadeiras socializados, e a infligir represálias naqueles homens que não investem no modelo dominante do "machão" patriarcal. E as mulheres precisam examinar a sua cumplicidade na exploração e imposição das normas culturais ultrajantes que cercam a beleza física e a atração sexual, sendo que às vezes elas usam essas energias para manipular umas às outras e os homens, e desse modo exacerbam a própria coisificação da qual querem se libertar. Esses e outros comportamentos aprendidos socialmente são tão rotineiros e difundidos que escapam à observação consciente. Consequentemente, muitos de nós perpetuamos sem querer a desarmonia de gênero de maneiras inumeráveis e sutis, ao mesmo tempo que mantemos a sincera convicção de que não somos pessoalmente cúmplices na propagação da injustiça de gênero.

A desarmonia social relacionada ao gênero, tão difundida nos dias de hoje, não é inevitável na sociedade humana, embora seja o produto inevitável de milhares de anos de uma injustiça de gênero sistêmica ao redor do mundo. Porque nunca conhecemos outra coisa é difícil ou mesmo impossível para nós imaginar como a vida poderia ser se tivéssemos crescido numa sociedade verdadeiramente integrada e saudável em relação ao gênero e à sexualidade. Todo o tecido da sociedade humana seria imensamente diferente daquilo que conhecemos hoje. Os fóruns de interação social, a profundidade e intimidade dos relacionamentos interpessoais, a estrutura e o papel da família e da comunidade, a expressão sublime e a celebração do erotismo, a natureza e as formas dos cultos religiosos e das cerimônias espirituais – todos esses aspectos da vida seriam, com toda probabilidade, profundamente diferentes das normas culturais e dos padrões socializadores de hoje. Unidos, esses elementos comporiam uma vida comunitária rica e gratificante que podemos apenas imaginar, embora seja frequentemente vislumbrada no trabalho de reconciliação de gênero.

Talvez existam mesmo alguns poucos indivíduos que são afortunados o suficiente para crescer numa comunidade verdadeiramente saudável quanto ao gênero e que esteja escondida num lugar qualquer de uma sociedade isolada, bem distante da corrente cultural principal. Mas a imensa maioria de nós – quer do Ocidente ou Oriente, quer do Norte ou do Sul – não tem experiência de uma vida em tal contexto social harmonioso, e carregamos nas profundezas do nosso coração as múltiplas feridas e confusões de uma humanidade doente. Carregamos esse fardo desafiador não apenas na forma de nossa própria socialização e história pessoal, mas também no legado arquetípico de gerações de dor coletiva humana relacionada ao gênero e à sexualidade. Deparamo-nos com um inacreditável desafio quando chega a hora de deslindar e curar essas questões na sociedade.

Para os jovens, o desafio é especialmente intimidador conforme chegam à idade adulta e se esforçam para entender o que está acontecendo ao seu redor e como poderiam conduzir sua vida. Seu dilema em relação ao gênero e à sexualidade é descrito habilmente pelo tibetano Djwhal Khul:[1]

> Nossos jovens, especialmente os idealistas e os rapazes e garotas de bom senso, veem-se face a face com uma situação que desafia seus melhores esforços. Eles não sabem o que pensar ou no que acreditar. Eles observam lares, ou fazem parte de lares, que são santificados por um casamento oficializado e encontram (em larga escala) nada além de infelicidade, prostituição legalizada, condições doentias, busca de relacionamentos ilícitos fora do lar, filhos não desejados e negligenciados, atrito produzido por parceria sexual equivocada, divórcio e ausência de respostas para as suas muitas perguntas inteligentes. Depois olham para outro lado, para a vida daqueles que evitaram as responsabilidades do casamento, e encontram descontentamento, muitas vezes uma vida sexual secreta, condições doentias como resultado da frustração dos instintos naturais, condições psicológicas da pior espécie, às vezes filhos ilegítimos, perversões sexuais [...] Pedem auxílio e solução ao materialista e não recebem nenhuma resposta clara, nenhuma filosofia confiável e nenhuma instrução fundamental. As moralidades do passado talvez lhes sejam apontadas ou talvez as virtudes de uma "vida honrada" sejam elogiadas. Mas nenhuma solução verdadeira é oferecida e nenhuma luz é lançada sobre seus problemas. Talvez se voltem para os religiosos, e lhes é dito para serem bons; o exemplo dos santos lhes é citado ou talvez se vejam submersos num fluxo de proibições puritanas e chavões virtuosos, acompanhados de explicações insatisfatórias, baseadas geralmente em preconceitos e predileções pessoais. Mas raramente soa uma nota clara e raramente é possível fazer mais do que anunciar a famosa Lei de Moisés, "Não deveis...". Quem pode lhes falar com verdadeira sabedoria e compreensão desse problema universal? Quem compreende verdadeiramente o real significado da vida sexual, seu

lugar no grande esquema das coisas e a relação entre os sexos? Quem pode dizer, com uma visão verdadeira, qual é o próximo passo evolucionário, para onde a humanidade está indo?

Mas, a despeito desse pântano intimidador e dessa pouco invejável herança cultural relacionada ao gênero, também é verdade que somos todos especialistas naquilo que precisa ser curado, pois temos experiência pessoal direta das iniquidades e injustiças. Como Joanna Macy observou, "Nossas feridas são nossas credenciais". Sem dúvida, somos coletivamente bastante perspicazes quanto às sutilezas e desafios específicos daquilo que precisa ser transformado na sociedade. Contudo, precisamente porque não vivemos numa sociedade sadia quanto ao gênero, nenhum de nós é especialista em como essa sociedade deveria ser na realidade, ou quais novas formas de organização social e relacionamento pessoal ela deveria adotar. Nem sabemos como realizar a cura e transformação necessárias para chegarmos lá. Em resumo, sabemos o que precisa ser feito, mas não sabemos como fazê-lo.

Por todas essas razões, precisamos começar reconhecendo que não há especialistas em reconciliação de gênero, pois ninguém pode dizer que "já viu esse filme" (para citarmos a expressão coloquial). Isso é igualmente verdadeiro para os autores deste livro. Não declaramos haver encontrado "respostas" definitivas para a reconciliação de gênero, e vemos a nós mesmos como novatos em vez de "especialistas" nesse campo incipiente. Segundo a nossa perspectiva, não existem especialistas atualmente. Nem há mapas ou guias que nos tirem da densa floresta da injustiça de gênero e nos conduzam para a terra prometida de uma sociedade sadia em que haja harmonia de gênero.

Contudo, como já dissemos, acreditamos ter encontrado uma maneira de iniciar o processo. E não cremos que seja necessário ou mesmo desejável saber de antemão os detalhes de onde o processo enfim nos levará. O essencial é estar presente para cumprir a tarefa e manter o processo de cura de gênero impecavelmente íntegro à medida que se desdobra.

Em face de tantas coisas desconhecidas, como podemos garantir essa integridade? Como devemos proceder na prática? As respostas são bastante simples, apesar de ser desafiador implantá-las: falar nossa verdade; testemunhar com compaixão; estar presente por todo o processo e tolerar seus sofrimentos, bem como seus êxtases; não se esquivar das realidades difíceis; crer na sabedoria emergente da comunidade; não deixar nada de fora, principalmente quem participa a sério; e talvez, antes de tudo, manter uma fé inabalável no espírito humano. Na qualidade de facilitadores e organizadores ao longo dos anos, vivemos muitos desafios nesse trabalho. Porém, os momentos de cura sempre sobrepujaram as dificuldades e ofereceram a inspiração e a confiança que nos ajudaram a perseverar num caminho que conduzirá à reconciliação e harmonia, as quais todos nós desejamos e que são um direito nato nosso, enquanto seres humanos.

Diretrizes e acordos éticos

Para, na prática, dar suporte à implantação dos princípios da reconciliação de gênero que expusemos acima, desenvolvemos uma série de diretrizes e acordos éticos que pedimos para os participantes seguirem durante os eventos. Esses protocolos ou regras comunitárias dão apoio à integridade do processo de reconciliação de gênero e ajudam a garantir um "espaço" seguro e eficaz onde as pessoas se engajem no trabalho grupal. Quando se inscrevem para um workshop ou um treinamento, pedimos aos participantes que se comprometam com esses acordos comunitários pelo tempo de duração do evento.

Em sua maior parte, nossas diretrizes e acordos refletem o tipo de protocolo encontrado frequentemente em trabalhos comunitários experimentais de cura e em processos grupais. Estão incluídos acordos para manter a confidencialidade acerca do que ocorre durante o evento; assumir a responsabilidade pela própria experiência e respeitar a experiência dos outros; ser cuidadoso com a própria maneira de se comunicar e permitir que os outros compartilhem; e estar presente durante todo o processo.

Em acréscimo a esses acordos mais típicos, há também alguns acordos ou práticas específicos desse trabalho aos quais pedimos o comprometimento dos participantes durante o tempo em que estivermos juntos. Dentre eles incluem-se honrar o poder do silêncio e reconhecer que os momentos de silêncio geralmente revelam níveis mais profundos de significado e sutileza daquilo que está ocorrendo. Também pedimos que os participantes reconheçam que, para todos nós, o trabalho de reconciliação de gênero é um território não mapeado, portanto é essencial permitir a ambiguidade e a incerteza à medida que prosseguimos; e aprendam a "manter a tensão dos opostos" – deixar-se ficar desconfortável, sem necessariamente se apressar a resolver ou "consertar" as coisas.

Finalmente, fazemos uma solicitação incomum: pedimos aos participantes que se abstenham de interações românticas ou sexuais durante nossos workshops de reconciliação de gênero, exceto em casos de casais estáveis, com um compromisso duradouro. Há muita coisa a ser aprendida sobre intimidade que não pode ser vivenciada diante das forças poderosas do condicionamento cultural que ronda a sexualidade e as relações íntimas. Ao suspender temporariamente as regras não escritas da sociedade que ditam as atividades românticas e sexuais, os participantes recebem apoio para dar um passo além do comportamento habitual e do território familiar, e entrar em algo totalmente diferente.

O propósito dessa moratória sexual temporária não é, de modo algum, negar ou denegrir a sexualidade. Exatamente o contrário, ela serve para criar um ambiente excepcionalmente seguro e íntimo em que seja possível um discurso confortável e indagações coletivas sobre temas altamente delicados e vulneráveis relacionados ao gênero e à sexualidade. Ela também cultiva uma atenção mais profunda dessa poderosa arena da vida. Quando um grupo de pessoas opta por se afastar conscientemente do condicionamento cultural habitual que cerca a energia e as relações sexuais, surge uma oportunidade extraordinária de testemunhar o profundo impacto causado pelos ataques diários das insinuações sexuais e dos ideais românticos que são difundidos pela corrente dominante da sociedade.

Se o sol nunca se pusesse, não perceberíamos quão vastas são as profundezas do espaço, que se tornam visíveis somente à noite quando somos capazes de ver aquilo que estava ofuscado pela luz do dia. Do mesmo modo, nós nos abstemos das interações sexuais no trabalho de reconciliação de gênero para descobrir as profundezas ocultas da intimidade e da sutileza que também estão ofuscadas pela nossa vida cotidiana. Com o passar dos anos, descobrimos que o trabalho em comunidade que segue esse acordo tende a cultivar novas formas de intimidade compartilhada, de indagações mútuas e de cura coletiva, em níveis que são raramente vivenciados em ambientes sociais normais.

Esses acordos e diretrizes servem para fortalecer o processo de reconciliação de gênero e, é claro, eles se tornam particularmente importantes quando uma crise ou um conflito surge no grupo. Em tais momentos, nós nos voltamos para esses acordos compartilhados, pois são os alicerces que mantêm a integridade comunitária à medida que exploramos com cuidado as questões difíceis e potencialmente divisoras.

Para concluir esta parte das nossas considerações sobre a cura de gênero, citamos o poeta místico Rainer Maria Rilke, que expressou com grande eloquência a filosofia geral que sustenta nosso trabalho de reconciliação de gênero: "Tenha paciência com as coisas não resolvidas em seu coração e tente amar as questões por elas mesmas. Não busque respostas que não lhe podem ser dadas agora, pois você não seria capaz de vivê-las." As palavras de Rilke capturaram o verdadeiro propósito do nosso trabalho de reconciliação de gênero: não buscar respostas nem tentar consertar tudo que necessita ser curado, ou presumir que sabe como tratar as muitas doenças relacionadas a gênero e sexualidade que nos afligem, mas, ao contrário, reunir-se em comunidade para confrontar diretamente as questões difíceis e amar as questões por elas mesmas. "Talvez então", como Rilke concluiu, "algum dia, num futuro distante, gradualmente, sem sequer notar, você viverá as respostas à sua maneira."

3

Testemunho das feridas de gênero

A situação mundial hoje, naquilo que concerne ao sexo, é tão crítica e tão séria que não há pensadores disponíveis que possam sequer ver uma solução ou encontrar uma saída para o presente impasse – não importa quão lúcidos sejam seus cérebros nem quão eruditas sejam suas mentes.
– Djwhal Khul (Alice Bailey)

Olhando para cerca de duas centenas de rostos inclinados para cima, agora divididos em um grupo de mulheres e outro de homens, pedimos a todos no auditório que virassem suas cadeiras de modo que não ficassem mais voltados para o estrado, mas de frente para o grupo do outro lado do corredor. Houvera uma comoção geral momentos antes quando os participantes da conferência tinham se levantado e caminhado para o lado do auditório onde o grupo do seu gênero se reunia. Só essa divisão bastou para preceder a presença tangível de energias arquetípicas à medida que os homens se reuniam de um lado e as mulheres do outro.

O contexto era uma conferência internacional intitulada "The Alchemy of Peacebuilding", ocorrida em Dubrovnik, na Croácia, em junho de 2002. A conferência reuniu ativistas, políticos, acadêmicos e cidadãos de diversos países, interessados em explorar novos caminhos para a paz. Dentre os participantes havia um contingente impressionante de jovens da região dos Bálcãs e um grupo igualmente impressionante de jovens líderes norte-americanos de

Watts, nas vizinhanças de Los Angeles. Muitos desses jovens haviam vivenciado diretamente a violência da guerra ou dos conflitos civis. Foi mortificante ouvir suas histórias, e inspirador ver seu compromisso de construir uma paz justa no mundo.

O nível de energia no ambiente se intensificou e as pessoas foram estimuladas tanto pela curiosidade como pelo suave tremor que sempre acompanha o início do trabalho de gênero. Em vez da nossa apresentação usual de abertura, havíamos dado a esse grupo apenas uma breve introdução ao arcabouço cultural e histórico da injustiça de gênero. O tempo era limitado – tínhamos duas horas e meia – e nosso objetivo era oferecer a esse zeloso grupo um vislumbre do processo de reconciliação de gênero, como um dos componentes da construção da paz mundial.

Quando os homens e mulheres voltaram-se de frente uns para os outros, uma combinação paradoxal de tensão elevada e intimidade profunda pode ser simultaneamente sentida conforme o grupo passava pela sutil transformação de se tornar mais uma comunidade e menos uma audiência. Pedimos que cada participante prestasse atenção na maneira como se sentia por se sentar conscientemente entre pessoas de "seu próprio sexo" e observasse qualquer sentimento que aflorasse devido ao fato de estar em seu grupo, em oposição ao outro. Pedimos também que refletisse se estava à vontade no grupo do gênero a que pertencia e se tomava consciência da imensa diversidade entre os gêneros, inerente a cada grupo, reconhecendo o amplo leque de experiências de vida, de orientações sexuais e de características biológicas que cada grupo incorporava.

A seguir, pedimos a cada participante que fechasse os olhos e refletisse interiormente sobre sua experiência do mundo através das particularidades de seu corpo e mente, inclusive sob os aspectos da biologia, sexualidade, identidade de gênero e orientação espiritual. Durante esse momento de silêncio, orientamos gentilmente que ele fosse cuidadoso com o terreno interior ocupado por seus sentimentos mais privados e pessoais, observando qualquer percepção e diálogo interno que estivesse presente nesse espaço. Solicitamos então um aprofundamento do silêncio, pedindo a cada participante que iniciasse alguma prática de silêncio, meditação ou contemplação em que se sentisse confortável.

Depois de vários minutos sentados juntos e em silêncio, lemos um poema do poeta hindu Jnaneswar que celebra a união entre o sagrado masculino e o sagrado feminino (citado no final do Capítulo 1). Quando abrimos os olhos alguns minutos depois e olhamos a sala, havia um claro reconhecimento de que éramos um grupo de homens e mulheres sérios e sinceros que se reunira para explorar e descobrir maneiras de construir pontes entre as diversidades e diferenças para criar mais paz em nosso mundo tão cansado das guerras. E presente entre nós havia esta diferença fundamental, comum a todos os seres humanos em todas as culturas, tanto as antigas como as modernas: a dualidade de estar encarnado num corpo masculino ou num feminino.

Testemunho silencioso

A comunidade da conferência estava agora preparada para entrar num processo que chamamos de "testemunho silencioso". Essa prática tende a extrair energias emocionais complexas, lembranças e *insights* conforme o indivíduo presta testemunho das experiências formadoras ou desafiadoras pelas quais passou em sua vida pessoal e que estão relacionadas aos condicionamentos sexuais e de gênero. O testemunho silencioso proporciona ao grupo um grau imenso de percepção consciente mútua e de tipos invulgares de informações – sem detalhes específicos – sobre a realidade do condicionamento de gênero na sociedade humana.

O testemunho silencioso consiste num exercício em que é proposta uma série de questões pertinentes à experiência de ser homem e mulher. Primeiro, perguntamos ao grupo de um dos sexos, depois ao do outro. Após cada pergunta, os indivíduos são convidados a ficar em pé e em silêncio se, em sua história pessoal, a resposta for "sim". O restante da comunidade permanece sentado em silêncio em reconhecimento aos que estão em pé, e é pedido a todos que sejam sensíveis e cuidadosos quanto aos próprios sentimentos e reações. Os que estão em pé continuam assim por alguns segundos até o facilitador dizer "muito obrigado", quando então se sentam. Daí é feita a próxima pergunta, e o processo se repete até completar toda a série de questões. A diretriz básica desse exercício é não ficar no papel de vítima, mas, ao contrário, dar testemunho das injustiças de gênero presentes em nossas vidas e em nosso mundo como um todo. Por trás de cada pessoa que permanece em pé existe uma história única; e reconhecemos a experiência na vida dessa pessoa, sem saber de seus detalhes particulares. Além disso, quando nos levantamos, não é apenas por nós mesmos, mas também por incontáveis outros que têm histórias similares que talvez nunca venham a ser testemunhadas. Portanto, cada pessoa que se levanta está prestando testemunho por milhões de outras que passaram por uma experiência igual ou semelhante.

Nesse processo, às vezes, perguntamos primeiro para as mulheres e, outras vezes, para os homens. As perguntas se iniciam com as formas mais simples de desequilíbrio de gênero: "Você já notou se as suas necessidades foram atendidas depois das dos homens?" (para as mulheres) ou "Você já notou se as suas necessidades foram atendidas depois das necessidades das mulheres?" (para os homens). Gradualmente, as perguntas vão se tornando mais desafiadoras e direcionadas. Perguntamos às mulheres se, pelo simples fato de ser mulheres, já sentiram medo de andar sozinhas pelas ruas. Igualmente aos homens. Perguntamos sobre violência e sexualidade, tanto do ponto de vista da vítima como do perpetrador: "Você já receou por sua vida ou por sua segurança física dentro do seu próprio lar?" "Você já apanhou ou sofreu abuso físico de um homem – ou de uma mulher?" "Você já bateu ou praticou abuso físico num homem – ou numa mulher?" Conforme o processo continua, as perguntas e respostas se tornam cada vez mais reveladoras.

Na conferência da Croácia, quando fizemos a pergunta "Você já foi forçado a praticar sexo contra a sua vontade?", quase a metade das mulheres se levantou, assim como três homens. Na sala, o silêncio emocionalmente carregado se intensificou de modo perceptível, enquanto os homens que estavam sentados testemunhavam a profunda violação por que passaram as quase cem mulheres e os três homens em pé diante deles. Em nosso trabalho por todos os Estados Unidos e em diversos outros países descobrimos que essa rude realidade não é incomum: geralmente, de um terço a metade das mulheres presentes se levantam quando fazemos essa pergunta, e não raramente levantam-se dois terços ou mais. Na Croácia, ao perguntarmos "Você já teve medo de que poderia morrer lutando nas forças armadas por seu país?", todos os homens ficaram em pé, mas apenas duas mulheres. E ao perguntarmos "Você já lutou numa guerra?", pelo menos uma dezena de homens se levantou, mas nenhuma mulher.

O impacto de testemunhar tantas pessoas se levantando em resposta a essas questões comoveu o grupo profundamente. No silêncio que se seguiu, as ondas de pesar e compaixão eram palpáveis. Solicitamos a cada pessoa que se voltasse para alguém próximo e compartilhasse o que estava vivenciando – primeiro, no grupo de seu próprio gênero. Em geral, tanto as mulheres como os homens são pegos de surpresa por essa realidade compartilhada da dor e do sofrimento – que ultrapassa a divisão de gênero. Por exemplo, durante o processo, as mulheres esperam revisitar a dor familiar às mulheres, mas frequentemente ficam chocadas ao testemunhar a dor dos homens. Os homens ficam chocados porque quem sofreu a violação são as mulheres presentes na sala, e não algumas vítimas distantes que aparecem nas estatísticas ou nos jornais. Para todos na sala, a violação deixa de ser abstrata e passa a ser concreta; e essa percepção consciente genuína é transformadora em si mesma.

Depois que cada grupo separado por gênero tem a chance de processar o exercício em seu interior, é dada aos grupos a oportunidade de apresentar suas reflexões para toda a comunidade. As descobertas que vieram à tona na conferência para a construção da paz foram semelhantes às que surgem nos nossos outros programas de reconciliação de gênero. Um sentimento de compaixão coletiva nasceu nessa comunidade e, com ele, um calor humano bastante comovente. As mulheres e os homens estavam surpresos com o grau de sofrimento e vitimação vivenciado na sala, e foram animados por sentimentos de empatia e solidariedade – dentro de cada grupo e entre os grupos.

No último estágio do processo de testemunho pedimos aos participantes para começar a circular sem destino pela sala e prestar atenção especial às energias e sentimentos sutis conforme a comunidade se reorganizava. Então solicitamos que as pessoas formassem pares, com um parceiro de qualquer sexo, e cada uma delas foi convidada a compartilhar uma história pessoal com o parceiro, a partir de seus próprios antecedentes, e que representasse uma das perguntas que a fizera ficar em pé. Os parceiros falaram um de cada vez e ininterruptamente por alguns minutos, enquanto o outro ouvia. Contar e ouvir essas histórias serviu para aprofundar ainda mais a intimidade e a presença compassiva na comunidade, e esse processo com os pares terminou com bênçãos mútuas e afirmações sinceras entre os parceiros.

Para encerrar a manhã, o grupo inteiro formou um grande círculo, deu as mãos e cantou uma singela canção de cura. Havia a presença de uma forte interconexão naquela comunidade, que agora tinha despertado, pelo menos um pouco mais profundamente, para a imensa necessidade em nossos dias de cura social e transformação cultural relacionadas ao gênero. Tínhamos vivenciado em conjunto uma abertura natural do coração e havia um senso elevado de que as mudanças necessárias em nossa sociedade eram realmente viáveis.

Testemunho silencioso em grupos pequenos

Esse mesmo exercício de testemunho silencioso é conduzido em todos os nossos eventos, como parte padronizada do processo de reconciliação de gênero. Num grupo de quinze a 25 pessoas, o processo também é bastante poderoso e torna-se mais íntimo e pessoal. Nos grupos pequenos, os indivíduos que se levantam em resposta a cada pergunta estão em maior proximidade física daqueles que assistem o testemunho. As pessoas podem ver mais claramente, e afetuosamente, o rosto e as nuances da linguagem corporal uns dos outros. As respostas às questões envolvem uma espécie de revelação íntima, e pode ser chocante ver a maioria dos membros, ou todos, do grupo do outro gênero levantando-se em resposta a certas perguntas, bem como ver todos permanecerem sentados em resposta a outras.

Diferentes participantes aprendem diferentes lições com esse exercício. Como exclamou uma mulher sul-africana depois de um workshop de reconciliação de gênero na Cidade do Cabo: "O exercício de testemunho silencioso é muito potente e me deu a oportunidade de compreender as coisas pelas quais tenho passado e também me 'levantar' contra elas. Para mim foi como dizer 'nunca mais!'"

Para outros, o testemunho silencioso serve como uma abertura para novos níveis de percepção consciente e empatia em relação à dor do outro gênero. Com frequência, as mulheres ficam surpresas ao descobrir até que grau os homens sofrem ofensas e violações relacionadas ao condicionamento de gênero, e os homens frequentemente ficam espantados ao ver a quantidade de mulheres que sofrem diferentes formas de abuso ou violação sexual.

Ao mesmo tempo, o exercício revela notáveis diferenças no comportamento e na experiência de vida dos participantes. As pessoas geralmente comentam que o exercício é um lembrete comovente para não generalizarem, colocando todos os homens (ou mulheres) num grupo de gênero. As mulheres muitas vezes se surpreendem ao ver homens ficarem em pé em resposta a experiências que elas acreditam se aplicarem somente às mulheres, tais como coerção e manipulação sexual, ou assédio vulgar nas ruas. Da mesma maneira, os homens nem sempre se levantam para comportamentos que elas acreditam se aplicarem a todos eles – e o mesmo ocorre com as mulheres. Como um dos participantes observou: "Ao vermos uns aos outros como indivíduos, somos lembrados de que não devemos – ou melhor, não podemos! – reduzir o outro gênero a um grupo coeso em que todos os membros agem da mesma maneira."

Milhares de anos de experiências vividas

Num workshop típico, com um grupo de vinte a trinta adultos de diversas idades, podemos dizer que – sentados bem ali no centro da sala – existem entre 8 a 12 mil anos de experiências humanas vividas. A partir dessa perspectiva, cada grupo tem todos os "dados" que precisa acerca do condicionamento e das experiências de gênero – diretamente da fonte. Coletivamente, o grupo sabe muito bem o que precisa ser curado e transformado, e isso também inclui uma profunda sabedoria e um potencial de cura para que o grupo se torne uma espécie de universo alquímico em si mesmo. À medida que prossegue a reconciliação de gênero, cada grupo desenvolve suas dinâmicas próprias e singulares e suas energias psíquicas, bem como sua própria "sombra", que o trabalho de gênero tende a descobrir e revelar. É claro que cada grupo é diferente, particularmente em termos do conteúdo preciso daquilo que emerge, no entanto a maioria dos grupos de participantes bem-intencionados parece-se quanto aos recursos e à sabedoria que traz na bagagem e que a faz pilotar com eficácia o processo coletivo de cura.

Níveis de condicionamento de gênero: do planetário ao pessoal

O processo de testemunho silencioso descrito acima pede aos participantes que deem testemunho de como a injustiça de gênero os afeta dentro de suas próprias comunidades e dentro da comunidade do workshop. Para montar o palco para essa e outras experiências que a seguirão durante a semana, primeiro preparamos o terreno ao introduzir os participantes no contexto social e histórico mais amplo da injustiça de gênero, cultivando a percepção consciente daquilo que chamaremos de "sombra coletiva de gênero" (para usarmos a terminologia junguiana). Geralmente, essa fase introdutória dura pelo menos metade de um dia, num workshop de cinco dias, e inclui dados sobre a injustiça de gênero sofrida tanto por mulheres como por homens. Eis alguns exemplos desses dados:

- Uma apresentação sumária de trechos do "Tribunal de Viena" das Nações Unidas sobre os Direitos Humanos, de 1993, no qual milhares de mulheres de todo o mundo testificaram, pela primeira vez para as Nações Unidas, os extensos abusos sofridos exclusivamente por mulheres. O principal tema do tribunal foi que os direitos das mulheres são direitos humanos, apesar de os direitos delas serem sistematicamente violados ou ignorados ao redor do mundo. Segundo proclamou a organizadora Charlotte Bunch em sua declaração final: "Esse não é um

apelo feito por um grupo específico de interesse, mas uma reivindicação de direitos humanos básicos que têm sido sistematicamente negados à metade da humanidade.
- A persuasiva análise do livro de Jean Kilbourne, *Deadly Persuasion*, e de sua série de documentários *Killing Us Softly*, que mostra os poderosos e prejudiciais efeitos dos anúncios publicitários corporativos ao promover imagens negativas da mulher, inclusive o retrato grosseiro da exploração e violência sexual contra o corpo feminino.
- As ideias básicas dos trabalhos de Robert Bly, Sam Keen e de outros líderes do movimento masculino. De particular interesse é o trabalho de Alexander Mitscherlich, um psicoterapeuta alemão que afirma que, nas famílias nucleares tradicionais, devido ao fato de o pai estar ausente – isto é, longe a maior parte do tempo, num misterioso e invisível local de trabalho –, surge um vazio na psique dos meninos. "Esse vazio não é preenchido com pequenos Bambis", adverte-nos Bly; "É preenchido com demônios."[1] Esses demônios tornam a sensível psique dos meninos altamente vulnerável às imagens destrutivas da masculinidade machista que prevalece na corrente dominante da cultura que os rodeiam.
- Trechos de documentários, como *Tough Guise*, de Jackson Katz, que retrata claramente o semblante artificial da dureza e da pretensão à invencibilidade que os homens são condicionados a adotar, como uma máscara para cobrir sua real vulnerabilidade e sentimento de impotência.
- Descrições e videoclipes de experiências de homens lutando em guerras e do incomensurável sofrimento que eles têm suportado na esfera militar. Um dos "benefícios" da emancipação das mulheres é que agora lhes é permitido participar de combates armados.

Essas contundentes apresentações multimídia mostram as dimensões globais da injustiça de gênero e as diferentes maneiras pelas quais os homens e as mulheres são atormentados. E à medida que discutem entre si as respostas a essas apresentações, os participantes começam naturalmente a examinar os efeitos de tal injustiça em suas próprias vidas. Depois de um breve intervalo e uma meditação silenciosa, o processo de testemunho silencioso, descrito anteriormente, flui de modo natural.

Dentro da estrutura do nosso trabalho de reconciliação de gênero, começamos o processo de cultivar a percepção consciente das dinâmicas de gênero num nível amplo ao examinarmos a injustiça de gênero na sociedade e na cultura humana. Esse é o contexto "mais seguro" e menos ameaçador para examinarmos esse material. A partir daí, estreitamos gradualmente o foco: primeiro, para a experiência coletiva dos participantes do evento, por intermédio do exercício de testemunho silencioso, já descrito; e depois vamos além, para as esferas mais íntimas e vulneráveis das histórias pessoais dos participantes.

Para esse último passo do processo, pedimos aos participantes para compartilhar a própria "biografia de gênero", normalmente em pequenos grupos. Isso proporciona às pessoas uma oportunidade incomum de explorar sua história particular de vida em relação a estar encarnada num corpo masculino ou feminino, e as experiências e batalhas ímpares que enfrentaram e que estão relacionadas ao condicionamento social de gênero. Ao prosseguir pelos vários estágios direcionados, desde o nascimento, passando pela infância, adolescência e fase de jovem adulto, até chegar ao presente, as pessoas frequentemente descobrem certos temas ou padrões recorrentes ao longo de sua vida que são enfatizados quando vistos através da lente do gênero. Depois, os participantes são convidados a partilhar suas histórias em pequenos grupos, em qualquer nível de profundidade e intimidade que considerem adequado. Para muitas pessoas, os detalhes de sua biografia de gênero incluem os aspectos mais íntimos, humilhantes e vulneráveis de sua experiência de vida pessoal, como ficará claro pelos exemplos fornecidos nos últimos capítulos. Sempre prevenimos os participantes para respeitarem as próprias fronteiras e não compartilharem informações que considerem muito pessoais ou privadas. Ao mesmo tempo, encorajamos as pessoas a usar essa oportunidade para compartilhar de um modo substancial que as leve além da sua zona costumeira de conforto.

Não é surpresa que um dos resultados mais poderosos desse processo seja o fato de pessoas com histórias pessoais particularmente desafiadoras ou dolorosas descubram com frequência que outros membros do grupo passaram por dificuldades parecidas em suas vidas. Esse duro reconhecimento é muitas vezes um momento revelador que desperta uma imensa compaixão e empatia. Ele também precede fortes sentimentos de alívio, bem como o sentimento de solidariedade que leva as pessoas a colaborar na transformação dos danos causados pelas dinâmicas de gênero que ainda prevalecem na sociedade.

4

Aprofundamento nos círculos feminino e masculino

Vemos as coisas não como elas são, mas como nós somos.
– Talmude

Depois de terem vivenciado a intensidade e vulnerabilidade do exercício de testemunho silencioso, descrito no capítulo anterior, surge muitas vezes na comunidade de homens e mulheres um grande desejo de formar círculos separados. Talvez os participantes estejam embaraçados ou vulneráveis em vista do que revelaram silenciosamente sobre suas histórias pessoais. Alguns homens ou mulheres podem se sentir injustamente "postos num mesmo saco", talvez se achando falsamente enredados em comportamentos que não se aplicam a eles num nível pessoal. A intensidade daquilo que acabou de ser testemunhado; as características semelhantes do sofrimento das mulheres e as características semelhantes do sofrimento dos homens em relação à injustiça de gênero; e o grau de exposição pessoal e coletiva – tudo isso aponta para a necessidade de se restaurar um senso de segurança maior. Os grupos de um só sexo geralmente propiciam essa segurança, pois neles os homens (ou mulheres) se refugiam entre seus iguais para explorar as emoções ou experiências cruas e frágeis que são difíceis de ser lidadas em companhias mistas.

Repartir o grupo em círculos separados de homens e de mulheres é, portanto, o próximo passo natural nesse ponto do trabalho de reconciliação de gênero. Porém, a natureza e a função desses grupos no contexto da reconciliação de gênero é um tanto diferente daquilo que as pessoas já viram em experiências anteriores com grupos tanto femininos como masculinos. A razão é clara: o caráter dinâmico do grupo feminino é alterado em larga escala pela presença dos homens – e vice-versa. Mesmo quando os círculos femininos e masculinos se reúnem em espaços separados, totalmente fora do alcance da audição um do outro, um grupo afeta o outro de modo bastante acentuado.

Como exemplos de como isso faz diferença, vejamos: num grupo convencional de mulheres, elas provavelmente falam de seus relacionamentos com os homens – maridos, filhos, pais, amantes e assim por diante –, mas não há um engajamento ativo nas dinâmicas relacionais porque nenhum homem está presente de fato. Em contraste, no trabalho de reconciliação de gênero, quando o círculo de mulheres se estabelece, todas elas já se relacionaram umas com as outras na presença dos homens, e logo estarão de volta à comunidade, com esses mesmos homens. O comportamento fala mais alto que as palavras, e as dinâmicas femininas em relação aos homens tenderão a ser reproduzidas ali mesmo, com os homens presentes no workshop. E, é claro, esse mesmo processo vai ocorrer entre os homens em relação às mulheres do workshop. Assim, em ambos os casos, padrões enraizados de comportamento em relação ao sexo oposto vão surgir naturalmente, e esses padrões serão observados pelos outros membros do grupo de mesmo sexo.

Tudo isso gera os grãos para o moinho do trabalho intragênero, que se desenrola de inumeráveis maneiras. Dinâmicas competitivas frequentemente vêm à tona. Num grupo de homens, quando surge em cena nem que seja uma só mulher, uma dinâmica totalmente nova aflora de imediato – especialmente se a mulher for considerada atraente. Tradicionalmente, os homens começam a competir pela atenção dela – em geral tentando inconscientemente eclipsar um ao outro. No trabalho de reconciliação de gênero, essa competição talvez não seja aparente nem siga as linhas do machismo tradicional, com demonstrações de coragem física ou de brilhantismo mental. Alguns homens competem entre si e manipulam uns aos outros de modo a serem vistos como os mais "sensíveis", "compassivos" e "heroicos" advogados dos dilemas femininos, buscando assim atrair para si a adoração e o respeito das mulheres.

Uma dinâmica semelhante surge muitas vezes num grupo feminino quando um homem entra em cena onde anteriormente havia só mulheres presentes. As dinâmicas resultantes variam, dependendo do homem, e são geralmente influenciadas pelos diferentes tipos de alianças femininas. As mulheres são socializadas para fazer alianças com os homens de modo a fortalecer e fazer avançar as suas próprias posições. Quanto mais hábil for uma mulher para criar alianças com os homens, mais provavelmente ela se sairá bem na sociedade em geral. Num grupo misto é comum as mulheres buscarem formar alianças com os homens, mesmo à custa das outras mulheres do grupo. Essa é outra forma de competição. Mais tarde, quando elas voltam a se reunir no grupo feminino e pedem lealdade entre as mulheres, uma interessante tensão pode aparecer. Logo se torna evidente qual o valor que cada mulher dá à lealdade fraternal, e quais mulheres vão prontamente sacrificar essa lealdade para criar alianças mais profundas com os homens. E as reais alianças tornam-se claramente visíveis para todos.

Em suma, é evidente que o trabalho de reconciliação de gênero põe em movimento um processo complexo que entrelaça as dimensões intergênero e intragênero do condicionamento e da interação entre homens e mulheres. Ao se trabalhar tanto dentro de um grupo de gênero quanto entre dois (ou mais) grupos, vêm rapidamente à tona dinâmicas ricas e reveladoras. Os padrões individuais de comportamento dos participantes são inevitavelmente expostos em vários níveis, em geral de modo inconsciente, e costumam trazer *insights* e ensinamentos inestimáveis. É fundamental termos em mente que muitos dos padrões enraizados de comportamento e de interação entre homens e mulheres são social e culturalmente aprendidos, e a única maneira de começar a desaprender os padrões doentios é olhar para eles com inabalável clareza – e à medida que vão surgindo em tempo real. É aí que encontramos a maior parte da riqueza e do poder do trabalho de cura de gênero.

Vamos examinar agora dois exemplos específicos daquilo que transpira nos círculos de mesmo sexo – um relato do círculo masculino e outro do círculo feminino. Esses exemplos foram retirados de dois eventos diferentes e, em cada caso, o processo iniciado no círculo de mesmo sexo se transformou em elemento crucial do desenrolar do processo e do resultado do evento inteiro.

O círculo masculino

O primeiro exemplo ocorreu num workshop em que os próprios participantes cuidavam da limpeza da casa e da cozinha. No terceiro dia, como estava programado para os grupos não se encontrarem, os homens acabaram almoçando depois e limparam a cozinha. Ao terminarem, um deles – a quem chamaremos Sam – quis fazer uma "brincadeira", deixando um bilhete para elas: "Já que limpamos a cozinha, esperamos fazer sexo com vocês à noite." Dois deles apoiaram a ideia, mas os outros se opuseram, pois as mulheres poderiam se ofender com o bilhete, especialmente num contexto de cura de gênero. Sam protestou, era só uma brincadeira e elas entenderiam – principalmente *porque* era num contexto de cura de gênero. E insistiu no bilhete.

O clima esquentou e logo a cisão se transformou em crise. Nesse momento ficou claro para os facilitadores que eles tinham de mudar a programação da tarde e tratar de imediato esse assunto, apesar dos protestos unânimes.

Foi proposto um psicodrama espontâneo em que Sam e seus parceiros representariam a si mesmos, defendendo sua posição, e seis outros homens interpretariam os papéis de mulheres reagindo ao bilhete – com o restante do grupo testemunhando. Eles encenariam o conflito que imaginavam ia acontecer quando elas encontrassem o bilhete.

Cada um dos seis escolheu uma mulher do workshop que achava poder retratar com fidelidade – uma adolescente meiga e inocente, uma feminista ultrajada, uma matrona circunspecta e amorosa, e três mulheres iradas cuja atitude básica seria "de novo, não!".

Os facilitadores apoiaram os dois lados, encorajando a expressão plena de todos os sentimentos e pontos de vista. Nessa altercação, as "mulheres" retrataram uma rica tapeçaria de reações, desde indignação até exigência de retratação e desesperança na reconciliação de gênero.

Aos poucos, Sam e os parceiros suavizaram sua posição, pois perceberam que o bilhete provocaria uma forte reação e um sentimento de traição pelo menos entre algumas das mulheres. Um deles mudou de lado na metade do psicodrama, logo o outro o seguiu. Por fim, Sam acabou por ver que o bilhete não era uma boa ideia, pois podia precipitar uma crise, e sua intenção não era essa. Ele não só desistiu como expressou sua gratidão pelo que aprendera com o processo.

Esse sentimento de gratidão e de profundo aprendizado permeou todo o grupo, pois tinham conseguido ver as coisas sob uma perspectiva feminina; ficaram surpresos por terem se identificado tão fortemente com papéis femininos e com a paixão por justiça que os inspirou.

Quando se integraram ao grupo misto à noite, eles estavam com um sorriso radiante, e esse sentimento persistiu até o final do workshop. As mulheres sentiram a energia positiva e estavam curiosas para saber o que causara um afeto, atenção e presença tão intensos. Mas eles haviam feito um pacto de silêncio, em parte para proteger a turma de Sam, mas também para manter a integridade do processo no grupo masculino e no próprio workshop.

Na última manhã, Sam resolveu revelar o que ocorrera, e sua revelação abriu espaço para os outros homens compartilharem. As mulheres se comoveram profundamente com a história deles. A energia positiva que aflorou do trabalho do grupo masculino havia se espalhado de modo tão tangível pelo círculo mais amplo que as mulheres a perceberam e foram favoravelmente impactadas durante o evento. No encerramento, elas expressaram sua gratidão e muitas se sentiram profundamente respeitadas pela maneira como os homens lidaram com a situação e pela capacidade deles de se identificar com os interesses femininos. Num sentido mais amplo, o trabalho dos homens moldou o workshop inteiro, transformando o que poderia ter sido um exemplo de sexismo barato num evento poderosamente curativo que elevou todo o grupo a um nível mais alto de sensibilidade, cuidado e intimidade coletiva.

Antes de passarmos para o próximo caso, façamos uma importante reflexão acerca do que aconteceu. Tipicamente, quando uma brincadeira grosseira ou inconsciente de cunho sexual é feita entre os homens, existem aqueles que acham graça e riem alto, enquanto outros a consideram ofensiva, mas fingem uma risada, ou não dizem nada ou murmuram algo entre si. Raramente é iniciada uma conversa ou um processo, e assim os velhos padrões continuam sem ser examinados e, com isso, são reforçados. Provavelmente, o mesmo teria ocorrido nesse nosso círculo masculino se não estivéssemos num contexto de reconciliação de gênero. Sem dúvida, nem Sam nem seus adversários queriam examinar o assunto, e ambos os lados teriam evitado fazê-lo se pudessem. Mas a necessidade de integração com as mulheres e de responsabilidade diante delas levou-os a esse processo, que, em troca, trouxe-lhes um inesperado poder e o encontro de um pedacinho de ouro alquímico.

O círculo feminino

"Sei que parece dramático, mas quase morri!", gaguejou Carolyn. "E se a pornografia não estivesse envolvida, eu não teria caído tão fundo nem do modo como caí." Carolyn estava começando a compartilhar sua experiência pessoal com a pornografia depois de um exercício em grupo que abordara os efeitos da pornografia (descrito no Capítulo 6).

Mulher de seus 40 anos, ela nunca contara essa história para um grupo nem mesmo para outra pessoa. "Não conheço outra arena em que eu pudesse me abrir, a não ser esse trabalho de reconciliação de gênero. A pornografia não é uma brincadeira, é algo gigantesco que causa um enorme impacto negativo na vida de muitas pessoas. E pessoas estão morrendo por causa dela. Parece extremo, mas foi isso que vivi."

Depois do exercício, algumas mulheres deram opiniões favoráveis ou neutras à pornografia. Carolyn ouviu e então se manifestou: "Enquanto vocês falavam, eu tremia, literalmente. Vi então que tinha de narrar o longo e lento processo que quase me levou à morte e denunciar que tudo isso é *absolutamente aceitável* na nossa sociedade. *As pessoas precisam entender como a pornografia é prejudicial.*"

Ela respirou profundamente e começou a contar sua história. Aos vinte e poucos anos, casara-se com um jovem oficial da Força Aérea e se mudara para a base aérea em que ele treinava como piloto de caça. Eles se conheceram num centro de recreação localizado dentro de uma base secreta que testava um bombardeiro invisível aos radares. "Eu sabia como eram os pilotos, pois era garçonete no centro. O lugar estava cheio de material pornográfico, mas aquilo não me afetava. E o meu marido não parecia ser o tipo de cara que gostasse daquilo. Ele era muito amável, engraçado. Nós nos divertíamos bastante. Era meu melhor amigo."

Recém-casados e morando na base aérea havia só um mês, ele começou a trazer revistas pornográficas para casa. Ela reclamou, esperando que ele as levasse embora porque a amava. Mas não. "Ainda me lembro exatamente daquele momento – o que eu vestia, a posição em que eu estava, tudo, porque naquela hora percebi que eu não contava. A pornografia era muito mais importante." De fato, o interesse do marido pela pornografia era mais importante que a esposa, que o casamento. Fazia parte do comportamento de todos os pilotos em treinamento. Ele estava no topo de sua classe e lá queria permanecer; para isso, precisava de material pornográfico.

Toda semana, cada um dos pilotos recortava a foto mais desagradável que encontrava, colava-a numa nota de dólar e a entregava aos oficiais superiores. Quem fizesse a nota mais ofensiva – ou, segundo eles, a mais excitante – ganhava horas extras de voo naquela semana. "E, é claro, se você voa mais, será o melhor piloto."

O marido de Carolyn ganhava com frequência, mas o preço era um envolvimento cada vez maior com a pornografia. Ele ficava o tempo todo virando as páginas das inúmeras revistas que enchiam a casa até encontrar o que queria. Quando todos os pilotos se reuniam na casa dele para preparar as notas, Carolyn disse que: "Eu ficava ouvindo 'Olha essa! E essa então!' e pensando no que fazer para ficar igual aquelas mulheres para ele olhar para mim como olhava para elas."

Todos se divertiam, inclusive as esposas, que não entendiam qual a objeção de Carolyn. E se ela insistia, perdia amizades. Com o tempo, ela foi avisada para tomar parte no jogo, senão acabaria prejudicando a carreira do marido. Ele chegou a receber uma reprimenda por sua causa. A mensagem foi clara: *nós queremos você aqui; pode ser promovido logo, mas mantenha sua esposa sob controle.*

As revistas continuaram então largadas pela casa porque era necessário. E ela se calou. Também não saiam mais juntos; não era costume as mulheres saírem com os maridos. Ele não queria que as coisas fossem assim, mas era isso que esperavam dele. E ele queria ser bom piloto, queria ser o melhor.

Carolyn foi punida não só por sua objeção à pornografia, também seu emprego como salva-vidas na piscina foi considerado "inadequado" para a esposa de um oficial. "Eu estava confusa. Havia tantas coisas que eu fazia que pareciam 'erradas', enquanto ali, na minha frente, estava a coisa certa – *ela*, a pornografia, que proporcionava as horas extras de voo."

Carolyn foi ficando cada vez mais insegura e seu casamento aos poucos se deteriorou. Ela então voltou a atenção para as modelos das revistas pornográficas, acreditando ter achado o que precisava para garantir o amor do marido. Um corpo perfeito. Começou a dar aula de aeróbica cinco vezes por semana, e correr ou andar de bicicleta nos intervalos. Passava os dias malhando e contando calorias. No começo comia, mas depois parou e só tomava quatro litros de Diet Dr. Pepper* por dia. Nessa época, olhava-se constantemente no espelho, mas vendo apenas partes do corpo, sem ver a si mesma.

Esse padrão continuou nos meses seguintes. "Eu me comparava com as revistas, fazendo as poses das modelos umas quatro, cinco vezes por dia, pelo menos. Depois subia na balança e via quanto peso ainda precisava perder." Nessa época, Carolyn estava ingerindo tanta cafeína que já não sentia mais o

---

* **Dr. Pepper** é um refrigerante gaseificado, com corante de caramelo, comercializado nos EUA pela *Cadbury Schweppes Americas Beverages*, uma empresa da Cadbury Schweppes. Existe uma versão dietética de baixas calorias, conhecida por *Diet Dr. Pepper*, assim como muitos outros sabores.

corpo. Lembrou-se que rezou certa noite para que seu peso chegasse a zero, para então recomeçar e reconstruir um corpo perfeito. Quando Carolyn, que tinha 1,74 metros, chegou aos 42 quilos, viu, por uma fração de segundo, seu verdadeiro reflexo no espelho: "Eu pude ver cada costela e cada vértebra. Mas, quando pisquei e olhei de novo, já não as via mais." Entrou em pânico e ligou para a mãe, pedindo ajuda.

O médico disse que o corpo dela estava entrando em colapso; tinha um sopro no coração, um dos rins funcionava 30% e o outro 70%. Se continuasse daquele jeito ia morrer. Carolyn passou quatro meses no hospital, saiu, teve uma recaída e passou mais um mês e meio internada. Durante as duas internações, o marido nunca foi visitá-la, e ela chegou à conclusão que seu casamento tinha acabado. Divorciaram-se e ela foi para a Alemanha, onde viveu quatro anos. Como a cultura alemã dá menos ênfase ao corpo feminino, ela se sentiu mais fortalecida e mais certa das suas escolhas em relação ao corpo e à alimentação. Mas, mesmo assim, teve de se confrontar com os contínuos sintomas psicológicos, pois a anorexia muda a química cerebral. "Até hoje ainda é uma luta; não estou falando de um incidente isolado que aconteceu uma vez na minha vida. Mas tive sorte, muitas mulheres não conseguem lidar com isso e acabam morrendo."

"Houve desconforto no grupo depois que eu falei", reportou Carolyn mais tarde, "pois as coisas mudam quando, em vez de negar, nós encaramos esse tipo de informação", sobre pornografia e anorexia. "Há tanta coisa em jogo. Havia tanta coisa em jogo para o meu marido. Para ele, começar a ver realmente tudo aquilo significava reavaliar a si mesmo como ser humano. Naquele contexto ele não conseguiria, não teria apoio. Há todo um culto que envolve os oficiais de alta patente e os pilotos. Podem fazer as coisas mais absurdas, sem sofrer qualquer consequência. Uma vez o comandante da base secreta em que eu trabalhava estuprou uma moça e ela teve de ficar quieta. A polícia militar disse não poder fazer nada contra um comandante e, se ela procurasse a polícia civil, seria presa por revelar os segredos de uma base aérea."

Havia também a tortura mental pela qual os pilotos passavam. Certa ocasião, o marido de Carolyn fez um treinamento para não revelar segredos militares, caso fosse torturado pelo inimigo. Quando voltou para casa, ela ficou muito preocupada, pois ele demorou demais para se recuperar. "Eu nunca tinha visto meu marido chorar antes, mas dessa vez ele chorou, enquanto me contava o que tinha acontecido. Fiquei com muita raiva porque ele era uma pessoa muito gentil."

O final da história de Carolyn se passou cerca de dez anos mais tarde, quando, depois de anos sem se ver, ela e o ex-marido almoçaram juntos num dia de 2003, poucas semanas antes do início da guerra do Iraque. A conversa estava leve e agradável. Com o país prestes a entrar em guerra, Carolyn estranhou que ele não fizesse nenhuma menção a isso, sendo um oficial das forças armadas. Ela hesitou um instante – lembrando seus primeiros tempos de bons amigos, as risadas, o calor da juventude, o espírito inocente –, então mudou de assunto e perguntou o que ele achava da situação política e da ameaça de guerra. Ele respondeu de modo casual: "Ah! Estou feliz por tudo que está acontecendo."

Carolyn se espantou: "Por quê?"

"Porque isso significa que eu vou voar mais", respondeu ele enfaticamente.

Desde o dólar pornográfico "vencedor", passando pela perda da melhor amiga e depois esposa, até a nação entrar em guerra – tudo estava bem se o resultado fosse mais horas de voo. Ele não mudara nada, exceto que talvez estivesse mais preparado para o sacrifício – a fim de voar mais.

5

Cura pela graça:
A alquimia da reconciliação

O ódio jamais faz cessar o ódio, somente o amor o faz.
Essa é uma lei antiga e universal.
— Dhammapada

Tudo indicava que o começo não seria nada agradável para os homens. Nos primeiros minutos, a única coisa que podiam fazer era expressar sua frustração – e, em alguns casos, sua raiva – pelo fato de estarem sentados em círculo e falando entre si, enquanto as mulheres postavam-se em volta, ouvindo-os em silêncio. Mais cedo, os homens tinham solicitado um encontro emergencial para analisarem a forte resistência de vários deles à ideia de um "fórum masculino da verdade", como os facilitadores chamavam esse exercício. Havia dinâmicas complexas, inclusive segredos de diversos tipos, sendo que alguns envolviam indivíduos específicos da comunidade. Três homens rogaram que aquilo que havia sido compartilhado anteriormente no círculo masculino fosse mantido em sigilo absoluto, sem ser revelado nesse novo contexto, com as mulheres de testemunha. Os homens se defrontavam com a necessidade de confiar uns nos outros para que o assunto não escapasse – e isso criava uma vulnerabilidade à confiança mútua que os estava deixando nervosos. Como acréscimo à tensão, os facilitadores tinham decidido deixar o fórum das mulheres para depois. Isso parecia a repetição de um padrão familiar – evacuar primeiro as mulheres e crianças quando o navio vai afundar; aos homens só restava experimentar as águas perigosas do desconhecido.

Para a maioria dos homens era impensável conversar de uma maneira sequer remotamente parecida com a que conversaram durante a tarde, quando as mulheres não estavam presentes. As instruções que receberam para o fórum da verdade era continuarem com seu círculo masculino como se as mulheres da comunidade não estivessem sentadas em torno deles, ouvindo-os. Eles estavam convencidos de que o processo seria totalmente artificial. O risco era alto. Provavelmente, nada verdadeiro aconteceria, e isso também constituiria um clássico – os homens se encarregarem de ser superficiais. É claro que empobrecer o fórum seria mais destrutivo para o processo de reconciliação de gênero do que não fazer absolutamente nada. Os homens se sentiram presos numa armadilha.

À medida que o "bastão da fala" circulava pelo grupo de homens, aos poucos alguns dos que apresentavam menos resistência começaram a moldar os meios de um compartilhar autêntico. Apoiando-se um na coragem do outro, diversos homens entraram cautelosamente numa discussão sobre sexo e suas atitudes em relação às mulheres em geral, continuando assim o tema que haviam discutido antes no círculo masculino. Sua honestidade se aprofundou quando começaram a falar de luxúria e desejo, admitindo sua fixação no corpo feminino e na beleza física. Sim, eles imaginavam fazer sexo com a bela mulher que passava pela rua ou com aquela que estava no mesmo barzinho. Sim, eles classificavam as mulheres em festas e reuniões sociais – começando por aquela que todos desejavam até aquela que, tudo bem, se fosse a única disponível, mas poderia ser mais jeitosa. Sim, eles viam como "necessário" um busto mais volumoso ou um quadril menor, ou acrescentavam um nariz mais elegante ou um par de olhos maiores.

Vários homens admitiram que costumavam sexualizar seus encontros com as mulheres, medindo implicitamente o valor de cada relação por sua carga sexual. "A atração não é uma questão de escolha racional", exclamou Charles, um estudante de direito magro, alto e muito inteligente. "É uma questão biológica. É inato aos homens responder sexualmente às mulheres atraentes", ele concluiu com apaixonada determinação. "É um fato inquestionável da vida." Expondo temas parecidos, outros disseram que inevitavelmente comparam as mulheres das suas vidas com as imagens que aparecem na mídia. Embora, explicaram eles, a mídia não seja necessariamente culpada, pois ela está apenas refletindo aquilo que os homens já conhecem por instinto: um corpo feminino perfeito e uma beleza jovem são, de fato, o que chama a atenção dos homens e provoca seu desejo. "Realmente", proferiu com desgosto um homem introspectivo, "tendo em vista como os homens são – isto é, inatamente destinados a perseguir as mulheres com base apenas no desejo sexual –, essa tentativa de 'reconciliação de gênero', apesar de parecer nobre, é provavelmente uma completa perda de tempo."

Enquanto vários homens balançaram a cabeça, concordando, outros começaram a se agitar em suas cadeiras, preparando-se para sua vez de falar. As mulheres, que observavam de fora do círculo, permaneciam quietas, embora fosse difícil manter a calma. Solicitamos a elas que ouvissem profundamente, com o coração, testemunhando em silêncio qualquer coisa que os homens compartilhassem. Ouvir em silêncio era a única tarefa das mulheres durante o fórum masculino da verdade, e fora recomendado a elas que, quanto mais seriamente cumprissem essa tarefa, mais sua presença energética iria verdadeiramente criar o suporte que permitiria aos homens, no círculo interno, se aprofundarem. Não era uma tarefa fácil: por um lado, todas as mulheres do recinto se sentiam profundamente comovidas e gratificadas por participar dessa conversa franca e honesta entre os homens. A maioria delas reportou depois que jamais ouvira um grupo de homens partilhar com tanta sinceridade. Por outro lado, diversas mulheres também relataram que fora muito difícil ouvir o que eles estavam dizendo – pois reforçava a pior faceta da imagem que faziam dos homens. Mais tarde, uma mulher disse que a única coisa que escutara no fórum masculino da verdade e com a qual concordara completamente foi a observação de que era melhor todos desistirem e voltarem para casa – a divisão de gênero era grande demais e a verdadeira reconciliação era uma ilusão sem esperança.

Mas então, como acontece com muita frequência quando prevalece a honestidade, algo admirável surgiu. John, o único gay do grupo, tinha ficado cada vez mais quieto à medida que a conversa progredia. Porém, de repente, ele interpôs, "Preciso dizer algo sobre a minha experiência – como gay". Ele fez uma pausa para se concentrar, perfeitamente consciente de que estava entrando em águas traiçoeiras. "Eu sou examinado o tempo todo", começou ele com cautela, "por homens que estão imersos no mesmo tipo de lascívia sexual de que estamos falando aqui em relação às mulheres." John passou os olhos pelo círculo masculino, buscando uma permissão silenciosa para prosseguir, e depois continuou a analisar as ramificações do comportamento dos homens que são inconscientemente indulgentes com seus apetites sexuais. "Na cultura gay", John explicou, "a desejabilidade sexual de um homem é medida por um termo grosseiro, conhecido como 'Quociente de Fodabilidade'. Muitos gays avaliam rapidamente o Quociente de Fodabilidade de cada homem que encontram como um meio de determinar quem devem perseguir, até mesmo para uma simples transa. Raramente há uma troca simples e honesta – quase toda nuança é um convite calculado ou uma rejeição deliberada."

"Além disso", continuou John, abandonando finalmente toda a inibição, "alguns componentes bem específicos determinam o QF (como é conhecido), e nenhum deles tem a ver com a alma ou o verdadeiro ser de uma pessoa. Os altos índices são conferidos a alguém com boa aparência, bem vestido, de proporções físicas atraentes – em que medida o corpo é rijo e musculoso – e se devolve bem um olhar sexualmente sugestivo." John explicou que o QF também aumenta se houver uma aparente riqueza ou outros emblemas de sucesso e status social. "A conclusão é que 'requisitos' específicos e não escritos operam em várias áreas da cultura gay. Quanto mais um homem preencher esses requisitos, mais alto é seu QF e, em consequência, mais atenção conquistará e também maior será seu potencial de selecionar amantes e de ver abrirem-se oportunidades sociais e até mesmo profissionais."

Alguns homens se enrijeceram à medida que John falava e as mulheres se inclinaram para a frente a fim de não perder uma palavra. A atenção de todos no recinto estava presa nesse único gay que desafiava os homens heterossexuais do círculo e expressava desdém pela superficialidade das formas descontroladas da energia sexual masculina em estado bruto. "Quer a gente seja heterossexual ou gay", continuou John, "parece que esse modo grosseiro de buscar a intimidade sexual é inteiramente equivocado, e também degradante e nocivo para todas as partes envolvidas. Para mim, pessoalmente, o meu desejo mais profundo é encontrar uma intimidade verdadeira, e sei com certeza que essa profundeza da intimidade sexual transcende os mecanismos da paixão física e a liberação funcional dos fluidos corporais."

Enquanto John falava, a energia do recinto começou a mudar. Dava quase para ouvir o grito mudo das mulheres da sala, "É isso aí!", em reconhecimento ao fato de que aquele homem estava nomeando algo que também elas experimentavam. As palavras dele expuseram claramente o caráter ofensivo da objetificação – a banalização que ela acarretava. E era um homem falando dessa experiência; assim, de um modo único, abriu-se um novo espaço. Havia algo na postura de John, em sua confissão – ali estava um homem dizendo, "eu sei, por experiência", que a sexualidade masculina exploradora é destrutiva e uma paródia dos verdadeiros propósitos e compromissos existentes na intimidade autêntica.

O desafio de John abriu espaço para os homens mergulharem num nível mais profundo de honestidade e reflexão autocrítica. Alguns deles admitiram sua cumplicidade nesse tipo de comportamento. E em vez de continuarem a racionalizar que os homens são assim mesmo e que nada pode ser feito quanto a isso, eles começaram a examinar e analisar sua sexualidade, e como lidavam com ela das mais diferentes maneiras. Alguns falaram de como foram condicionados a pensar sobre a sexualidade masculina da maneira grosseira como tinham descrito. Outros falaram dos processos de iniciação não revelados que aconteciam em salas de aula trancadas – os rituais onde era ensinado aos garotos o que significava "ser um homem".

Um homem robusto e de olhos claros, chamado Jerry, que estivera quieto durante a maior parte da discussão, revelou de repente uma visão bastante perceptiva. Explicou que tinha sido, havia vários anos, um membro muito ativo do movimento masculino "mitopoético", o que o ajudara bastante. No entanto havia alguns aspectos da experiência masculina, incluindo-se a sexualidade, que não eram tratados adequadamente no movimento masculino, disse ele. Jerry então prosseguiu, monologando sobre os diversos efeitos das imagens pornográficas que circulavam entre os garotos adolescentes na escola. Ele falou com convicção:

> Há uma imagem falsa na psique dos homens jovens sobre a natureza da sexualidade, e essa imagem é cristalizada pelos adolescentes através da masturbação diante dos materiais pornográficos. Esses momentos são devastadoramente formativos para sua psique inocente. Como resultado, o jovem passa a acreditar, falsamente, que sabe como é o sexo, como as mulheres devem aparentar e agir, e tudo o mais que cerca o sexo – quando, na verdade, ele não tem nenhum indício.
> E todo esse acúmulo de carga energética e de expectativa acompanha o jovem em seu primeiro encontro sexual com uma garota ou mulher real. Mesmo quando se apaixona pela primeira vez, o jovem carrega toda essa pornografia, sem nem perceber que ela está presente. É um tipo de contaminação ou defloração da sua inocência e pureza que ocorre muito antes de ele ter sua primeira experiência sexual como homem jovem. E, é claro, isso é constantemente reforçado na escola e também na mídia, inclusive a televisão, que ele assiste desde antes de andar. Portanto, o jovem impressionável que está chegando à idade adulta nunca tem uma oportunidade; há um envenenamento no íntimo do seu coração, relacionado

à sexualidade, que começa na infância e é intensamente reforçado na adolescência. E ali ele se implanta – sendo que na maioria dos homens raramente é curado mais tarde. Penso que muitos homens na sociedade ainda estão presos a esse estágio adolescente; isso explicaria a contínua obsessão de tantos homens em relação a mulheres jovens e nuas, e que dura toda a vida deles.

Muitos homens balançaram a cabeça, concordando, e o silêncio tomou conta do recinto. Um dos facilitadores tocou um sininho para que fosse respeitado e mantido por alguns momentos o silêncio carregado. Quando os homens voltaram a falar de novo, passaram vagarosamente a examinar suas histórias sexuais de modo mais profundo, através dessa nova lente. A palavra "ferido" entrou pela primeira vez na conversa. A energia emocional mudou – suavizou-se e se tornou mais gentil – à medida que os homens partilhavam as experiências da juventude que fizeram com que eles se sentissem desvalorizados e prejudicados. Vários deles falaram num tom baixo de voz; outros, sufocados pelas lágrimas.

Howard era um homem atraente, de uns 45 anos, e muito ativo em trabalhos de cura para homens. Ele conquistou um poder e um respeito particular no grupo, em parte porque era o principal líder de um importante projeto nacional para homens. "Quando eu tinha 8 anos", começou ele devagar, "minha mãe tinha pavor da sexualidade. Nem ela nem meu pai jamais falaram de sexo comigo ou com a minha irmã. Um dia, eu estava brincando com algumas crianças no quintal dos fundos da nossa casa. Depois de um tempo, todos foram embora, exceto uma menininha chamada Janice. Continuamos a brincar e dali a pouco começamos aquela brincadeira – como é mesmo o nome? – em que 'se você mostrar o seu, eu mostro o meu'. Era excitante e me lembro que nós dois sabíamos que era preciso tomar cuidado para não sermos vistos. Então fomos para trás dos arbustos no fundo do quintal, onde estaríamos totalmente sozinhos.

Não fazia muito tempo que estávamos lá quando minha mãe apareceu – sabe-se lá de onde –, assomando sobre nós enraivecida. Apressou-se a despachar Janice para casa, gritando para ela nunca mais fazer aquilo. Depois me levou para dentro e me deu uma surra daquelas."

Os lábios de Howard tremiam conforme as lembranças dolorosas brotavam. Ele abaixou a voz. "Ela já tinha batido em mim antes, mas dessa vez me fez baixar as calças e bateu direto nas nádegas com o cinto de couro do meu pai. Ela ficou o tempo todo gritando – fazendo com que cada palavra fosse acompanhada por um golpe do cinto – *'Não – faça – isso – NUNCA – mais!!'*"

Howard ficou sentado em silêncio por um momento, enquanto grossas lágrimas lhe escorriam pelo rosto trêmulo. O homem ao lado estendeu a mão e pousou-a gentilmente no ombro de Howard. Esse gesto concedeu uma permissão silenciosa à mágoa de Howard e ele caiu no choro, mas rapidamente se recompôs e assoou o nariz.

"Já fiz muitas terapias para tratar isso", continuou ele, "mas é incrível como essa dor ainda está bem aqui. Logo abaixo da superfície." Ele fez uma pausa e depois olhou para o chão. "Esse episódio debilitou todos os meus relacionamentos posteriores com as garotas e, basicamente, destruiu o meu primeiro casamento. E nunca, desde aquele dia, minha mãe foi capaz de conversar comigo sobre o assunto. Simplesmente, ela não conseguia enfrentá-lo. Por fim, desisti de tentar tratar desse assunto com ela."

A narrativa de Howard tocou num nervo sensível que ajudou a dissolver o medo e o desconforto dos homens. Outras histórias começaram a surgir à medida que eles se tornavam mais francos. As mulheres ouviam cada vez mais concentradas, e diversas fungavam baixinho ou caíam em lágrimas. Havia um treinador de beisebol que usava piadas sujas como um meio de distinguir "os homens dos meninos". Um garoto havia sido sistematicamente humilhado pela irmã e pelos pais por gostar de brincar com meninas. Outro fora sexualmente violentado pelo padre da sua paróquia, e somente em anos recentes tinha chegado a um acordo com essa mágoa.

Um homem vibrante e atlético, chamado Mark, estendeu a mão para pegar o bastão da fala. "Quando eu estava na oitava série, comecei a 'namorar firme' uma garota pela primeira vez. Meus pais ficaram preocupados e me chamaram para uma conversa séria. Como tive uma criação católica, eles me falaram de valores religiosos, usando palavras difíceis, como 'concupiscência', que eu não conseguia entender. Mas a mensagem foi clara. A minha mãe, toda angustiada, tentava me dizer que o sexo era sujo e degradante; um comportamento não apropriado para cristãos como nós. Mas depois meu pai dizia que isso é diferente quando você é mais velho e está apaixonado por sua esposa. Era óbvio que nenhum deles se sentia minimamente confortável com essa conversa comigo, nem entre eles mesmos. Aquilo tudo era muito estranho e eu sabia que eles não estavam me contando a história inteira."

Mark balançou a cabeça e depois começou a rir consigo mesmo. De repente, seu rosto se iluminou. "A absurda mensagem dupla", ele disse, com um brilho malicioso no olhar, "era a seguinte..." Cerimoniosamente, fingiu fazer uma grave declaração: "O sexo é desagradável, repugnante e imoral. Portanto, reserve-o para alguém que você ama de verdade!!" As risadas preencheram a sala e, com elas, chegou uma bem-vinda onda de alívio que atenuou a intensidade daquilo que estávamos compartilhando.

À medida que as revelações de um homem conduziam para as revelações de outro, o poder de cada história era ampliado pelas seguintes. Os temas foram além da sexualidade, incluindo outros assuntos. Muitos sentiam que a sociedade os forçou a cumprir os papéis funcionais e disponíveis: como ganhadores de dinheiro, doadores de esperma e provedores do sustento dos filhos (em vez de pais), bem como buchas de canhão para a máquina militar. Os silêncios entre as palavras eram densos e cheios de ironia e reconhecimento mútuo. Quando visto em conjunto, o que começou a ficar absolutamente claro foi o condicionamento maciço a que os homens estavam sujeitos ao longo da vida, como meninos e como homens. De um modo ou outro, a maioria dos homens do grupo sentiu que foi usado ou manipulado pela cultura procedente não só da sua infância e da educação dada pelos pais, mas também de seus pares e das influências sociais da vida adulta.

Quando acabou o tempo do fórum masculino da verdade, as mulheres tiveram a oportunidade de fazer uma reflexão sobre o que fora dito. Primeiro, elas reverenciaram os homens. Para muitas, essa experiência foi a primeira desse tipo, e se sentiram honradas por ter presenciado os homens falando de modo tão franco, autêntico e minucioso sobre os aspectos da própria sexualidade e condicionamento. Eles ficaram genuinamente surpresos e comovidos com as reflexões das mulheres. Não esperavam que elas fossem tão generosas; estavam mais preparados para o julgamento e a crítica. À medida que elas falavam, expressando o sentimento de gratidão pelo fato de os homens terem se aberto tanto, todos no grupo começaram a perceber o tipo de trabalho que necessita ser feito entre homens e mulheres. Os homens sentiram ter alcançado algo significativo em seu fórum, e todos sabíamos que, coletivamente, havíamos dado início a uma parte importante do trabalho de cura.

Contudo, a ironia foi que, para muitas mulheres, partes daquilo que os homens compartilharam representavam a devastadora confirmação das suas preocupações acerca da sexualidade masculina. Isso era duplamente irônico, pois a confirmação surgira precisamente porque os homens haviam optado por se tornar vulneráveis e compartilhar de modo franco e sincero. Uma atraente e impetuosa mulher de uns 35 anos, chamada Julia, falou desse paradoxo.

Cuidadosamente, mas com determinação, ela disse que temia que os homens tivessem justificado seus comportamentos uns para os outros. "Como mulher, eu preciso me reequilibrar constantemente por causa da maneira que o meu verdadeiro ser é banalizado pela lascívia superficial. Os homens que me desejam, porque acham meu QF suficiente, raramente estão acessíveis para um relacionamento autêntico." Ela prosseguiu, explicando que a energia sexual masculina descontrolada era, na verdade, ofensiva. Ela temia que o fórum masculino da verdade tivesse concluído que a sexualidade masculina é uma realidade imutável – quer seja condicionada ou biológica – e que só resta às mulheres aceitarem-na. Sua conclusão foi abrupta e sombria: "Eu acho difícil de acreditar que não haja uma conexão mais fundamental entre o coração dos homens e seu pênis."

Outros quiseram responder, mas já estava tarde, portanto os facilitadores encerraram o dia com uma meditação silenciosa e reverenciaram o grupo pela natureza única e difícil do trabalho que havia realizado. Como uma maneira de respeitar o frágil espaço que ocupávamos, enquanto grupo, e para apoiar a profunda integração do trabalho já feito, concordamos que todos manteriam o silêncio até nos encontrarmos novamente no dia seguinte.

O fórum feminino da verdade

De manhã foi a vez de as mulheres ficarem no círculo central, enquanto os homens testemunhavam em silêncio, sentados em volta delas. Os papéis dos homens e das mulheres foram trocados para o fórum feminino da verdade. À medida que o bastão da fala passava de mão em mão, muitas mulheres falaram do poder do fórum da noite anterior e dos sentimentos contraditórios de gratidão, tristeza e raiva que estavam sentindo como resultado. Então Susan, uma mulher jovem e autoconfiante, no final da casa dos 20 anos, expôs seus pensamentos.

"Identifiquei-me totalmente com alguns dos homens. Quando eles defendem a sua admiração pela beleza feminina e avaliam as mulheres em bases puramente físicas, eu acho isso perfeitamente natural, e mais, faço isso o tempo todo – tanto com homens quanto com mulheres. Sempre que olho para um homem ou uma mulher na rua, imagino como seria fazer sexo com ele ou ela. Penso que isso é perfeitamente normal, um comportamento humano básico – uma avaliação de parceiros em potencial. Não me importa que os homens façam o mesmo comigo nem acho errado se eu fizer."

Uma senhora idosa e elegante, chamada Harriet, irritou-se e furiosamente se opôs à ideia de um gênero sexualizar o outro. "Considero isso doentio e desumano", exclamou, "e não aceito a ideia de que seja uma seleção de parceiros em potencial." Harriet explicou que o Quociente de Fodabilidade descreve, com bastante acurácia, um sistema em que as mulheres e os homens são manipulados e coagidos a manipular uns aos outros. "Somos essencialmente transformados em mercadoria e trocamos nosso quociente de desejabilidade por qualquer coisa que quisermos – sexo, poder, posição e até mesmo dinheiro!"

"A desejabilidade é um meio de troca, quase como o dinheiro", alfinetou ela. E virando-se então para Susan, que falara antes, "e você está alimentando o sistema. Você é cúmplice da sua própria exploração. Agora, enquanto você está atraente, é vantajoso permanecer no jogo. Mas as coisas não vão ser sempre assim. O seu QF vai despencar algum dia, por causa da idade ou por qualquer outra razão. E daí, o que você vai fazer?"

A tensão acumulada entre as mulheres estava forte, e chegou a um nível tão alto que um dos facilitadores interrompeu a conversa e encorajou as mulheres a fazerem algumas respirações profundas e darem-se as mãos para se manter presentes diante da intensidade. O silêncio se instalou e, depois, o bastão da fala foi pego por Sally, mulher de trinta e poucos anos que se identificou como feminista. Ela implorou que, urgentemente, examinássemos com mais cuidado as ramificações de uma sociedade obcecada pelo poder mercadológico do sexo. Ao se referir aos filmes em vídeo que tínhamos assistido no primeiro dia – testemunhos de estupro e de violências relacionadas ao gênero, apresentadas durante um tribunal de direitos humanos da ONU –, Sally tornou-se inflexível. "O estupro tem sua origem precisamente nesse tipo de objetificação sexual de que os homens estavam falando e que algumas de nós estão romantizando. O que costuma estimular um homem não é ele estabelecer ou imaginar um relacionamento real com as qualidades pessoais de uma mulher. O que o estimula – habitual e obsessivamente – é olhar para o corpo de uma mulher como algo a ser possuído, como um objeto."

Fez-se silêncio por alguns momentos, enquanto as palavras de Sally penetravam na mente de todos. Então Julia, a mulher que havia expressado seu desânimo na noite anterior, estendeu a mão decididamente e se apoderou do bastão da fala. "Nancy Raine escreveu um livro chamado *After Silence – Rape and My Journey Back*. Ela escreve sobre como é uma pessoa viver com medo, assim como outras vivem com câncer." O olhar de Julia voltou-se para o chão. "Eu sei exatamente do que ela está falando."

Então Julia começou a descrever como, alguns anos antes, um homem tinha invadido seu apartamento à noite, enquanto ela dormia, pegara um casaco no guarda-roupa e usara-o para cobrir e imobilizar a cabeça dela. Sua primeira impressão, disse ela, era que estava lutando para despertar de um pesadelo terrível. Mas logo percebeu que não era um sonho: "Eu estava tentando acordar de algo que acontecia na vida real. A minha cabeça estava presa de algum modo. Tentei gritar e lutei com todas as forças até sentir o peitoril da janela contra as minhas costas. Esse foi o meu primeiro contato com um objeto, um ponto de referência. Sim, eu estava acordada na minha cama, no meu apartamento, em Oakland, na Califórnia, nos Estados Unidos, no planeta Terra."

Ela conseguiu sentar-se, mas não conseguiu libertar a cabeça. Até o homem falar – ameaçando sua vida –, ela não tinha certeza contra o que lutava ou por quê. "Pare de lutar, vagabunda! – ou te mato!" A voz de Julia subiu até quase um grito ao repetir a ameaça dele. Todas as atenções estavam voltadas para ela quando fez uma parada, respirou fundo e tornou-se quase que insuportavelmente calma.

"Foi só quando ele falou que entendi que um homem estava no meu quarto, me prendendo com alguma coisa que tinha jogado sobre a minha cabeça, e que eram as mãos e os braços dele que me imobilizavam, enquanto eu tentava me libertar. Eu não enxergava nada. Estava imobilizada e no escuro. Toda a sequência de acontecimentos foi tão abrupta e inesperada, tão torturante e incompreensível, de tamanha violência – mudando tudo numa fração de segundos –, que a realidade da minha experiência simplesmente me esmagou. Desmoronei internamente. Como com qualquer outra coisa que se relacione ao estupro, é difícil descrever a sensação mortal de rendição. Senti-me como se o espaço entre as minhas vértebras sumissem, como se meu corpo se comprimisse até metade do seu tamanho. Tornei-me inexplicavelmente dócil e cooperativa. Murchei.

Os minutos e as horas seguintes estão aqui, dentro de mim. Sei disso porque quando alguma coisa me acorda de noite – o meu coração salta, o meu corpo fica rígido."

Julia fez uma pausa e respirou fundo. "Sempre quero parar a história neste ponto. Nunca tenho vontade de dizer o que aconteceu a seguir. Não quero falar do pênis dele nem como foi sentir o meu rosto sendo forçado contra o travesseiro de um jeito que eu mal podia respirar. Quero terminar a minha história com o alívio que senti quando percebi que o meu agressor era humano. Mas o resto do que aconteceu está aqui, coisas que não contei para a polícia, embora eles tenham tentado tirar de mim. Coisas que não contei para a minha mãe, nem para o meu pai, nem para o meu irmão. Coisas que não comentei com nenhum dos meus melhores amigos, nem mesmo com um terapeuta, porque toda vez que chego nesta parte da história sinto a vergonha tomando conta de mim e sinto a diferença entre o medo, do qual consigo falar, e a degradação, da qual não consigo."

Julia ficou um tempo em silêncio. Então, usando as mãos para cobrir o rosto, como se não fosse suficiente estar com os olhos fechados, ela começou lentamente a relatar todo o episódio do estupro e a aniquilação psicológica que tinha vivido. Conforme falava, a indignação de Julia crescia. O estupro, contou-nos, é uma experiência de completa destruição. Nenhuma palavra conseguia transmitir o impacto desumanizador dessa invasão total do seu ser físico. Como poderia ela comunicar a perda devastadora da individualidade? Era como se o agressor fosse o único indivíduo lá, a única pessoa real, a única consciência senciente. Ela abriu os olhos e olhou em volta com ferocidade.

"Mas eu *estava* lá! Eu existia! Eu era importante! E ele não sabia disso. Na verdade, tentei me aproximar dele psicologicamente. Foi algo instintivo, imagino. Achei que se ele percebesse a minha existência, talvez o coração dele fosse tocado pela bondade. O que eu não entendia é que ele estava empenhado em penetrar, mas sem ser penetrado – vocês sabem, sem ser tocado e alcançado, sem estar conectado."

O estuprador, segundo estava escrito, não seria o único a violentar Julia naquela noite. Depois que ele foi embora, ela chamou a polícia. Dois policiais, do sexo masculino, do Departamento de Polícia de Oakland foram ao apartamento de Julia. Enquanto a interrogavam, os policiais faziam piadas sobre sexo e, ao perguntarem sobre o estupro, demonstraram um voyeurismo mal velado – insistindo em saber coisas que, para ela, mais pareciam detalhes pornográficos. Os policiais encorajavam um ao outro nesse interrogatório, piscando os olhos e levantando as sobrancelhas de modo cúmplice. Depois de completar a investigação no apartamento, levaram Julia para um edifício que ela não conseguiu identificar. Não era uma delegacia – mais parecia um necrotério. A única pessoa que ela viu lá era outro homem, que foi identificado como "médico da polícia". Enquanto os dois policiais permaneciam ao pé da maca, assistindo ao "exame" e continuando com os gracejos e insinuações de cunho sexual, o "médico" remexeu na vagina de Julia, procurando evidências de sêmen ou de lesões físicas. Ele tagarelava com indiferença e se juntou voluntariamente aos policiais nas risadas e piadas. Por fim anunciou alegremente: "É, ela foi estuprada!"

"Em nenhum momento fui levada a um hospital nem me ofereceram essa opção", continuou Julia. "Não tive o apoio de outra mulher nem recebi qualquer outro consolo. Até onde sei, não houve investigações posteriores sobre o estupro. Ninguém jamais foi processado. Na realidade, meu encontro da madrugada com os policiais foi o meu único contato com o departamento de polícia. Senti-me como se tivesse sido estuprada de novo. Para mim, eles eram tão pútridos quanto o cheiro do sêmen que manchou os lençóis da minha cama."

Daria para ouvir um alfinete cair no chão, tamanho foi o silêncio que preencheu a sala quando Julia terminou de falar. Permanecemos todos sentados por vários minutos nessa quietude, absorvendo o impacto da sua história. Então o grupo fez um intervalo, em silêncio, antes de os dois círculos se unirem.

Quando os homens iniciaram suas considerações sobre o fórum feminino da verdade, muitos deles reconheceram que nunca tinham ouvido uma mulher falar tão francamente sobre um estupro que sofrera, especialmente de um modo que capturasse tão vividamente as dimensões físicas e psíquicas da experiência. Um de cada vez, os homens falaram; muitos deles visivelmente angustiados ou com lágrimas nos olhos.

Mark começou, com o rosto vermelho por causa das novas percepções. "Nunca mais vou ouvir a palavra 'estupro' ou pensar sobre o estupro da mesma maneira que antes", disse ele. "Até hoje eu não fazia a mínima ideia de como era essa experiência." Outros concordaram, dizendo que vivenciaram em parte o choque e o horror do estupro.

"Eu senti ter chegado muito perto do que deve ser passar por uma experiência dessas", refletiu Howard, "mesmo sem ser mulher ou ter enfrentado diretamente a violação."

Um homem mais velho e quieto, chamado Jim, havia permanecido relativamente calado na maior parte do nosso encontro, e ficara visivelmente confuso durante a história do estupro. Ele falou devagar, sufocado pelas lágrimas. "Eu tenho cinco filhas. A do meio foi estuprada quando tinha 19 anos", contou ele. "Pelo menos duas das minhas filhas sofreram abusos físicos ou sexuais, praticados pelos maridos e namorados. Eu nunca tinha percebido, até o dia de hoje, o que elas devem ter passado." Ele fez uma pausa para se recompor. "Eu sempre pensei..." Sua voz morreu e ele sentou-se em silêncio, parecendo devastado. Um dos facilitadores se aproximou dele e pôs a mão em seu ombro. Jim começou a chorar e murmurar baixinho, e depois elevou um pouco a voz: "Não consigo falar disso agora. Mas obrigado, Julia, e obrigado a todas as mulheres. A minha gratidão vai além daquilo que posso expressar."

Charles, o jovem estudante de direito, disse que tinha percebido pela primeira vez o que deve ser para as mulheres viver sob a constante ameaça de assédio sexual. "Fiquei abalado. Eu nunca tinha percebido antes como as mulheres e meninas precisam estar sempre vigilantes – alertas em cada minuto da vida; como enfrentam as atividades diárias sob a eterna ameaça de um ataque – parecendo vítimas em potencial de um animal selvagem à solta."

Outro homem, no início da casa dos 40 anos, chamado Tom, mal se continha ao ouvir tudo isso. Tornara-se cada vez mais agitado à medida que a conversa prosseguia e, finalmente, cortou a palavra. "Eu preciso – eu *tenho* de interromper aqui!", ele gaguejou. "Sei exatamente do que Julia está falando! Fui estuprado aos 14 anos – pelo padre da nossa igreja!" Tom tremia enquanto falava, e seu rosto foi ficando ameaçadoramente vermelho. "Sodomizado!! Vocês fazem ideia do que seja isso?", trovejou. "Existe a suposição aqui – e na nossa sociedade – de que só as mulheres são violentadas! Só as mulheres sofrem por causa do patriarcalismo. Não aguento mais essa mentira! Vivi com ela toda a minha vida. Não são só as mulheres que sofrem estupro!" A raiva de Tom preencheu o ar e dois facilitadores se aproximaram dele para contê-lo, mas também oferecendo apoio para que ele fosse mais fundo em sua liberação emocional. Tom olhou em volta da sala, fez contato visual com cada uma das pessoas e então se dissolveu em lágrimas, com o pesar tomando conta dele. Recompôs-se depois de alguns instantes e continuou: "A minha mãe era uma feminista ferrenha. Era uma das líderes do movimento feminista e me criou fazendo eu me sentir um perfeito imbecil pelo simples fato de ser homem. Durante toda a minha vida, vi minha mãe e as amigas criticando constantemente os homens, e elas sempre se asseguravam de que eu estava entendendo cada detalhe de como os homens eram horríveis."

Tom explicou que tinha desenvolvido profundos complexos de culpa e inferioridade, e tinha crescido sentindo um constante remorso por ser homem. "Só quando cheguei perto dos 30 anos e comecei uma terapia, que durou anos, foi que consegui recuperar a minha masculinidade. E com isso vieram todas as lembranças relacionadas ao padre. Foi brutal."

A história de Tom antecipou uma sensação mais profunda de abertura e confiança dentro do grupo. Muitas pessoas expressaram sua gratidão a Tom e Julia pela coragem e vulnerabilidade que demonstraram ao compartilhar suas histórias. Então Julia se levantou, caminhou até Tom e cochichou algo para ele. Eles se abraçaram e as lágrimas começaram a escorrer livremente por todo o grupo. A sala inteira foi transportada para um espaço onde reinava uma tristeza pelo sofrimento do outro e uma presença curativa e compassiva, não apenas por Julia e Tom, mas também por todos os homens e mulheres que sofreram a agonia intolerável do estupro ou da violação sexual.

Apesar da dor e da agonia inimagináveis que foram expressas, um sentimento crescente de intimidade estava desabrochando no grupo. Cada história que surgiu, cada passo em direção a uma maior exposição e vulnerabilidade, serviu para nos aproximar como grupo. O próprio ato de dedicar uma atenção consciente e compassiva à nossa dor – deslindando e dando voz a essas experiências desafiadoras e humilhantes – havia afrouxado seu aperto sobre nós. O fato de satisfazermos nossa necessidade de desvendar e testemunhar esses aspectos da nossa humanidade, que estavam há tanto tempo reprimidos, começava a despertar em nós as dimensões únicas da reciprocidade, do perdão humano e da intimidade autêntica. Intensamente, tomamos consciência da profunda cura que é necessária em nossa espécie. Sabíamos, com convicção, que o que estávamos fazendo, nessa união de homens e mulheres, era confrontar as dinâmicas culturais que estavam matando a todos nós – matando homens e mulheres, matando nossos filhos, matando o planeta.

A essência da reconciliação

Era hora de reduzirmos a marcha. Todo o trabalho intensivo que vínhamos fazendo era profundo e transformador, mas também emocionalmente exigente – até mesmo debilitante. Era vital nos deslocarmos juntos para uma experiência totalmente diferente – uma experiência que nos restaurasse e nos revigorasse, e que consagrasse nosso trabalho. Assim, na manhã seguinte, o círculo feminino e o círculo masculino, que estavam juntos na noite anterior, reuniram-se separadamente a fim de criar rituais que homenageassem e abençoassem um ao outro.

Os rituais no trabalho de reconciliação de gênero são oferendas experimentais, criadas e coreografadas pelos homens e mulheres participantes como um meio de expressar sua gratidão e de oferecer bênçãos de mútuo reconhecimento e perdão. O foco e o conteúdo do ritual provêm diretamente da singularidade de cada grupo e do trabalho específico que ocorreu dentro dele. Um ritual verdadeiro jamais é forçado ou artificial. Tanto o projeto em si quanto sua execução coreográfica surgem espontaneamente através do poder e do processo do grupo que os criou.

Um ritual eficaz funciona como uma metanarrativa que nos ajuda a estruturar nosso comportamento e nossas atitudes na vida cotidiana, indo além do próprio espaço do ritual. Ele não é algo que simplesmente testemunhamos, mas, ao contrário, algo do qual participamos todos juntos – num tempo especial, fora do tempo –, uma experiência invocada e orquestrada por nosso eu mais profundo. Por meio do ritual coletamos novas informações, *insights*, orientações – de modo semelhante às informações que recebemos em sonhos e que podem ser aplicadas à vida desperta. No trabalho de reconciliação de gênero, o poder e a beleza dos rituais são diretamente proporcionais àquilo que os precedeu: a autenticidade e profundidade do trabalho de cura, e a verdade proferida. Nesse caso, o grupo havia realizado uma cura extraordinária.

Surgiu um imenso entusiasmo e uma alegria generalizada à medida que os grupos de mulheres e de homens se envolviam com o projeto do ritual que ofertariam um ao outro. Ambos os grupos entraram num ambiente rarefeito de alta energia e criatividade, e de uma bem-humorada ternura – temperado com frequentes acessos de riso. Os corações estavam tão receptivos que as pessoas dispuseram-se a se arriscar e exigir o máximo de si mesmas, de um modo que pareceria impensável alguns dias antes. Todos estavam conscientes de que esse era um privilégio raro: verdadeiramente, dedicar um tempo e se dar ao "trabalho" de honrar, reconhecer e abençoar um ao outro, transpondo assim a "brecha entre os gêneros".

Os homens apresentaram antes o seu ritual, mas porque assim o desejaram. Eles estavam satisfeitos por oferecerem uma cerimônia de sua própria criação, elaborada com base em cenas e referências da semana precedente. Eles conduziram as mulheres a um belo cenário, que lembrava um santuário, e as fizeram sentar num semicírculo, de frente para eles. A sala estava toda iluminada por velas. Depois de uma canção e uma oração de abertura, cada um dos homens se adiantou, pegou uma vela e se postou diante das mulheres. Um por vez, falaram da sua cumplicidade que ajudou a reforçar o "patriarcalismo", a qual foi em grande parte inconsciente. Cada um deles nomeou um comportamento ou característica que não mais considerava aceitável em si mesmo, e se comprometeu a mudá-lo. Essas declarações variavam bastante, de acordo com as características únicas, a maturidade e as possibilidades pessoais de crescimento de cada homem. Charles, o magro estudante de direito, disse: "Aprendi muito sobre o sofrimento das mulheres nesta semana; coisas que eu nunca tinha percebido. Pude ver como fui insensível com as mulheres com quem trabalho e com as mulheres com quem estudei neste ano. Estou me comprometendo a ouvi-las de modo mais profundo, a ficar receptivo a elas."

Como haviam planejado, todos os homens escreveram de antemão, num pedaço de papel, os seus comportamentos de cumplicidade e, depois que todos falaram, puseram juntos esses papéis num pote cerimonial e os queimaram – um simbolismo dramático de liberação desses comportamentos e um ritual de compromisso com a transformação pessoal.

Depois que os papéis foram queimados, os homens fizeram votos pessoais de uma nova aliança com as mulheres, acompanhados do oferecimento simbólico de flores que eles haviam colhido. Um por vez, eles se adiantaram, pronunciaram seus votos, curvaram-se profundamente diante das mulheres e então depositaram as flores num vaso com água perfumada.

Quando chegou a vez de Howard, ele começou a falar em tom hesitante, porém sua voz se tornou mais forte e confiante ao prosseguir. "Esta semana... representou um avanço notável para mim. Percebi uma coisa muito importante. Há muito tempo eu estava espiritualmente adormecido... mas sonhando que estava espiritualmente desperto..." Ele fez uma pausa, permitindo que suas palavras penetrassem em nossa mente. "Eu resisti em acordar desse sono confortável. Como vocês sabem, ao longo dos anos participei de muitos trabalhos de cura para homens e os conduzi por bastante tempo. Até esta semana, eu acreditava que tinha curado em grande parte a minha conivência com o patriarcado e que estava assumindo plena responsabilidade por ele, no mundo, por meio do meu trabalho de cura para homens."

Fez uma pausa, olhou nos olhos de cada uma das mulheres, individualmente, e então continuou. "Mas o que percebi aqui é que há todo um outro nível de trabalho a ser feito. Até agora, eu acreditava que estava livre da insensibilidade patriarcal e de que nunca tinha considerado os privilégios masculinos como algo incontestável. Por causa dessas crenças confortadoras, eu não conseguia ver que existia um nível mais profundo de cumplicidade e de negação operando dentro de mim. Eu não via que ainda continuava a perpetuar as disfunções patriarcais em níveis mais sutis. E não creio que sou o único 'homem sensível e desperto' para quem isso é verdadeiro. Existe aqui um território imenso e não mapeado que precisa ser explorado... com um cuidado e uma sensibilidade muito grandes. E isso requer que os homens e as mulheres façam juntos esse trabalho de cura. Acredito que esse seja o próximo e necessário passo do movimento masculino. E prometo encontrar meios de introduzir na comunidade masculina esse trabalho mútuo de cura entre homens e mulheres."

Em silêncio, Howard colocou sua flor sobre o coração e então a depositou delicadamente na água, ao lado das outras. Depois que todos falaram, os homens se agruparam em volta do vaso e pediram para as mulheres se aproximarem. Eles ungiram cada mulher individualmente com a água, pronunciando-lhe o nome e dedicando a ela palavras específicas sobre sua beleza e a profundidade de sua alma. Depois da unção, eles ficaram juntos diante das mulheres, curvaram-se e se prostraram no chão.

Muitas mulheres choraram. O ritual masculino tinha sido belo e inesperado. Elas compreenderam que os homens estavam tomando conhecimento de como os condicionamentos culturais criam difíceis dinâmicas de gênero com as quais as mulheres têm de lidar, muitas vezes diariamente. Os homens haviam expressado, de maneira ritualizada, sua percepção pessoal dessas realidades. E eles tinham realizado mais do que um pedido de desculpas; expressaram seu compromisso de transformar sua cumplicidade pessoal e de se tornar instrumentos de cura entre o masculino e o feminino dentro da sociedade.

Profundamente comovidas e com seus corações totalmente receptivos, as mulheres começaram seu ritual dedicado aos homens. Na sala comunitária, que elas haviam decorado com flores e velas, cada homem entrou ladeado por duas mulheres. Elas fizeram com que eles se sentassem em círculo e pediram que segurassem flores. Depois começaram a cantar uma canção que falava de amor e compaixão, e permaneceram cantando durante todo o ritual.

Enquanto cantavam, andaram em volta do círculo. Então cada uma parou em frente a um homem e agradeceu a ele individualmente, nomeando em voz baixa as virtudes, os dons e a beleza dele, como ela os via. Cada mulher fez sua oferta a cada homem da maneira que achou mais apropriada: murmurando suavemente seu reconhecimento, apertando as mãos, dando um abraço caloroso ou um beijo fraterno, reverenciando, massageando o rosto ou os pés dele, ou simplesmente olhando nos olhos dele de maneira profunda e radiante – oferecendo a cada homem seu respeito, afeto e homenagem. As palavras e pensamentos – difundindo-se naquele ambiente de profunda e nutridora harmonia e reverência, e embalados pela canção suave e os cuidados atenciosos – conduziram os homens a um delicado, porém estimulante, êxtase. A doce fragrância de rosas do incenso que queimava nada mais era que uma ínfima lembrança da presença amorosa que preencheu o recinto e elevou o coração de todos a uma preciosa comunhão. As lágrimas fluíram livremente de ambos os lados.

A profundidade do trabalho de cura que havíamos realizado juntos foi consagrada de modo poderoso nesses rituais. Como Howard disse depois: "O ponto alto do nosso trabalho conjunto neste workshop foi, sem sombra de dúvida, os rituais dos grupos. Parecia que eu estava vendo Deus – ou a Deusa! – de uma maneira nova."

Nas palavras de Jerry: "A carga emocional do nosso ritual para as mulheres foi bastante elevada. Percebi que as lágrimas brotavam dos meus olhos. Senti realmente que esse transbordamento das intenções era o mínimo que podíamos fazer para representar todos os homens – os que estão envolvidos no trabalho de reconciliação de gênero e os que ainda não estão preparados para ele. E depois, o ritual em que as mulheres homenagearam a nós, os homens, foi sublime. Levou-nos a um estado alterado de consciência! A energia nutridora das mulheres estava tão abundante na sala que eu senti que cada uma delas, me agradecendo do seu próprio jeito, era uma encarnação única da Deusa. A experiência que tive do ritual foi a de uma evocação magnífica e intensamente bela das muitas facetas da Divindade Feminina. Foi realmente uma experiência transcendental."

Harriet, que estivera "com o dedo no gatilho" durante todo o workshop, descreveu mais tarde a sua experiência com os rituais: "Percebi todas as questões não resolvidas dentro de mim. E então vi todas as contradições se desintegrando e os nossos corações se abrindo quando os homens se prostraram diante de nós durante o ritual do último dia. Muitas das mulheres ficaram sem fala; havia um poder e uma sinceridade incríveis naquele gesto coletivo e silencioso. E depois vi lágrimas nos olhos dos homens quando as mulheres formaram um círculo para homenageá-los. Acima das cinzas das nossas desavenças e confrontos renasceram o masculino sagrado e o feminino sagrado."

As mulheres e os homens, que participaram tão corajosamente desse workshop, descobriram – e incorporaram – a essência da reconciliação de gênero. Abriram-se à natureza "alquímica" da cura autêntica e perseveraram através da dor agonizante, que está profundamente enterrada na psique humana coletiva, até encontrarem o "ouro" da comunhão amorosa e extática entre o masculino e o feminino.

O monge vietnamita Thich Nhat Hanh observou, em relação à crise ecológica, que "a principal coisa que precisamos fazer é ouvir dentro de nós o som da Terra chorando". O processo de reconciliação de gênero funciona de maneira análoga. Quando sentimos não apenas a nossa própria dor e sofrimento, mas também experimentamos em nosso coração as lágrimas do outro gênero, ou gêneros, inicia-se então a misteriosa alquimia da reconciliação de gênero. Essa alquimia se desdobra, utilizando uma insondável sabedoria que confunde a mente e exalta o coração. Seus resultados são belamente descritos pelo poeta místico Rumi:[1]

> Ouça os mistérios ocultos do coração!
> Compreenda o que não pode ser compreendido!
> Na escuridão pétrea do coração, ateie um fogo
> Que incendeie de alto a baixo todos os véus.
> E quando os véus se desfizerem em cinzas,
> o coração compreenderá plenamente –
> O amor ancestral sempre se revela sob novas formas.

6

Abraçar o amado: A transmutação da sexualidade profana em comunhão sagrada

Seguir a nossa própria vontade é o que geralmente nos prejudica.
– Teresa de Ávila, Castelo Interior

No épico sagrado hindu *Mahabharata* encontramos a história de um jovem príncipe, chamado Pandu, que durante uma caçada tirou a vida de um casal de cervos em pleno acasalamento. As cinco flechas velozes trespassaram sem esforço os corações em seu prazer desprotegido. Enquanto morria, o cervo macho virou-se para Pandu e começou a falar. Ele não era um cervo comum, mas um *rishi* sagrado, um poeta sábio, chamado *Kindama*, que transformara a si mesmo e sua esposa em cervos selvagens para que pudessem se acasalar em sublime inocência. O cervo sagrado amaldiçoou Pandu – não porque o caçador os matara, mas porque corrompera a união mais preciosa da vida. "Você tirou proveito da união sagrada que perpetua e encanta toda a existência – que, a partir de hoje, caia sobre você uma maldição. Quando vier a se deitar novamente com uma mulher, será esse o momento da sua morte!"

Essa história do *Mahabharata* recorda-nos que o ato sexual é sagrado, algo a ser protegido e honrado –, e que tirar proveito desse momento, que é o momento de maior ternura na experiência humana, conduz à nossa ruína. E não precisamos procurar muito em nossa sociedade para encontrar exemplos dramáticos dessa ruína. Em todos os locais, desde a Igreja Católica, passando pelo Congresso dos Estados Unidos, até as corporações multinacionais e as organizações progressistas de mudança social, manifestam-se os sintomas dos nossos relacionamentos problemáticos. Vivemos num ambiente em que a sexualidade é frequentemente banalizada e corrompida, despida da sua profundidade emocional e divorciada das suas raízes sagradas. Isso ocorre de diversas maneiras por toda a sociedade, e uma arena particularmente desafiadora é o complexo campo da pornografia, que examinaremos agora um pouco mais de perto.

Enfrentando a pornografia

Os temas relacionados à pornografia surgem com frequência durante nosso trabalho de reconciliação de gênero como um elemento importante da experiência pessoal dos participantes. Numerosos participantes reportaram o poderoso impacto causado pela indústria pornográfica em suas vidas. Por conta disso, começamos a procurar uma forma substancial e penetrante de examinar esse tema tão carregado.

A indústria pornográfica cresce a passos largos nos dias de hoje. Apenas nos Estados Unidos expandiu-se de estimados 10 milhões de dólares, na década de 70, para algo como 10 bilhões de dólares atualmente – ou seja, multiplicou-se por mil.[1] Foi estimulada em grande parte pela internet, que abriga agora mais de 10 mil sites ativos dedicados à pornografia. Imagens sexualmente provocativas são difundidas através do ciberespaço para um público cada vez mais amplo e mais jovem, bem como para diversos povos ao redor do globo, sendo que a maior parte desses povos esteve anteriormente pouco ou nada exposta à pornografia. Os analistas e críticos estão divididos quanto à avaliação do fenômeno, mas não há dúvida de que o impacto na sociedade é imenso.

Em 2003, no encontro da American Academy of Matrimonial Lawyers, dois terços dos advogados matrimoniais declararam que a pornografia *online* desempenha um papel significativo nos divórcios contemporâneos. Contudo, advogadas como Candida Royalle e Carly Milne sustentam que a pornografia é uma influência saudável na vida das pessoas, e Royalle recebeu, durante o *Feminist Porn Awards*, em Toronto, em 2006, um prêmio pelo conjunto do seu trabalho.[2] Por outro lado, a escritora Pamela Paul, em seu livro de 2005, *Porni-*

fied,* reporta que a obsessão pela pornografia que surfa pela internet está arruinando a concepção que os homens e meninos têm das mulheres e da sexualidade –, deixando-os entorpecidos em relação ao sexo convencional e irritados com suas parceiras da vida real.[3]

Durante uma série de workshops exploratórios sobre a reconciliação de gênero, organizada por líderes dos movimentos feministas e masculinos, e por outros profissionais dedicados à mudança social, experimentamos um exercício polêmico, desenvolvido por John Stoltenberg, a fim de examinarmos a pornografia em grupos. Stoltenberg é autor de *Refusing to Be a Man* e *What Makes Pornography Sexy*, livros que descrevem um exercício prático, voltado para o trabalho experimental com a pornografia.[4] Ao introduzir esse exercício, o nosso propósito era engajar o grupo num processo experimental que examinasse como a pornografia está causando impacto na nossa sociedade e moldando atitudes inconscientes em relação à sexualidade, beleza física, intimidade e comportamento socialmente aceitável. Trabalhamos com esse mesmo exercício também no programa, com duração de um ano, de treinamento profissional para facilitadores do trabalho de reconciliação de gênero.

No exercício de Stoltenberg é solicitado que alguns homens se apresentem como voluntários, com a tarefa de assumir as poses adotadas pelas mulheres das revistas de fotos pornográficas. Os participantes se reúnem em volta de cada voluntário e os ajudam a reproduzir, o mais fielmente possível, a posição do corpo e a expressão facial da modelo da foto. Embora os voluntários façam esse exercício vestidos, muitos deles dizem que a experiência de adotar tais poses faz com que se sintam emocionalmente vulneráveis, e a experiência é com frequência descrita como degradante e psicologicamente perturbadora. O fato de adotar essas poses evoca uma compreensão sinestésica da natureza exploradora da pornografia sobre as modelos das fotos.

Entramos cautelosamente nesse experimento. Depois de introduzir o propósito e os parâmetros do exercício, pedimos que alguns homens se apresentassem como voluntários. Havíamos modificado o projeto de Stoltenberg de modo que os participantes pudessem escolher livremente seu grau de participação, que podia ser simplesmente permanecer no recinto e testemunhar a distância, fazer parte da equipe técnica ou (para os homens) se apresentar como voluntário para ser um dos modelos. Três homens se apresentaram. A

---

* *Pornificados – Como a Pornografia está Transformando a Nossa Vida, os Nossos Relacionamentos e as Nossas Famílias*, publicado pela Editora Cultrix, São Paulo, 2006.

cada um deles foi dada uma fotografia da *Playboy* ou de uma revista similar, e três equipes de homens e mulheres se formaram para orientá-los tecnicamente na hora de assumir a pose. Uma atmosfera frágil e vulnerável, cheia de sons murmurados, surgiu rapidamente no recinto, enquanto os três grupos técnicos trabalhavam com seus voluntários.

A realização desse exercício trouxe à tona um excesso de temas e emoções desafiadoras que envolvem o papel da pornografia na nossa vida pessoal e na sociedade. As respostas do grupo após o exercício revelaram múltiplas camadas de tensão, ambiguidade e sentimentos de traição ou embotamento, e destacaram diferenças significativas nas reações das mulheres e dos homens em relação à pornografia. Algumas mulheres nem olharam para as poses e permaneceram de costas, não querendo participar de maneira alguma do exercício. Outras, que estavam em plena ação, observaram mais tarde que se sentiram desorientadas e até mesmo traídas por aquilo em que participavam. E poucas que participaram gostaram do exercício e não tiveram vergonha de dizer.

As respostas dos homens também foram variadas. Alguns voluntários estavam chocados por causa da dor física que experimentaram ao tentar reproduzir as poses. Outros sentiram vergonha devido a um envolvimento passado ou presente com a pornografia. Vieram à tona inúmeras lembranças e imagens ocultas das histórias pessoais dos participantes – igualmente nos homens e nas mulheres. O exercício revelou com clareza que todos éramos, de alguma maneira, afetados poderosamente pela pornografia. Não é apenas a pessoa que deposita seu dinheiro em cima do balcão da loja e sai com a revista debaixo do braço que cria um relacionamento com a pornografia – é a cultura inteira.

Conforme o grupo continuava a processar o exercício, a principal resposta entre as mulheres era a sensação de desorientação e vulnerabilidade. Várias declararam que o exercício as deixara embotadas, especialmente aquelas que tinham trabalhado diretamente com as imagens das revistas. Outras se sentiram abaladas por uma onda de agitação, e quase todas as mulheres do grupo acharam que o exercício exigiu um grande esforço para permanecerem em contato com seu senso de poder pessoal. Uma delas expressou sua opinião de que o exercício só faria sentido para os homens se eles realmente tirassem a roupa e posassem nus, como as mulheres das fotos. Muitas mulheres passaram a falar dos "homens" como se todos os homens do mundo e do grupo fossem iguais. Poucas defenderam o uso da pornografia nas relações privadas, como parte das preliminares ao sexo consensual; algumas defenderam a "necessidade" cultural sempre presente da pornografia, argumentando que a legalidade a tornava menos prejudicial. Outras fizeram forte objeção a qualquer tolerância à pornografia. Uma das mulheres nos contou que fora forçada a compartilhar seu parceiro com as mulheres das revistas, como se ele estivesse literalmente tendo um caso com todas elas. Ele considerava a própria mulher inadequada quando comparada com as passivas, calmas e retocadas modelos fotográficas, que nunca retrucavam nem exigiam preliminares sexuais.

A conversa entre as mulheres estava temperada com a discórdia e o conflito. Dois campos opostos se estabeleceram; um deles composto pelas mulheres com uma maior "sofisticação" sexual (autoproclamada); o outro, pelas mulheres com sólidos princípios morais. Todas elas, no entanto, concordaram que o exercício as arrastara para um estado que convidava, principalmente, a um questionamento autocrítico do seu poder de atração sexual. As imagens tendiam a disparar uma comparação inevitável e involuntária, em que cada mulher percebia seu corpo sendo comparado aos padrões que ela via ou assumia estarem retratados nas fotos. Fazia pouca diferença o fato de as fotos serem retocadas e posadas; elas representavam um "ideal" de beleza que, segundo se presumia, todas as mulheres aspiravam.

E mais, a presença de imagens pornográficas levou as mulheres a se compararem não apenas com as fotos, mas também com as outras mulheres da sala. Só quando uma delas nos mostrou, por meio de lágrimas, que já não se sentia segura no círculo das mulheres nem na comunidade maior foi que começamos a perceber como é poderosa a dinâmica cultural liberada pela pornografia – independentemente da posição que a pessoa tome em relação a ela.

As reações dos homens também foram variadas e complexas. Alguns não demonstraram seus sentimentos, outros foram profundamente tocados por novos *insights* e alguns apresentaram total resistência ao exercício. Vários compartilharam francamente suas experiências com a pornografia e a relação entre ela e a sua própria sexualidade. Um deles falou de como os homens eram enormemente manipulados pela pornografia e pela indústria publicitária. "Os homens são vulneráveis à beleza e ao poder de atração das mulheres, e isso é usado de um modo muito preciso para nos manipular e controlar." Ele disse que tinha parado completamente de ver pornografia porque ela estava afetando sua maneira de olhar todas as mulheres. "É como se eu tivesse alças invisíveis e fosse puxado por elas contra a minha vontade." Acenos de cabeça de reconhecimento e concordância surgiram entre os homens, enquanto ele falava. "Tive então de me privar do prazer de olhar as imagens pornográficas porque percebi que, na minha vida comum, eu estava sendo puxado por essas alças, contra a minha vontade – e o tempo todo: na rua, no supermercado, em todos os lugares."

Um dos homens admitiu o poder que a pornografia tinha em sua vida e como desenvolvera o hábito persistente de grudar os olhos em certos *sites* pornográficos da internet, afastando-se assim da esposa e dos filhos. Outro homem caracterizou assim a situação: "As indústrias publicitária e pornográfica sabem muito bem que os homens são facilmente manipulados por essa energia. E muito poucos de nós têm consciência da profundidade com que somos manipulados. É um imenso desserviço isso acontecer a um homem jovem, vulnerável e em crescimento, embora seja rotina na nossa cultura. Somos fisgados pela pornografia, sem nem perceber, e acabamos seguindo na cola dela."

Essa não foi uma conversa fácil. Mesmo num grupo de indivíduos sofisticados e bem-informados, envolvidos ativamente em questões de gênero e mudanças sociais, nós nos vimos tropeçando facilmente em estereótipos equivocados e generalizações temerárias. À medida que o processo prosseguia, as tensões fluíam e refluíam no grupo, e houve momentos em que parecia que os homens e as mulheres não iam conseguir restabelecer a confiança uns nos outros.

Pelo menos um dos homens defendeu a pornografia como um meio legítimo de expressão sexual, e sentiu que a abordagem inerente ao exercício era injusta com a pornografia, pois distorcia o verdadeiro valor que ela tem na intimidade. Outros acharam o exercício invasivo, e ainda outros não queriam ter de lidar com essa dimensão da sexualidade humana, porque era muito doloroso ou simplesmente porque era irrelevante para eles em termos pessoais.

Contudo, no final, o grupo sentiu que sua aventura em um terreno extremamente delicado tinha sido bem-sucedida e que retornara trazendo alguns ensinamentos poderosos e uma compaixão muito mais profunda pelos outros. O grupo passara por uma experiência de cura coletiva que era maior que qualquer cura individual. Ela mudou a todos nós. Perto do final do workshop vivenciamos o silêncio nutridor que surge quando nenhuma palavra consegue expressar a intensidade daquilo que foi testemunhado. No círculo de encerramento, um dos homens afirmou em voz baixa sua intenção de nunca mais satisfazer seu gosto pela pornografia. "O preço", disse ele, "é alto demais."

Paixão e veneno

Em vista da dura recepção ao exercício, nós não nos ocupamos mais dele nem o incluímos em nossos programas normais de reconciliação de gênero de cinco dias, voltados para o público em geral. No entanto, os ensinamentos trazidos por esse exercício foram inestimáveis, e alguns momentos de cura profunda surgiram pelo fato de lidarmos de frente com a pornografia. Com efeito, duas histórias pessoais, que vieram à tona durante nosso grupo de treinamento profissional, estão entre as histórias mais extraordinárias que já ouvimos em relação ao impacto da pornografia na vida das pessoas. Essas histórias foram contadas por um homem e uma mulher, e nenhuma delas tinha sido compartilhada em grupo. Foi preciso muita coragem para contá-las durante o treinamento de gênero, e ambas conduziram o grupo a um nível mais profundo de honestidade, vulnerabilidade e intimidade. A primeira é a história de Carolyn, relatada no Capítulo 4, e a segunda é narrada a seguir.

A História de Jim: da traição ao amado

Jim foi voluntário para posar no exercício com a pornografia. Assim que viu a foto, deixou escapar: "Eu a conheço!" Até certo ponto era verdade, pois a modelo representava os milhares de mulheres nuas das páginas centrais das revistas que Jim olhara durante trinta anos. Depois do exercício e nos dias seguintes, a história de Jim foi sendo revelada.

Ele é hoje um brilhante psicoterapeuta, perto dos 50 anos de idade, que cresceu num típico lar norte-americano. Seu pai e seus tios eram ricos homens de negócio para quem a pornografia fazia parte da bagagem do homem mundano sofisticado. A preocupação deles era "obter o máximo de poder, dinheiro e posses... e uma dessas posses eram as mulheres". Aos 10 anos, Jim já tinha livre acesso à revista *Playboy*, e olhar pornografia foi a única educação sexual que recebeu na juventude.

Logo começou a comprar seu próprio material: "Eu podia comprar essas revistas e junto com elas vinham ótimas sensações. Podia me masturbar quando quisesse e criei um relacionamento fantasioso com essas mulheres: sabia o nome delas, lia sobre a vida delas, fingia que tinham importância na minha vida. Eu adorava carros e tinha revistas de carros, então me parecia normal também ter revistas de mulheres."

Os pais de Jim se divorciaram quando ele tinha 13 anos e o divórcio foi traumático: "A pornografia se tornou uma válvula de escape e os relacionamentos fantasiosos eram um conforto." Ele contou detalhes da adolescência numa escola de elite, das roupas caras e do carro esporte. No primeiro ano da faculdade vendeu as roupas para comprar drogas, deixou a barba crescer e partiu em viagens de carona, buscando o significado de um mundo que parecia vazio para ele. No final encontrou uma garota com quem se casou.

Logo o casamento fracassou. "Criei a minha própria família, e o que aconteceu é que todo o material não processado da minha família de origem veio à tona. Saí da casa da minha mulher num dia gelado, cinzento, com as folhas caindo – não podia ser mais deprimente. Peguei um ônibus e fui visitar minha mãe em Miami. Foi lá que tudo começou. Eu estava com 24 anos. Processei alguma coisa? Não. Senti alguma coisa? Procurei um terapeuta? Parei por um segundo e refleti? Não, e aí é que estava o problema."

Sozinho, triste e irado, mas com muito dinheiro no bolso por conta de um emprego num condomínio de luxo, onde recebia gorjeta dos ricos homens de negócio para estacionar seus carros. Começou de novo a comprar pornografia e frequentar os clubes de *striptease*, onde recriou os relacionamentos fantasiosos. Certa vez, num dos clubes, o gerente decidiu organizar uma noite para mulheres, com *strippers* masculinos. Jim foi convidado a dançar e aceitou. A multidão de mulheres gritando entusiasmada e fazendo de Jim um objeto de desejo deu a ele "uma falsa sensação de ser amado". Daí, para começar a trabalhar como "acompanhante" de mulheres, foi um passo.

Das onze às cinco, manobrava carros, depois ia correr na praia. Mais tarde saía com as mulheres; estava com 24 anos, perdido e prostituído. Uma parte desse trabalho era tentar dar felicidade a mulheres infelizes. "A mistura da infelicidade e da patologia de todas aquelas pessoas servindo para criar um negócio; era uma coisa estranha."

Um dia, um Mercedes chegou ao local onde Jim estacionava os carros e ele abriu a porta, como sempre fazia, e gelou – era seu pai. "O que você está fazendo aqui?", perguntou o pai. Embora não quisesse saber o que *realmente* estava acontecendo, o pai sabia que não queria o filho manobrando carros. Para Jim, a atenção do pai significava tudo. Dois dias depois voltou para sua terra natal. Dedicou-se à carpintaria e estava "relativamente feliz". O problema é que tinha reprimido tudo o que acontecera na Flórida. "De novo, não processei nada, não conversei com ninguém." Por dentro, nada mudou.

O pai de Jim e seus sócios estavam construindo uma fábrica de calçados na República Dominicana e pediram que ele fosse para lá fazer o trabalho de marcenaria. Quando esse trabalho ficou pronto, o pai sugeriu que Jim continuasse lá e, junto com outros norte-americanos, ajudasse a tocar a obra.

A vida de Jim era cercada de conforto – como a de todos os homens de negócio brancos e norte-americanos –, mas quando chegava à fábrica toda manhã, ele se defrontava com uma realidade bem diferente, a da miséria do povo local. Pessoas implorando por trabalho, por emprego. No início, Jim ajudou como pôde, mas com o tempo "endureceu", esmagado pelo fato de que jamais conseguiria atender as enormes necessidades que o confrontam. "Eu não sabia como processar aquilo e não havia ninguém para me aconselhar. Os outros norte-americanos estavam lá apenas para ganhar dinheiro."

Quando os sócios do pai vieram ao país, Jim ficou encarregado de levá-los para jantar e se divertir. "Eu realmente não sabia o que era aquele *se divertir*." Mas eles sabiam. Há tempos vinham se divertindo – na República Dominicana, no Brasil, em qualquer país do terceiro mundo em que tivessem negócios. "Esses sujeitos já tinham passado dos 50 anos, eram barrigudos e grisalhos; tinham família e exibiam as fotos dos filhos." Mas diversão para eles significava clubes de *striptease* e bordéis em que as garotas "eram tão jovens, quase crianças... Foi terrível".

Quando percebeu que "aquele era o mundo do meu pai; o mundo que ele queria para mim; o mundo que ele estava ensinando para mim... ele e seus amigos de confiança e sócios nos negócios", Jim pediu para voltar aos Estados Unidos e nunca mais conseguiu se ligar emocionalmente ao pai.

Daquele momento em diante, até completar 40 anos, o seu uso da pornografia tomou um rumo mais sério e compulsivo. As revistas e a masturbação estavam fortemente entrelaçadas em sua psique. Ele abandonou a compulsão por um tempo, durante um relacionamento íntimo com uma mulher, mas voltou à pornografia tão logo o relacionamento acabou.

"Eu sabia que tudo isso viria à tona no trabalho de gênero. Eu sabia que parte da cura seria contar em voz alta essa história – e estava apavorado. Não sabia como seria recebida. Mas eu sabia que *teria* de contá-la e ela teria de ser ouvida porque a pornografia é prejudicial tanto para os homens como para as mulheres. Seu efeito em mim foi semelhante à dependência de drogas."

A jornada de cura de Jim começou com o trabalho em grupos masculinos, onde conseguiu processar a dor relacionada ao pai. Também fez terapia e acabou se tornando ele mesmo um terapeuta. Mas o que causou a mudança mais drástica foi um retiro de um mês com um mestre em quem confiava plenamente. Suas práticas "me ajudaram a ver o que estava por trás do vício, por trás do comportamento. Ele era um mestre da tradição não dual do advaita vedanta". Jim começou então um treinamento intensivo nessa tradição. "Eu passei a olhar intensamente o *momento*, olhar a *mente*. Tinha de estar comigo mesmo. Não havia escapatória. Foi muito intenso e revelador. Comecei a tomar consciência do significado mais profundo e elevado dos meus desejos, o que me trouxe a percepção de que eu ansiava por *alguma coisa* – pelo lar, por uma profunda conexão com a Fonte que estava querendo se expressar através da minha sexualidade."

Jim contou que gradualmente começara a ver que ansiava por "um companheiro interior sagrado, ou por esse algo que chamamos de O Amado. Percebi que eu estava tentando encontrá-lo nas revistas de mulheres e nas dançarinas – mas de uma maneira equivocada". Passou a ver o significado profundo por trás do seu vício e isso o ajudou a mudar. "Essa foi a parte mais importante da minha recuperação – perceber um significado mais profundo e aprender a aceitar esse significado. Ainda estou trabalhando com isso. A tarefa não está concluída. Está mudando a minha maneira de ver as mulheres e de experimentar seus corpos, mas as marcas da pornografia ainda estão presentes. Afinal reparti uma longa história com ela. Foi um relacionamento."

Jim explicou que passara a ver a pornografia como "parte de um estratagema cuja finalidade era continuar a criar dominação e separação, e manter nossa sexualidade separada do nosso coração e do nosso espírito". Ele enfatizou que a pornografia combina com "a nossa permanente história de separação, desrespeito, polarização, alienação e transformação das pessoas em mercadorias usáveis e descartáveis. Mas quando você consegue ver o que está por trás dela – o que a alimenta, quais dólares, pessoas, políticas e fontes socioeconômicas –, então a história muda." E essas redes subjacentes de forças monetárias, sociais e psicológicas "estão presentes todas as vezes em que você se aproxima da prateleira de revistas, pronto para se deixar dominar".

Há dez anos Jim é psicoterapeuta e colabora com diversos colegas na organização de eventos de reconciliação de gênero. Sua história é o relato de um homem viciado em pornografia que conseguiu se recuperar por intermédio de um intenso trabalho psicológico e espiritual.

Examinamos a pornografia neste livro porque ela surge repetidamente durante o trabalho de reconciliação de gênero. Com muita frequência, os participantes dos nossos eventos descrevem o poderoso impacto que as influências pornográficas exercem em suas vidas. Na grande maioria desses relatos, a pornografia é descrita como prejudicial, dolorosa ou destrutiva. Um pequeno número de participantes diz que ela é neutra ou irrelevante em suas vidas, e poucos indivíduos consideram-na uma influência benéfica.

Aqueles que censuram os valores da nossa cultura "que negam o sexo" têm um ponto de vista legítimo, como foi discutido no capítulo anterior. No entanto, a pornografia não é certamente o remédio – ela mais parece um sintoma, se nos basearmos no que testemunhamos diretamente no trabalho de reconciliação de gênero. Em todo caso, voltaremos agora nossa atenção para o terreno onde a história de Jim parou – um terreno pronto para novas investigações: as dimensões sagradas e espirituais da sexualidade.

A Sexualidade Sagrada e o Tantra

Atualmente, ouvimos muito falar de "tantra" e de sexualidade sagrada, tanto na mídia dominante como na alternativa, e existe uma abundância de livros, artigos e workshops sobre a relação entre sexualidade e espiritualidade. As tradições tântricas do hinduísmo e do budismo, em particular, são frequentemente citadas como as bases para unirmos a espiritualidade e a sexualidade; e hoje estão disponíveis seminários de todos os tipos para ensinar essas práticas que estiveram ocultas por tanto tempo. Um exame ou análise mais completa dessas ofertas está bem além do escopo deste livro. Contudo, um pequeno resumo das informações básicas sobre espiritualidade e sexualidade é importante por diversas razões. Primeira, a sexualidade é claramente fundamental para o trabalho de reconciliação de gênero, e ela desempenha um papel importante na experiência de muitos participantes dos workshops de reconciliação de gênero do Satyana Institute. Segunda, os aspectos espirituais da sexualidade são particularmente importantes na reconciliação de gênero, pois as pessoas estão empenhadas em curar a si mesmas e aos seus relacionamentos íntimos dos danos causados pelos condicionamentos sexuais. Finalmente, como há uma confusão e exploração imensas, e uma desinformação sem controle em relação à espiritualidade e "sexualidade tântrica", parece-nos importante oferecer resumidamente algumas informações básicas. Nós, autores, não nos apresentamos absolutamente como especialistas, adeptos ou praticantes dessas disciplinas, e nosso tratamento aqui mal toca sua superfície. Nosso propósito é oferecer um vislumbre da profundidade dessas disciplinas, talvez para desfazer algumas noções populares e ilusórias, e direcionar os leitores interessados para fontes confiáveis de informação.

O condicionamento sexual no Ocidente tem sido extrema e devastadoramente eficaz. Uma das consequências é que muitos ocidentais assumem despreocupadamente que suas experiências e percepções da sexualidade são compartilhadas universalmente por todos os seres humanos. Mas não é assim. O Ocidente, em particular, tem comercializado tanto a sexualidade, e a nossa herança cristã tem oprimido tanto a sexualidade e distorcido tanto a sua natureza sagrada que é difícil, ou mesmo impossível, para a maioria dos ocidentais conceber o ato sexual como um rito sagrado, religioso ou espiritual. O materialismo da nossa cultura não está limitado às corporações e ao excesso de prosperidade material. Ele também se reflete na dessacralização da sexualidade, reduzindo-a de uma forma de culto a uma satisfação mecânica de fantasias e desejos físicos. Em várias outras culturas, tanto antigas quanto contemporâneas, a sexualidade é concebida e vivenciada dentro de uma estrutura conceitual e experimental totalmente diferente; em alguns casos, ela é um importante veículo para a purificação e o despertar espirituais.

Provavelmente, as tradições mais amplamente divulgadas que honram as dimensões espirituais da sexualidade são as comumente chamadas tradições tântricas do hinduísmo e do budismo. Embora muito popularizadas e comercializadas no Ocidente, a verdadeira natureza das tradições tântricas não tem nada a ver com essas distorções para consumo em larga escala. Não pretendemos negar totalmente a legitimidade ou o valor dos workshops e treinamentos ocidentais focados em melhorar a experiência e o desempenho sexual; queremos, sim, afirmar que o tantra é algo inteiramente diferente. Na verdade, os tantras se referem a centenas de escrituras específicas e complexos sistemas associados a elas, voltados para o treinamento e a prática espiritual, e somente um punhado deles tem a ver com a sexualidade. Assim Daniel Odier descreve a tradição tântrica do *shaivismo* da Caxemira: "Esse é um caminho de incomparável profundidade e sutileza, e não tem nenhuma relação com o produto que o Ocidente comercializou com o nome de 'tantra'. Ele está em oposição tanto à busca sexual hedonística quanto à busca espiritual ascética, pois reúne a totalidade da pessoa."[5]

O objetivo de todos os caminhos tântricos é a libertação *(moksha)* ou iluminação espiritual. A filosofia subjacente à prática tântrica é que o reino manifesto dos sentidos físicos pode ser utilizado como um veículo para a realização espiritual. O tantra não está, de modo algum, limitado à arena sexual, pois as tradições tântricas englobam um amplo e sofisticado espectro de filosofia, ciência e treinamento espiritual específico, que integra todos os aspectos da experiência física, das práticas visionárias e das disciplinas meditativas e ritualísticas. A sexualidade é, portanto, apenas uma das muitas e ricas dimensões da tradição tântrica, e em várias escolas de tantra não há práticas de união sexual.

A essência da filosofia do yoga sexual tântrico é resumida por Sahajayoginicintra, antiga mestra do budismo tântrico, do seguinte modo:

> O prazer humano,
> com suas identificáveis características,
> É uma coisa que
> Quando tem suas características removidas,
> Transforma-se em êxtase espiritual,
> Livre de pensamentos conceituais,
> A essência de uma sabedoria que surge por si só.[6]

Ela prossegue, descrevendo a prática de yoga sexual tântrica como a perda do senso de uma individualidade em separado, que ocorre por meio da fusão de identidades, na qual "um deixa de saber quem é o outro e o que está acontecendo consigo mesmo".

Nos tantras budista e hinduísta, a prática de yoga sexual envolve a percepção ou manifestação de divindades no interior do corpo humano. Por meio de disciplinas intensivas de canto e visualização, as divindades são vivenciadas como se estivessem entrando e, literalmente, se transformando no praticante do tantrismo ou se fundindo a ele. Na cerimônia de ritual sexual, conhecida como *maithuna*, um homem e uma mulher se unem num intercurso sexual e, idealmente, alcançam juntos os estados iluminados de consciência. A mulher percebe a si mesma como a Deusa, em uma das suas formas manifestas, e o homem a cultua como uma manifestação viva da Mãe Divina.

O objetivo da prática tântrica não é satisfazer os prazeres sensuais, nem mesmo manifestar a presença de divindades espirituais. Mais especificamente, o propósito do tantra é servir como um meio para se obter a iluminação. Os adeptos do tantra buscam alcançar o pleno estado búdico em apenas uma existência, algo que os budistas creem que acontece somente depois de inúmeras vidas voltadas à prática espiritual. Com a prática tântrica, o coração se abre a níveis muito profundos e, em consequência, são liberados todos os nós, constrições e obsessões que nele se alojaram por causa das falsas visões, das emoções egocêntricas e das vaidades egoístas. Essas energias e medos vêm à tona, são plenamente vivenciados e então liberados – abandonando permanentemente a sua influência sobre o praticante.

O verdadeiro propósito de realizar a prática tântrica é ajudar o parceiro a alcançar a iluminação. No tantra, a experiência de intenso prazer ou felicidade sexual não é a ocasião para os praticantes se dissolverem no êxtase, mas, sim, de o êxtase ser "dissolvido" justo no momento em que surge, por meio da percepção do seu vazio inerente. Nada há de essencialmente real na felicidade da união sexual; por si mesma, ela não tem uma fonte, não tem um dono, não tem uma existência. O praticante do tantra percebe isso e continua percebendo esse vazio essencial da felicidade sexual à medida que aumenta sua intensidade. Por fim, o praticante entra numa vasta experiência de consciência universal ou cósmica.

É claro que as palavras não conseguem descrever a experiência. Como Miranda Shaw a condensou,

> Na prática tântrica, a pessoa vai além do prazer e acompanha o prazer até sua raiz, que é o âmago da mente, que é feita de pura felicidade [...] Quando você está nesse nível profundo de felicidade, é muito fácil se apegar ao objeto ou à fonte da felicidade – que é o seu parceiro – e também à própria experiência da felicidade, e transformar, mais uma vez, a felicidade em outra experiência de envolvimento. Por isso, a experiência da felicidade é combinada com a meditação sobre o vazio.[7]

A prática tântrica não é algo que possa ser aprendido em livros, e muito menos num workshop de fim de semana. Essa é considerada uma das práticas mais elevadas e mais avançadas, e requer anos de preparação, purificação e treino intensivo de meditação. Dentre os pré-requisitos, incluem-se a ampla prática espiritual e a compreensão do vazio, uma motivação pura e a superação da ilusão de um "eu" separado e isolado. Somente depois dessa preparação é que o aluno entra no caminho tântrico, com o único propósito de alcançar a iluminação e ajudar o parceiro tântrico a alcançar a iluminação. Mesmo o Dalai Lama declarou que, pessoalmente, não atingiu o nível necessário de realização espiritual para executar as práticas de yoga sexual tibetana com uma consorte. Também não o atingiram alguns dos populares professores ocidentais de tantra, segundo seus próprios relatos.

No tantra, a via para o homem perceber sua divindade inata é honrar e venerar a divindade da sua consorte. A mulher é o canal para as energias iluminadas da transformação, portanto o homem a honra e cultua como a Deusa. Os homens são os devotos ou servos, aconselhados a "refugiar-se na vulva de uma mulher amada". Os verdadeiros detalhes da prática tântrica são mantidos em segredo e compartilhados apenas com os alunos adequados e sob circunstâncias altamente controladas. Assim Miranda Shaw descreve suas experiências depois de anos de pesquisas e estudos pessoais das disciplinas tântricas, na Índia e no Nepal:[8]

Mudei profundamente em todos os níveis devido às minhas pesquisas e estudos [...] até mesmo no nível celular. Meu corpo foi completamente transformado. Pessoas que me conheciam antes de eu iniciar minhas pesquisas e me viram perto do final desse período não me reconheceram.
Descobri toda uma forma de celebração masculina das mulheres que eu não sabia que existia. Eu também estava rodeada por imagens da divindade em forma feminina; e ver o corpo feminino despido, dentro de um contexto religioso, em vez de um contexto comercial e secular, como acontece no Ocidente, foi profundamente afirmativo para mim, enquanto mulher. Mudou a minha compreensão do que é possível num relacionamento homem/mulher, e mudou completamente a minha compreensão de mim mesma como mulher. Eu havia internalizado uma série de atitudes tipicamente ocidentais, baseadas na vergonha; não apenas atitudes culturais gerais, mas também formas específicas de vergonha que me afligiram durante toda a minha trajetória pessoal, e das quais fui finalmente capaz de me curar.
Encontrei o poder e a absoluta sacralidade de ser fêmea, pois os ensinamentos tântricos dizem que as mulheres são puras e sagradas na essência do seu ser [...] de suas células, de sua energia, e não apenas algo que elas podem alcançar, mas um fato ontológico.

De acordo com o mestre sufi Llewellyn Vaughan-Lee, essa pureza espiritual inata às mulheres está relacionada com o poder criador que elas possuem de trazer a vida ao mundo. Esse poder feminino é muito mais profundo que aquilo que é geralmente reconhecido como sua capacidade fisiológica de dar à luz. É o poder espiritual de fazer uma alma humana encarnar num corpo vivo e, em virtude desse propósito, os centros de energia física e espiritual de uma mulher são, em seu âmago, inerente e absolutamente puros e diretamente conectados à Fonte divina.
No decurso da transformação psicoespiritual, associada à prática tântrica, há diferentes elementos e estágios do processo esotérico que envolvem a ativação e a purificação dos centros de energia espiritual no corpo, chamados de *chakras* nas tradições asiáticas; os sete chakras geralmente mais mencionados são: do períneo, do centro sexual, do umbigo (ou do plexo solar), do coração, da garganta, o "terceiro olho" (entre as sobrancelhas) e da coroa (no topo da cabeça). O processo é descrito de forma diferente pelas várias tradições es-

pirituais, sendo que cada qual usa diferentes nomes e estruturas conceituais para representar o processo.

Nos ensinamentos verbalizados por Djwhal Khul, o Tibetano, são descritos três elementos-chave desse processo. O primeiro é a "tendência ascendente" da energia, subindo a partir dos chakras inferiores, num processo chamado de *transmutação*, que purifica e refina a energia desses centros energéticos inferiores. Geralmente, o processo se inicia com a ativação da *kundalini*, a "serpente" de energia espiritual que normalmente está adormecida e assentada na base da coluna vertebral. O segundo é a "tendência descendente", dos chakras superiores para os inferiores, e é chamado de *transformação*; energiza e alinha os centros energéticos superiores e inferiores. Quando todos os chakras e canais de energia sutil são alinhados conscientemente e simultaneamente, então pode acontecer um terceiro processo, chamado de *transfiguração*: uma forma de iniciação, na qual o ser e a consciência da pessoa são totalmente transformados, alcançando um nível e uma frequência energética de consciência inacreditavelmente elevados.

As implicações desse processo são complexas e precisas, e ele deve ser guiado por uma sabedoria profunda, que está oculta e inteiramente além da compreensão do aspirante. Por isso, é fútil, senão contraproducente, o aspirante tentar mapear em qual estágio desse processo ele estaria em determinado momento.

Dentre os melhores escritos sobre a sexualidade tântrica estão os dos autores Daniel Odier, Miranda Shaw, Georg Feuerstein, Lee Lozowick, Mantak e Maneewan Chia, Barry Long, Robert Svoboda e Alice Bailey (Djwhal Khul).

Ensinamentos do culto tântrico a Kali

Um extraordinário relato autobiográfico de uma iniciação sexual tântrica aparece num livro lançado em 2000, *Kali's Odiyya*, de Amarananda Bhairavan.[9] A autora e seu parceiro foram instruídos e conduzidos pela tia da autora, uma adepta do tantra ou *odiyya*, chamada Preema. Encerramos este capítulo com uma síntese de alguns dos ensinamentos de Preema sobre a essência da sexualidade espiritual e da devoção à Mãe Divina. As informações e curtas citações a seguir foram extraídas dos detalhados diálogos entre Preema e Bhairavan, presentes em *Kali's Odiyya*. Este resumo transmite apenas um vislumbre de toda a riqueza e profundidade dos ensinamentos; encorajamos o leitor interessado a ler o relato completo em *Kali's Odiyya*. Bhairavan tem um novo livro, intitulado *Medicine of Light*.

Preema explica que a energia sexual não é algo do qual se abster ou rejeitar, como tem sido feito por muitas tradições espirituais, tanto do Oriente como do Ocidente. Ela afirma que a sexualidade é uma manifestação da Mãe Divina, portanto não faz sentido o aspirante negar exatamente o divino que está buscando. Como ela diz:

> A energia sexual é pura energia divina. Se a humildade e o amor pela Mãe Divina não estiverem presentes, então essa energia alimentará a luxúria. Mas se o coração estiver cheio de amor e de sentimento de entrega, então até mesmo a luxúria será dissolvida e sua energia transformada em veneração. (*Kali's Odiyya*, p. 167)

Preema descreve em detalhes a natureza da energia sexual e o processo pelo qual a prática da sexualidade tântrica transforma o corpo e os centros de energia interior dos adeptos. Ela explica que a sexualidade reside no chakra *moola* – o mais inferior dentre os chakras humanos mais elevados –, que se situa na junção entre o reino animal inferior (basicamente, da mente pré-consciente) e o reino humano intermediário (da mente consciente). A mente pré-consciente é essencialmente composta por padrões de comportamento instintivo que, até certo grau, evoluíram além da inconsciência, mas que não são especialmente suscetíveis à razão ou à mente superior. Por estar localizado na interface dos mundos inferior e intermediário, o chakra moola está sujeito a forças opostas, provenientes de cima e de baixo. Nos casos em que as forças inferiores demoníacas exercem uma maior influência, a sexualidade é maculada pela luxúria e pela violência; mas, se as energias angélicas exercerem um forte domínio sobre o chakra moola, então a sexualidade será banhada pelo amor e pela veneração. A atitude com que se aborda a sexualidade é, portanto, muito importante. Como Preema enfatiza:

> Principalmente, a humildade veneradora de um em relação ao outro [...] é a única maneira de usarmos o sexo para despertar a kundalini. Usado de qualquer outro modo, o sexo irá apenas potencializar as emoções básicas, dando sustentação às forças sombrias. (*Kali's Odiyya*, p. 160)

O chakra moola é a sede da kundalini, a sagrada energia espiritual que é feminina tanto nos homens quanto nas mulheres. Normalmente, a kundalini permanece adormecida na base da coluna, sendo simbolizada, com frequência, por uma serpente enroscada. Quando a kundalini ascende através dos chakras, a consciência sobe com ela e a percepção da mente física é gradualmente dissolvida e se torna a mente sutil e sonhadora, ou mente astral. O aspirante não faz sua própria kundalini ascender durante o rito sexual. Ao contrário, cada parceiro a faz pelo outro.

A subida da kundalini libera a pessoa dos pensamentos e necessidades sexuais, e, quando a ascensão está completa, a pessoa torna-se totalmente liberta da sexualidade. Quando a kundalini completa a sua ascensão, bem acima do chakra moola, não há mais demônios que degradem a energia, somente anjos que exaltam a kundalini. As influências dos reinos inferiores são, portanto, anuladas e os *karmas* são prontamente dissolvidos. Preema descreve o que acontece depois:

> A kundalini, na maioria dos casos, descerá de volta ao chakra moola e não haverá mais demônios que a puxem para baixo. Nesse momento, o caminho ascendente está desimpedido e as energias da kundalini são conduzidas para o alto, até o reino angélico. Mas sua luz iluminará todo o caminho até o "fundo" do antigo submundo, unificando assim o inconsciente com os reinos mais elevados a fim de formar uma única e maciça mente supraconsciente. Agora temos um místico, ou um odiyya, que não possui mais divisões em sua mente. É uma percepção supraconsciente única e indivisível [...] O despertar é, na verdade, precedido pela abertura e a purificação do *ida*, ou canal feminino e lunar, e do *pingala*, ou canal masculino e solar. (*Kali's Odiyya*, p. 171)

A androginia do espírito precisa ser vivenciada para que o sexo seja praticado com uma atitude adequada. A unificação das energias masculina e feminina ocorre tanto nos homens quanto nas mulheres, mas de maneiras diferentes. No homem, o despertar da kundalini está associado à unificação da masculinidade, que está expressa, com o feminino, que está reprimido em seu interior. A sua mente física consciente torna-se andrógina, o que unifica o dualismo da identidade sexual, preparando-o assim para a ascensão mental aos reinos mais elevados, ao mesmo tempo em que são purificados os níveis instintivos. Na mulher, ocorre basicamente a mesma coisa, mas em acréscimo à androginia, a *odiyya* se reconhece como uma "fêmea completa", na qual "a feminilidade que está expressa se uniu ao masculino reprimido". (*Kali's Odiyya*, p. 171)

Se os canais ida e pingala estiverem abertos e purificados quando a kundalini despertar, a mulher desperta torna-se a deusa viva, a própria kundalini.

Como um dos mestres espirituais do autor deste livro enfatizou, o mistério esotérico do masculino e feminino é algo tão sagrado e tão secreto que não pode nem mesmo ser sussurrado. Preema confirma essa precaução, explicando que o processo da sexualidade ritual é um segredo muito bem guardado e deve ser intimamente guiado e protegido apenas por mestres verdadeiramente realizados e altruístas. Caso contrário, existe uma forte propensão ao corrompimento ou à má apropriação dessas energias profundas para servir a propósitos egoístas.

Uma das características fundamentais que distinguem o tantra autêntico é que os praticantes se entregam à prática sexual para beneficiar seu parceiro tântrico ou consorte, e não para beneficiar a si mesmos. Isso contrasta vivamente com grande parte da sexualidade humana normal. Assim Preema descreve a extraordinária pureza dos adeptos do tantra:

> Seu altruísmo é tão supremo que eles estão prontos para ativar a energia sexual um do outro para a liberação mútua. Sob a constante orientação de seu mestre, eles se empenham em práticas rigorosas para limpar suas psiques, de modo a serem agentes adaptados a despertar seus parceiros para a liberdade. Todas as dificuldades e perigos envolvidos no preparo para esse ritual são assumidos apenas para estimular o parceiro para a liberdade! (*Kali's* Odiyya, p. 172)

O fator mais crucial na prática tântrica é a entrega profunda e a devoção ao Divino. É isso que permite que todo esse processo misterioso ocorra. Nas palavras de Preema,

> [...] a devoção à Mãe Divina age como a cavilha de uma roda. É a devoção que permite a liberação segura dessa energia formidável e seu foco na percepção consciente da intenção pura. Sem devoção, essas energias são terríveis. (*Kali's Odiyya*, p. 188)

Segundo Preema, a paz mental provém da entrega à Mãe Divina. Todas as ações da vida devem ser executadas com esse sentido de entrega. Dessa maneira, evita-se que novos karmas tomem forma, enquanto os karmas existentes se soltam e são eliminados. Então o aspirante se liberta. Essa liberdade é incompreensível para uma pessoa cuja mente esteja fragmentada pelos desejos e impulsos do ego. Por meio da entrega ao Divino nasce a capacidade de veneração.

> A veneração flui a partir da entrega. Somente a entrega pode manifestar a veneração. Os atos de paixão, quando santificados, podem ser transformados em artigos de veneração. O desejo, a paixão, o apego e demais sentimentos são formas não refinadas de amor, que é a expressão mais elevada de veneração. (*Kali's Odiyya*, p. 190)

Uma das diretrizes fundamentais da sexualidade tântrica é que ela só pode ser praticada com sucesso sob a orientação de um autêntico mestre ou professor. Isso se aplica para muitas disciplinas espirituais, mas talvez seja muito mais verdadeiro em relação ao caminho tântrico por causa do seu inerente potencial à desilusão, gratificação egoísta e degradação sexual. O mestre manifesta um vasto amor espiritual e uma consciência expandida. O aluno ou discípulo precisa apenas abandonar toda a resistência e fundir sua intenção com a do mestre. Isso nada tem a ver com o mestre assumir o controle da vida do aluno ou condicionar o aluno por meio de leis e regras. Ao contrário, o amor entre o mestre e o discípulo é profundo e frequentemente se estende por várias encarnações.

> É somente através de muitas vidas de luta e busca ardente que o discípulo e o professor encontram um ao outro, tendo sido separados pelas correntes do desejo no grande manancial da existência. Não há razão para simulações, regras e ordens. Há apenas o amor. (*Kali's Odiyya*, p. 187)

Não somente ter o professor certo, mas também ter o parceiro certo é de importância fundamental no tantra. Caso contrário, o fato de se engajar nas práticas sexuais tântricas pode exaurir ambos os parceiros, em vez de exaltá-los. Os aspirantes do tantra precisam estar profundamente comprometidos com uma rigorosa autopurificação antes de se engajarem em práticas de acordar a kundalini. Senão, um dos parceiros, ou ambos, pode ser subjugado pelas poderosas energias e impressões trocadas durante o ritual.

Apesar dos ensinamentos bastante inspiradores, a natureza exigente e as condições exatas das disciplinas tântricas autênticas colocam-nas fora do alcance de muitas pessoas. Contudo, isso não precisa ser causa para desapontamentos, pois a beleza e a riqueza do intercurso sexual experimentadas pela maioria das pessoas não são, de modo algum, negadas por esses ensinamentos. Ao contrário, o estudo da tradição tântrica pode nos ajudar a iluminar e exaltar as dimensões espirituais e sagradas da sexualidade. Além disso, se nosso anseio mais profundo for pelo amor divino, então, de uma maneira ou outra, ele será realizado. Em ressonância com os ensinamentos da tradição mística hindu, Preema declara que o desejo pelo amor divino transformará, no final, todos os outros desejos em desejos divinos.

Não precisamos ser praticantes ou adeptos do tantra para restaurar a sexualidade sagrada em nossa própria vida. Todos nós podemos cumprir o papel de elevar e limpar o erotismo, tirando-o das garras de uma cultura que há tanto tempo vem, por um lado, degradando e reprimindo a sexualidade e, por outro, glorificando-a exteriormente de um modo trivial e obsessivo. Há múltiplos níveis da sexualidade sagrada e, abrangendo esses vários níveis, estão disponíveis inúmeros treinamentos e workshops, todos eles cumprindo seu papel. Mesmo um estudo resumido das tradições tântricas pode nos ajudar a reentrar nos reinos do erotismo com um respeito renovado e uma sensibilidade profunda por suas dimensões sagradas, e a cultivar o divino em cada aspecto da nossa vida, inclusive o sexual.

7

Obtendo o ouro alquímico

Não acumuleis riquezas na Terra, onde a traça e a ferrugem as corroem, e os ladrões assaltam e as roubam. Ajuntai riquezas no céu [...] Pois onde estiverem as riquezas, estará o coração.
– Mateus 6,19-21

O trabalho de reconciliação de gênero não é exatamente o que parece ser à primeira vista. Ao entrar em profundidade nesse trabalho, a pessoa é inevitavelmente levada a uma jornada interior e, se prosseguir ainda mais, alcançará no final o despertar de um amor expansivo e abrangente. Em algumas tradições, essa experiência é chamada de encontro com o Amado – uma forma mística de amor. É para onde o trabalho de reconciliação de gênero finalmente conduz, mas é raro as pessoas saberem o que estão buscando quando entram nele. Assim, esse trabalho pode ser comparado a certos caminhos místicos ou espirituais, nos quais os noviços são persuadidos a seguir o caminho por meio de um "véu de atração", que os envolve por meio de uma espécie de sedução divina, e só mais tarde eles descobrem como é realmente o caminho.

Segundo nossa experiência, as pessoas procuram o trabalho de reconciliação de gênero pelos mais diferentes motivos. Alguns estão procurando a cura das feridas do passado; outros esperam aprofundar seu trabalho profissional como terapeutas clínicos, clérigos ou educadores; e ainda outros esperam receber treinamento para se tornarem facilitadores. Quaisquer que sejam as motivações iniciais, se a pessoa continua engajada no trabalho de reconciliação de gênero ao longo do tempo, sua relação com esse trabalho evolui à medida que ela descobre as suas camadas mais profundas.

O processo espiritual por trás do trabalho de reconciliação de gênero tem alguma similaridade com a tradição subversiva do conhecimento místico sufi. Os viajantes crédulos são atraídos para um determinado caminho, de acordo com os seus próprios apegos ou "ganchos". O "Amado" agarra o viajante por um dos ganchos e o arranca, e depois continua removendo os ganchos, um por um. À medida que a jornada prossegue, o Amado continua o processo de desmontagem bem além dos meros ganchos, e começa a demolir a pessoa – desconstruindo seu ego e o próprio senso do eu. Levado à sua máxima extensão, tudo o que resta à pessoa, no final, é um coração radiante de amor, sem bloqueios ou impedimentos. Quando mantido durante um período longo de tempo, o trabalho de reconciliação de gênero apresenta uma semelhança com esse processo. Em sua manifestação mais elevada, ele se transforma num caminho em que o "eu" é gradualmente desconstruído – liberto dos falsos desejos e identificações – e em que surge, enfim, uma profunda capacidade de amor universal.

Há momentos, durante o trabalho de reconciliação de gênero, em que os véus que cobrem os mistérios mais profundos são repentinamente afastados e a presença onisciente e subjacente do Amado, ou do Espírito ou do Amor – a força e radiância presentes no âmago do trabalho – é sutilmente revelada. Em tais momentos há uma mudança energética inexplicável que toca cada um dos presentes e eles são transportados além dos seus usuais apegos egoístas, para uma compaixão altruísta e universal. Toda vez que isso acontece algo novo é acrescentado ao trabalho, e as pessoas envolvidas se elevam e mudam de alguma maneira – unidas por meio de uma experiência compartilhada de amor divino.

Isso pode parecer dramático, mas essa experiência é bastante real e, na verdade, muito natural e inevitável quando ocorre sob as condições corretas. Há vezes em que a realidade da *alquimia coletiva* é palpavelmente eficaz, bem além dos jargões da Nova Era, e a comunidade entra em contato com o mistério e a transformação coletivos. Quando isso ocorre, a misteriosa presença do Espírito ou Amor age através do grupo ou comunidade. O amor se reflete em cada pessoa do grupo ou comunidade, e existem momentos especiais em que todos os presentes tomam consciência desse amor e, ao mesmo tempo, conectam-se a ele. Chamamos a esses momentos de "preciosos" – ocasiões em que surge uma evidente Presença, uma veneração, uma magia, da qual todos participam e que conduz o grupo inteiro a uma experiência compartilhada de amor universal. Tais experiências fazem parte dos direitos inatos da família coletiva humana – quando o véu é levantado, temos um vislumbre do fogo espiritual que, a partir dos "bastidores", alimenta esse trabalho e verte afeto, cura e radiância sobre todos os presentes. É o fogo do amor que consome as barreiras e ilusões que nos separam; um amor que transcende todas as diversas interações de personalidade entre os indivíduos. É um amor profundo e universal – transcendente e imanente, refinado e tangível, nutridor e numinoso.

Neste capítulo tentamos recapturar alguns desses momentos radicais e transformadores, esperando transmitir algo do poder e da validade da experiência. Como acontecem de fato dentro da coletividade, esses momentos são, portanto, experiências compartilhadas que servem como profunda inspiração para aquilo que é possível à comunidade e à sociedade humanas – um farol luminoso que nos guia nesses nossos tempos turbulentos. São momentos preciosos, momentos de uma graça ou poder especial, que ninguém pode alegar ser o responsável por eles; momentos em que o Divino está o mais aparente possível, a sincronicidade está a mais incompreensível possível e a magia age o mais dramaticamente possível.

"Fusões nucleares": O poder do inconsciente coletivo

Uma das situações mais desafiadoras que desponta no trabalho de reconciliação de gênero é um tipo particular de crise que precipita um colapso sistêmico de todo o processo grupal. Batizamos essas situações de "fusões nucleares", pois, nesses momentos, há uma completa desconstrução do processo grupal, que passa espontaneamente de uma situação ou contexto para outro inteiramente diferente. Essa mudança ocorre repentinamente, muitas vezes em menos de um par de minutos. A cena transforma-se de um círculo caloroso e amigável de pessoas ouvindo atentamente umas às outras para um caldeirão emotivo, altamente carregado de mágoas e angústias coletivas. Embora imprevisíveis e muitas vezes catárticas, essas "fusões nucleares" são frequentemente circunstâncias com um potencial de cura e um poder espiritual excepcionais. Esses momentos consistem em oportunidades auspiciosas para uma metamorfose coletiva das complexas questões de gênero; uma metamorfose que pode alcançar proporções arquetípicas.

É praticamente impossível descrever o caráter dessas experiências de fusão nuclear. Normalmente, são intensas no momento em que surgem, durante de um quarto de hora a um dia ou mais. Depois aparece, com frequência, uma qualidade transcendente ou numinosa que traz aos presentes um sentimento de humildade e gratidão, com uma sensação palpável de integração sagrada entre os planos de consciência humana e espiritual. As fusões nucleares nunca são planejadas ou orquestradas – nem podem ser; elas emergem a partir de crises espontâneas. Representam um desafio significativo aos facilitadores, que precisam responder imediatamente à situação, com coragem e confiança inerentes, e respeito por aquilo que está vindo à tona – associados a uma abordagem seletiva que ajude a lidar com as necessidades práticas que surgirem no grupo. O processo requer um alto grau de fé, habilidade e sensibilidade por parte dos facilitadores.

A angústia feminina e masculina

Uma dessas fusões nucleares ocorreu no início da manhã do quarto dia de um evento de cinco dias. Uma das mulheres, Anna, compartilhou com o grupo o que havia escrito em seu diário ao acordar chorando naquela manhã por causa de um sonho perturbador. O apontamento em seu diário fora escrito em forma de "carta" ao grupo, em resposta ao seu sonho e ao trabalho que ela fizera nos quatro dias anteriores.

A quem possa interessar: Sei como é difícil sair de mim mesma e me aproximar dos outros. Sei que preciso de um milagre. Sei que sozinha não consigo curar minha autoimagem destruída. Não consigo me olhar no espelho e ver beleza. Fui treinada para me ver como uma mulher feia e não desejável; para me ver como a casca vazia de uma mulher que tem valor apenas por articular ideias e expressar seu intelecto. Meu corpo de mulher se sente morto e vazio. Tenho vivido por anos seguidos sem contato sexual, sem contato íntimo profundo. Meu marido fugiu do nosso relacionamento por razões que me parecem relacionadas com a minha profunda inadequação como mulher. Eu me senti humilhada e perdi minha última esperança de ser considerada bonita. Eu tinha vivido todos aqueles anos com um homem que essencialmente havia mentido a si mesmo sobre sua capacidade de me achar atraente e desejável.

[...] no meu sonho, me tornei a mulher que queria saltar de cima do edifício. Restou em mim só a angústia de que eu talvez pulasse, em vez de pacientemente descer do edifício. [...] Sou supervigilante, não só pensando num ataque físico, mas pensando num ataque emocional, na humilhação, na eterna rejeição.

[...] Acredito que a maior parte da violência na minha vida tem sido emocional, a violência da não presença, da rejeição. [...] Entendi porque acordei chorando esta manhã. Preciso de alguém tão irreverente quanto Zorba, o Grego, que fazia amor com as velhas da vila porque achava humilhante uma mulher dormir sozinha.

[...] O que mais desejo obter dessa oportunidade de cura, desse tipo de workshop, é a cura sexual. Preciso de alguém que me ajude, amando meu corpo e cuidando de mim. Minha alienação é específica: sinto-me um monstro e isso me esmaga; tenho medo de pular para a morte [...] é melhor saltar do que queimar – de desejo ou em chamas.

[...] Sou filha adotiva. Com três semanas de vida fui recebida por uma família despreparada. [...] meu irmão me dizia que se fosse parecido comigo, se enfiaria embaixo da cama; minha mãe dizia que se eu não emagrecesse, minha vida seria um fracasso; meu pai apelidou meu primeiro namorado de "o repulsivo". Só isso já é suficiente. [...] e toda vez que um homem me evitava com medo do meu desejo de me relacionar, essas mensagens da minha família eram confirmadas.

Eu sei que tenho dons incríveis a oferecer. Tenho coragem, sabedoria e capacidade de proporcionar cura, inspiração, revelação. Sou talentosa, articulada, perspicaz. Sei que minha alma é visionária e quer participar da liderança neste momento, mas sou muito cedo desalojada desse poder. Sou reduzida à mulher inadequada, sem feminilidade. Sozinha, não consigo fazer meu trabalho. Sem o constante encorajamento dos meus irmãos e irmãs, definharei. Preciso que vocês vejam por que me deixam de fora, não só por mim, mas por todas as mulheres que não têm a beleza que vocês esperam. Senão vocês vão perder a mim e à minha obra, que é bela e especialmente requintada.

Pensei estar escrevendo esta carta aos meus amigos, mas não sei se é realmente para eles. Acho que é para você, Deus. Acho que sei onde quero depositá-la – a seus pés. Sou sua filha. Sou o fruto da sua videira, o ramo da sua árvore.

Conforme Anna revelava sua dor há tanto tempo oculta, a sala se impregnou de um silêncio pesado. Choro e soluços foram irrompendo e uma onda de angústia começou a se espalhar pelo grupo e, em poucos minutos, o grupo inteiro atravessou um portal invisível e entrou num poderoso processo catártico de liberação, semelhante a um caldeirão tomado por um fogo purificador e arquetípico.

A dor de Anna não era só dela. Embora pessoal nos detalhes, a sua história era, em seu núcleo emocional, tão fundamental e universalmente reconhecível que chegava a ser arquetípica. Representava o que Eckhart Tolle chamou de "corpo de dor". As palavras de Anna continham tamanho poder porque capturaram a essência da opressão e da dor que as mulheres experimentaram durante milênios.

A resposta a Anna não ficou limitada às mulheres da sala. Os homens foram profundamente tocados; alguns pelo pesar, outros pela culpa e vergonha de terem sido opressores. Suas lágrimas expressaram a solidariedade e compaixão diante daquela intensa dor, nascida das sombras da opressão de gênero em que todos os seres humanos viveram durante milhares de anos.

À medida que as energias dessa catarse coletiva abriam caminho através da comunidade, vagas de emoção se levantavam e caíam sobre o recinto, como ondas imensas no oceano, quebrando agora sobre uma pessoa, logo em seguida sobre outra – e levando todo o grupo para uma viagem emocional selvagem e dramática. Pequenos grupos se formavam ao longo da sala, próximos daqueles que estavam mais afetados, e conforme uma pessoa saía do seu sofrimento profundo, outra nele entrava. Parecia que a energia aflorava em um ou mais indivíduos, atingia seu pico e depois se recolhia; então mudava de alvo e aflorava de novo para se expressar por intermédio de outros indivíduos, repetindo esse mesmo fluxo e refluxo que contorcia as entranhas. Assim, a energia fez sua visita a quase todas as pessoas do grupo.

Foi somente depois de uma hora que essas ondas começaram a diminuir de intensidade, para então lentamente se dissipar. No final, uma paz extraordinária se instalou na sala e as pessoas se aproximaram umas das outras num abraço compassivo e amoroso. A presença na sala tornou-se uma presença refinada de paz e segurança – profundamente nutridora, fortemente íntima.

E foi em meio a essa intensa ternura que um dos homens, Doug, começou lentamente a falar. De início, mal dava para ouvi-lo. Doug era veterano da guerra do Vietnã e, à medida que contava sua história, foi ficando cada vez mais agitado até começar a soluçar descontroladamente, com as lágrimas escorrendo pela face e sufocando suas palavras. Pouco antes, havia vários centros por onde a energia grupal passeava, mas agora a autenticidade do relato de Doug focou a atenção do grupo, que acolheu esse homem apanhado pelas garras da sua dor. Os facilitadores se aproximaram dele, oferecendo um apoio físico não invasivo.

A história de Doug saiu aos poucos. Seu pelotão saíra à procura de esconderijos de vietcongues e chegara a uma aldeia em que não havia homens à vista; somente mulheres, crianças e homens idosos. O pelotão recebeu então ordens de avançar por um campo de arroz. Algumas mulheres foram levadas como prisioneiras. Não ficou claro por quê.

Mas, logo ao saírem da aldeia, o tenente ordenou que as mulheres atravessassem o campo antes dos soldados. A lógica dessa decisão era simples, pois provavelmente havia minas terrestres espalhadas pelo campo. Com as mulheres na frente, ou elas pisariam nas minas, detonando-as, ou andariam entre as minas, demarcando um caminho seguro. De qualquer modo, se o pelotão seguisse exatamente as pegadas das mulheres, estaria em segurança. Sob a perspectiva do tenente foi uma escolha acertada: ele era responsável, antes de tudo, por seus homens, não por mulheres vietnamitas, suspeitas de ajudar e abrigar o inimigo.

Doug era apenas um soldado de 19 anos, no entanto se sentiu responsável pelo que aconteceu naquele dia. Ele nos disse repetidas vezes, contorcendo-se de dor, que devia ter desafiado o tenente, impedido aquilo – feito qualquer coisa. Em vez disso, ele e o resto do pelotão observaram as mulheres, em fila, começarem a atravessar o campo. Depois de alguns minutos tensos, a primeira mulher deu um passo em falso e, subitamente, foi feita em pedaços diante deles. Logo depois, a segunda, a terceira, a quarta, até que todas estavam mortas, com suas carcaças sangrentas e despedaçadas marcando um caminho seguro para os soldados americanos.

Essa era uma história que ele nunca tinha contado antes. A tristeza e a raiva que a acompanharam deixaram todos enregelados. Sua dor parecia tanto física quanto psicológica, como se seu coração estivesse literalmente sendo partido pelo horror daquela lembrança. Quando Doug se atirou no chão, um dos facilitadores abraçou-o fortemente, restringindo-lhe em parte os movimentos, para que Doug não se ferisse, mas pudesse se contorcer em sua dor. Os dois homens pareciam estar numa luta corpo a corpo.

Há uma cena no romance *Mulheres Apaixonadas*, de D. H. Lawrence, em que dois homens travam um luta corporal que, em parte, é um desafio agressivo e, em parte, um contato afetuoso. O incidente com Doug tinha semelhanças com o que Lawrence quis transmitir sobre os homens e a forma como eles entendem e lidam com a intensidade masculina em estado bruto.

Testemunhamos a contrapartida da angústia feminina: a energia arquetípica do pesar masculino. Apesar de ser a dor pessoal de um homem, sua história era tão fundamentalmente universal que assumia proporções míticas. O sofrimento de Doug tocou nossos corações porque capturou a essência da opressão que os homens vêm enfrentando há milênios, a opressão que acompanha a aniquilação organizada e estratégica da nossa própria espécie.

Como acontecera antes, a tristeza comoveu todos na sala. Lágrimas desciam por todas as faces e, gradualmente, a energia dos dois homens em luta começou a enfraquecer, deixando a exaustão cumprir seu papel curativo e o silêncio e o vazio prevalecerem. Quando a catarse se completou e Doug sentou-se no chão com as costas contra a parede, as lágrimas ainda escorriam pelo seu rosto, mas agora em silêncio, exceto pelo som de sua respiração. Ninguém falou. Nada havia para ser dito.

Continuamos sentados em meio à pesada quietude, sentindo-nos frágeis e tristes, querendo de alguma maneira ajudar aquele homem a perdoar a si mesmo. Esse perdão veio sob a forma de um anjo. Uma jovem graciosa, que por coincidência era de ascendência asiática, aproximou-se de Doug, ajoelhou-se ao seu lado, abraçou-o delicadamente e enxugou-lhe as lágrimas com as mãos. Abraçando-o, ela lembrava com exatidão uma mulher vietnamita. A emoção desse momento desafiou qualquer descrição. Foi algo que vivenciamos em silêncio e com gratidão; mais tarde percebemos que tínhamos penetrado na dor arquetípica da nossa espécie e atravessado-a juntos. Todos se sentiram afortunados por ter tomado parte daquele momento.

A reverência curativa

Outro exemplo de fusão nuclear envolve uma mulher jovem que ficou praticamente calada durante a maior parte do workshop do qual participou. Ela estava atormentada por uma percepção aguda da violência duradoura que os homens vinham perpetrando contra as mulheres. Ela tomou um cuidado especial para não projetar sua raiva e tristeza pessoais sobre algum homem em particular durante o workshop, nem acusou nenhum deles de ser pessoalmente responsável. Contudo essa percepção estava muito presente para ela e, embora falasse de tempos em tempos dessa percepção, ela permanecia relativamente distante, quieta e suave quando falava. Na última manhã do workshop, um dos homens tentou persuadi-la a falar, perguntando gentilmente se havia algo que ele pudesse fazer ou dizer para estabelecer uma conexão com ela. Ela respondeu suavemente a esse homem, como era seu hábito, mas acabou se abrindo aos poucos até finalmente compartilhar com o grupo algumas partes da sua história pessoal.

Suas palavras saíam circunspectas e penetrantes, enquanto ela falava das várias maneiras pelas quais havia sido profundamente ferida pelos homens em sua vida. Falou com uma clareza e uma autoridade que não estavam presentes nas suas participações anteriores. Todos ficaram comovidos com sua vulnerabilidade e autenticidade e, mais tarde, diversos membros do grupo falaram apaixonadamente, elogiando essa mulher por sua coragem e honestidade. Depois um dos homens pegou o bastão da fala e disse a ela: "Não quero apenas elogiá-la, quero fazer uma reverência diante de você." Nesse momento, ele curvou o corpo para a frente até sua testa repousar no chão, numa profunda reverência diante dela. Ele fez esse gesto com extrema sinceridade e integridade. A mulher ficou espantada e sem palavras. Seu coração se abriu no exato instante em que ela vacilou entre duvidar do que estava acontecendo – era bom demais para ser verdade – e ver aquilo acontecer diante dos seus olhos. O homem permaneceu curvado por dois minutos inteiros, durante os quais os olhos dela se suavizaram e se arregalaram num misto de gratidão e descrença.

Esse ato levou essa mesma mulher a compartilhar de um modo ainda mais profundo, referindo-se de passagem ao fato de ter sido estuprada – sua primeira menção a estupro durante o workshop. Ouvindo isso, outra mulher do grupo deixou escapar um lamento involuntário e começou a chorar. Seus soluços logo se transformaram em pranto e depois em gritos doloridos de tristeza. Outros também começaram a chorar e gritar. Dentro de um ou dois minutos o grupo inteiro estava mergulhado num profundo processo coletivo de pesar – muitos chorando e soluçando descontroladamente nos braços uns dos outros. A situação se transformou numa completa fusão nuclear, que prosseguiu por uma hora e meia com as pessoas acessando suas mágoas e raivas profundas e apoiando-se mutuamente nessa travessia pelas cavernas sombrias da dor pessoal e arquetípica. Os facilitadores, auxiliados por diversos participantes, atuavam de modo seletivo, dando apoio àqueles que vivenciavam as mágoas e liberações emocionais mais profundas. Finalmente, essas poderosas energias começaram a se exaurir e, um a um, os participantes emergiram, carinhosos e gentis, de seus reinos interiores, todos unidos por um apoio e entrega amorosos. A experiência deixou todos comovidos, além de qualquer palavra, bem além daquilo que podiam transmitir naquele momento.

Como mencionamos anteriormente, tais momentos evocam a estranha sensação de que uma inteligência superior está orquestrando todo o processo, pois as questões internas de cada pessoa eram desencadeadas de uma maneira que se adequava precisamente ao seu caráter. Esse tipo de experiência sinérgica e multifacetada – na qual diversas pessoas conseguem, de modo simultâneo e preciso, aquilo que precisam para seu próprio e específico processo de cura – não pode ser planejado nem organizado. Algo mais profundo e claramente numinoso está presente, guiando o processo.

O homem que se curvara, um pastor jovem, formado recentemente na Faculdade de Teologia de Harvard, descreveu sua experiência do workshop: "O que aconteceu comigo me trouxe mais fé, esperança e amor do que qualquer outra experiência que tive na vida. [Em vista] das epifanias pelas quais eu passei nos últimos onze anos e da minha experiência variada com trabalhos em grupo, isso não é pouca coisa."

Sincronicidades no coletivo

Um exemplo de outro tipo de "momento precioso" envolve um homem e uma mulher cujas histórias pessoais possuem notáveis paralelos, a ponto de se tornarem extremamente significativos à medida que o workshop se desenvolvia. Suas histórias pessoais, das quais um não tinha conhecimento da do outro, foram entrelaçadas de um modo potencialmente explosivo, mas, felizmente, houve uma solução num evento poderosamente curativo.

As sincronicidades começaram quando dois participantes, David e Kathy, formaram aleatoriamente um par num trabalho matinal de respiração. Eles nunca tinham se encontrado antes do workshop, e ambos eram profissionais de saúde e estavam na casa dos 50 anos. Durante o trabalho de respiração, Kathy vivenciou uma poderosa revisitação do trauma de sua violação sexual, praticada por vários adolescentes, amigos de seus irmãos. Kathy estava particularmente atormentada pelo papel que seus dois irmãos mais velhos desempenharam no ataque, que foi uma espécie de molestamento por parte de gangue. Seus irmãos não participaram diretamente da agressão sexual, mas nada fizeram para impedir o ataque. Isso tinha acontecido quando Kathy estava com 10 anos de idade.

David era o auxiliar de Kathy em sua sessão de trabalho de respiração e ajudou-a com grande sensibilidade, enquanto ela atravessava as muitas ondas de mágoa intensa e de liberação emocional durante a vivência do trauma da infância. Como David era um psicoterapeuta focado no corpo e com muitos anos de experiência, pode então "segurar as pontas" para Kathy realizar de modo eficaz o exercício, e providenciar um ambiente compassivo e nutridor. Essa interação estreitou os laços de respeito e afeição entre eles que, finalmente, mostraram-se indispensáveis para trabalharmos aquilo que aflorou mais tarde.

À medida que o workshop progredia nos dois dias seguintes, Kathy compartilhou sua história com o grupo e, logo a seguir, duas outras mulheres, Ruth e Susan, introduziram suas próprias histórias de incesto e abuso sexual na infância. Porém as coisas mudaram radicalmente quando, durante o fórum masculino da verdade, David revelou um fato inesperado do seu passado ao admitir que, uns 25 anos antes, havia molestado sua própria enteada de 10 anos de idade. Uma onda de choque atravessou o grupo, evocando fortes reações, especialmente de Kathy e das outras duas mulheres. Kathy ficou tão transtornada que simplesmente foi incapaz de falar alguma coisa. A volatilidade emocional do grupo aumentou rapidamente e se tornou tão explosiva que Kathy abandonou o recinto num estado de intensa agitação e determinada a abandonar o workshop.

O grupo mergulhou no caos e na confusão. Expressões de uma óbvia indignação, de tristeza e de projeções negativas rondaram a sala. Uma das facilitadoras saiu atrás de Kathy e trabalhou individualmente com ela em seus esforços para lidar com os sentimentos de traição e falta de confiança que ameaçavam subjugá-la. Kathy não conseguia se controlar devido à raiva e desespero. Sentia-se traída por David. Percebia agora a duplicidade e a hipocrisia na oferta que ele lhe fizera de apoiar seu processo de cura. Ela duvidou da integridade do formato dos workshops de reconciliação de gênero, pois permitia que as pessoas participassem sem passar por algum tipo de investigação preliminar que garantisse que nenhum perpetrador – no passado ou no presente – tomasse parte no trabalho.

Enquanto isso, os outros facilitadores continuavam a trabalhar com o grupo, processando suas voláteis dinâmicas. Ruth e Susan partilhavam vários dos sentimentos de Kathy, embora nenhuma das duas tivesse se aproximado tanto de David. Elas queriam saber por que David havia narrado sua história para o grupo no momento em que fizera e da forma como fizera. Ele explicou que sua intenção não era ferir, mas ajudar a curar. Ele sentira a obrigação moral, explicou, de revelar a própria cumplicidade que tivera no passado com os dolorosos abusos que outras pessoas do grupo haviam sofrido. David disse como fora difícil para ele revelar esse incidente do seu passado, e acrescentou que aquela tinha sido a primeira vez que o fizera em um grupo misto. Ele sentiu que não revelá-lo seria fazer escárnio do trabalho único e corajoso que estávamos realizando juntos. O fórum masculino da verdade lhe parecera o momento óbvio e apropriado para desvendar sua história. Na verdade, ele a tinha compartilhado primeiro com o círculo masculino no dia anterior, onde se sentia mais seguro, mas achou que as mulheres do grupo, especialmente Kathy, Susan e Ruth mereciam conhecê-la. Ele disse que estava pronto para "ficar na linha de fogo" se isso servisse para curar as feridas que esses abusos causaram no grupo, e talvez para prevenir que ocorressem no futuro.

Kathy finalmente retornou ao grupo depois de uma longa ausência. Ela decidira verbalizar seus sentimentos de indignação e decepção diretamente para David, com o apoio do grupo. Kathy estava muito nervosa quando se pôs a falar, mas assim que as palavras começaram a sair, ela despejou os sentimentos fortes e impetuosos que envolviam os incidentes de sua infância, a traição de seus irmãos e a maneira pela qual essas traições arruínam a vida de uma pessoa. Ela falou da fragilidade do trabalho que estávamos fazendo juntos, da necessidade de um respeitar o outro completamente. Depois focou sua confusão em relação a David, reconhecendo que ele tratara dela com gentileza e respeito. À medida que ela falava, sua atitude mudou, chegando a afirmar que, naquele momento, não conseguia encontrar falhas no comportamento de David, e reconhecia que fora importante para ela conhecer a história dele e também que ele lhe dera essa oportunidade por ter corajosamente tomado a iniciativa. Durante sua participação, Kathy não só chorou, mas também gritou, riu e permaneceu quieta, conforme se debatia com sentimentos e percepções contraditórias. Finalmente, verbalizou seu reconhecimento de que a intenção de David não era ferir alguém, e que ele tinha o direito de introduzir sua antiga cumplicidade e suas mágoas no trabalho que estávamos realizando.

O workshop prosseguiu à noite e no dia seguinte, com frequentes reverberações desses assuntos. Na última noite, os rituais feminino e masculino foram conduzidos de modo a honrar uns aos outros. Durante o ritual, Ruth, a mais velha das duas sobreviventes do abuso sexual, levantou-se e pegou um vaso com uma planta que alguém trouxera para servir como presença curadora. Ela atravessou lentamente a sala na direção de David, ajoelhou-se na frente dele e depositou a planta, segurando-lhe depois a mão. Ela explicou que, apesar de estar profundamente triste pelo que ele havia feito – um ato semelhante ao que ela própria havia sofrido nas mãos de outro homem –, queria fazer uma homenagem à coragem dele por revelar esse fato ao grupo e buscar a cura. Ela lhe disse estar claro que ele havia passado por vários trabalhos pessoais para curar as injustiças que praticara no passado, e ela admirava isso nele.

Então Susan se adiantou, e depois Kathy. Ambas se aproximaram de David, oferecendo-lhe perdão e compreensão. Ambas mencionaram a coragem dele e exaltaram o impacto curador que essa coragem teve em suas próprias vidas, não apenas na dele. David estava em lágrimas, como todas elas, e depois, com as lágrimas escorrendo pelo rosto, David e Kathy se abraçaram carinhosamente. A energia dessa troca foi mágica. Ficou claro que essa cura profunda só se tornou possível porque, precisamente, o vitimador reunira-se com o vitimado para, juntos, se lamentarem e oferecerem testemunho e perdão um ao outro por sua dor.

O grupo inteiro entrou em profunda comoção, enquanto esses quatro seres humanos – três "sobreviventes" e um "perpetrador" – partilhavam e comungavam pacificamente, com ocasionais acessos de choro ou de riso que pontuavam seus suaves murmúrios. Naquele momento, grande parte do que estava sendo dito entre eles não era ouvido pelo restante do grupo, mas a energia curadora que irradiava deles era intensamente luminosa e nutria todos nós. No final, o restante do grupo se aproximou, formando um círculo em volta dos quatro, e começamos a entoar canções de cura e perdão.

Três anos mais tarde, num evento posterior, Ruth nos contou que aquele workshop de gênero havia mudado sua vida de modo profundo, e que fora uma das coisas mais importantes que tinha acontecido com ela. Kathy desde então participou de vários eventos de reconciliação de gênero e fez observações parecidas à de Ruth ao longo dos anos. David também ficou profundamente agradecido e expressou um forte interesse em se envolver mais com a reconciliação de gênero.

Perdão espontâneo

O último exemplo deste capítulo ilustra uma sincronicidade semelhante que levou a uma extraordinária experiência de cura. Teve início quando uma das mulheres do workshop, Sharon, narrou um acontecimento pessoal traumático, sobre ter sido estuprada pelo próprio namorado. Logo depois, outra mulher, Brenda, prosseguiu dentro do mesmo tema e compartilhou a história de quando tinha sido estuprada durante um encontro com seu companheiro. Os detalhes dos dois casos eram diferentes, mas o padrão geral era o mesmo – as duas mulheres foram estupradas pelos homens que supostamente seriam seus parceiros amados e especiais, e ambas ficaram traumatizadas não só pela própria experiência do estupro, mas também pelo sentimento posterior de profunda traição e confusão.

Por outro lado, havia um homem no grupo, Mike, que se tornava cada vez mais quieto e mal-humorado conforme o workshop prosseguia. Finalmente, certa manhã, depois de uma sessão de trabalho de respiração, Mike revelou para o círculo masculino ter percebido que aquilo que acontecera com Sharon e Brenda também fazia parte da sua experiência de vida. Falando com imensa tristeza, num tom hesitante, explicou que havia forçado sua mulher a ter relações com ele, exatamente da mesma maneira que forçara uma namorada anterior. "Em resumo", anunciou Mike em voz baixa, "cometi estupro com minhas companheiras, mas nunca tinha percebido isso até ouvir essas mulheres do grupo contarem suas histórias." Pela primeira vez em sua vida, Mike encarou a realidade de ter estuprado duas mulheres com as quais se relacionava.

Durante as horas seguintes, a magnitude daquilo que havia feito desabou sobre Mike com força total, e ele mergulhou em tristeza e angústia profundas. Naquela noite, diversas mulheres do grupo notaram a diferença no comportamento dele e perguntaram o que havia acontecido, mas Mike afastava o olhar e não respondia.

No dia seguinte, depois de uma noite mal dormida, Mike se decidiu e, durante o fórum da verdade, compartilhou com toda a comunidade a percepção que tivera. Uma silenciosa onda de choque correu entre as mulheres, enquanto Mike revelava sua história. Ele acrescentou, cheio de remorso, que sempre considerara essas experiências como um ato sexual de um macho com a "sua" mulher, portanto nunca tinha levado a sério os protestos da esposa e da namorada sobre a natureza prejudicial desses atos. Quando terminou, Mike caiu num choro profundo e triste.

Ao longo do dia, a angústia e a vergonha de Mike tornaram-se cada vez mais evidentes e extremas. Ele não conseguia olhar as mulheres nos olhos e temia fortes represálias, especialmente de Sharon e Brenda. Muitas pessoas estenderam seu apoio a ele, em particular dentro do grupo masculino. Era admirável testemunhar o processo de cura e despertar de Mike, e muitos de nós ficamos comovidos pela profundidade do seu remorso.

Perto do final do workshop, aconteceu algo extraordinário – num certo momento, Sharon se aproximou espontaneamente de Mike e lhe ofereceu consolo. De início, Mike pareceu chocado e totalmente descrente, pois havia evitado contato especialmente com Sharon e Brenda. Ele continuava a carregar uma culpa e uma vergonha muito grandes por causa do seu passado. Pegando em sua mão, Sharon lhe explicou que, apesar de ser doloroso conviver no grupo com um homem que cometera o mesmo mal que havia sido feito a ela, o fato de ele lidar com a própria culpa era algo que o namorado dela nunca fora capaz de fazer. Além disso, a despeito da própria dor, ela disse que foi benéfico testemunhar um homem confrontando seu passado violento de modo tão genuíno. Disse que nunca vira um homem agir assim, e estava grata por isso. Brenda fez um gesto parecido alguns minutos depois.

Mike atingiu outro nível de entrega e humildade, transformando aos poucos o seu estado, através de soluços simultâneos de tristeza e gratidão. As duas mulheres sentaram-se ao lado de Mike, unidas e chorando, enquanto seguravam delicadamente as mãos dele. Os três se abraçaram com carinho, criando, entre eles, um ritual espontâneo de "perdão". Ao testemunhar esse processo, o grupo inteiro se deixou arrebatar, e lágrimas sinceras e copiosas derramaram-se em resposta à beleza daquele extraordinário momento de cura.

Momentos maravilhosos de cura profunda como esse são parte natural e integrante do processo de reconciliação de gênero. Às vezes, as pessoas supõem erroneamente que tais joias da cura coletiva só surgem num grupo depois de cada participante ter concluído a tarefa de purificar e curar suas feridas pessoais. Mas não é esse o caso. Ao contrário, esses momentos preciosos de cura ocorrem naturalmente mesmo quando apenas alguns indivíduos estão dispostos a caminhar sobre o fogo e transformar-se nos instrumentos por meio dos quais agirão uma sabedoria e um amor mais amplos. E esses momentos de cura servem não só para inspirar o grupo ou a comunidade mais ampla, mas também para aprofundar a confiança e a integridade necessárias ao desenvolvimento do próximo estágio de cura. Assim, o processo de cura de gênero avança em estágios, retirando camadas cada vez mais profundas – como o proverbial descascar da cebola. A cada passo se aprofundam a confiança e união do grupo, criando as condições para que o próximo passo seja dado. A intimidade e comunhão crescentes são, portanto, parte intrínseca do processo de reconciliação de gênero, e não meramente um "presente" ou prêmio que é oferecido no "final".

O surpreendente no trabalho de reconciliação de gênero é que seu verdadeiro alicerce e motivação interior é o anseio, dentro de cada coração, por amor e união místicos. No entanto, tal anseio está camuflado em alto grau e, por isso, assume várias aparências: como polaridades masculina e feminina, ou como dilemas de relacionamento, ou como dinâmicas de opressão, poder e desejo. Todas essas camuflagens e convoluções ocorrem no mundo, e nós os vivenciamos frequentemente como "problemas" que precisam ser tratados e curados. De alguma maneira buscamos um trabalho de cura, esperando resolver esses problemas, e a cura realmente acontece.

Contudo, ao mesmo tempo ocorre algo mais e que está bem além daquilo que perseguimos, pois o trabalho de gênero, em seu âmago, busca desatar um nó radical e convoluto que, depois de desatado, revela o profundo impulso místico que está por trás do desejo humano. O que torna o gênero algo tão poderoso de ser trabalhado é o fato de que esse nó é um conglomerado de forças primordiais e múltiplas firmemente entrelaçadas. Dentre essas forças incluem-se: (a) as dinâmicas patriarcais da repressão e da injustiça, que são antigas e profundamente enraizadas na psique humana; (b) o anseio íntimo do coração humano por amor; (c) o desejo por paixão e expressão sexual; e (d) a aspiração humana pelas formas mais profundas de intimidade, tanto com os outros seres humanos quanto com o Divino. Esse complexo nó distingue os trabalhos de diversidade de gênero de todos os outros trabalhos que envolvem a diversidade, pois ele entrelaça os milhares de anos de violência sexual e injustiça de gênero com a intensidade da paixão sexual e com a ardente necessidade de intimidade profunda que tem o nosso coração.

O trabalho de gênero é o único que conduz os anseios mais sutis e vulneráveis do coração humano até o ponto central das complexas questões que envolvem poder, sobrevivência, governo, cultura, justiça e moralidade. Por essa razão estamos convencidos de que desatar o nó de gênero facilitaria imensamente o trabalho de desatar as várias outras injustiças estruturais da nossa sociedade. A desarmonia de gênero está no âmago de muitas das injustiças humanas e sociais; portanto a cura de gênero é fundamental para curarmos os múltiplos níveis da nossa sociedade e para revelarmos e transformarmos as verdades mais profundas da condição humana.

8

Além das palavras: A cura transformacional em comunidades

> *Todas as coisas verdadeiras são dadas e recebidas em silêncio.*
> – Meher Baba

O trabalho de reconciliação de gênero traz à tona desafiadoras dinâmicas emocionais, interpessoais e grupais cujas raízes psicológicas e culturais são persistentes e duradouras. Uma navegação segura e eficaz por esses mares, às vezes arriscados, às vezes voláteis, requer modalidades aprimoradas de trabalho de grupo, que vão muito além do diálogo e da comunicação verbal. A cura e a reconciliação autênticas entre homens e mulheres raramente ocorre por meio de simples trocas e diálogos. A comunicação verbal, embora de vital importância, é fundamentalmente limitada como veículo para promover uma cura e uma transformação duradouras. Outras dimensões da consciência e da percepção sensível também precisam ser empregadas e, para esse propósito, os métodos experimental, transpessoal e contemplativo são inestimáveis para a facilitação da cura profunda entre os sexos. Várias dessas práticas e habilidades, usadas no trabalho de reconciliação de gênero do Satyana Institute, estão delineadas neste capítulo.

As atuais pesquisas sobre a consciência abriram novos portais para a exploração e a compreensão das esferas mais profundas da consciência humana, esferas que foram até agora basicamente negligenciadas pela psicologia ocidental. O campo emergente da psicologia transpessoal e o interesse crescente, nos dias de hoje, pelas práticas espirituais, pelas modalidades alternativas de cura e pelos rituais das diversas tradições culturais estão criando um terreno fértil de novas possibilidades para trabalharmos eficazmente com os desafios da cura e da reconciliação de gênero. O psiquiatra Stanislav Grof, um importante pioneiro da psicologia transpessoal, enfatiza que a atual sociedade ocidental é a única cultura do mundo que parece acreditar que as pessoas podem transformar seus dilemas psicológicos e espirituais simplesmente falando a respeito deles; como, por exemplo, na psicoterapia cognitivamente orientada. Todas as outras culturas ao redor do mundo – tanto as antigas quanto as contemporâneas – reconhecem que alguma forma de consciência contemplativa ou não ordinária é vital para o processo de cura e transformação.

Este capítulo investiga três diferentes classes de modalidades utilizadas no trabalho de reconciliação de gênero: trabalho de respiração experimental, técnicas contemplativas e processos rituais.

Trabalho de respiração experimental

Práticas respiratórias de vários tipos têm uma história longa e consagrada pelo tempo em muitas das tradições espirituais do mundo. Exercícios específicos para intensificar, controlar ou reter a respiração têm sido utilizados em muitas culturas para despertar os níveis profundos de consciência e percepção espiritual. Dentre as tradições que incorporam as práticas respiratórias estão o kundalini-yoga e sidha-yoga (*bastrika*), o raja-yoga e kriya-yoga (*pranayama*), o budismo tibetano vajrayana, o sufismo, o budismo birmanês (*tummo*), o taoismo e muitas outras. Formas mais sutis de disciplina respiratória também são encontradas no budismo theravada (*vipassana*), no zen e em certas práticas taoistas e cristãs.

Em todos esses casos, os exercícios focados na respiração ("trabalho de respiração") servem para despertar os níveis interiores de percepção consciente do praticante. Algumas práticas respiratórias ativam poderosas energias curativas no corpo/mente/psique e transportam a consciência para níveis mais profundos onde a cura e a transformação possam ocorrer. O trabalho de respiração tem, portanto, uma aplicação bastante eficaz na reconciliação de gênero.

As formas yogues de trabalho de respiração permitem que os participantes mantenham-se presentes e atuem de modo hábil em meio às intensas emoções que o trabalho de gênero pode despertar. Elas também permitem que os participantes desloquem e estabilizem a própria consciência e acessem a própria sabedoria interior.

No trabalho de reconciliação de gênero do Satyana temos utilizado várias modalidades de trabalho de respiração, incluindo o Trabalho de Respiração Holotrópica, renascimento, BRETH e respiração *tummo*, bem como formas mais contemplativas de respiração meditativa. Temos aplicado amplamente o Trabalho de Respiração Holotrópica, no qual o autor deste livro obteve seu certificado em 1990, depois de três anos de treinamento intensivo com Stanislav e Christina Grof. No Esalen Institute, os Grofs e seus colegas experimentaram durante muitos anos vários tipos diferentes de práticas respiratórias – extraídas tanto das tradições espirituais como das modalidades experimentais da psicologia humanista. A partir dessa base, os Grofs desenvolveram a metodologia holotrópica, delineada a seguir.

Para os leitores não familiarizados com trabalhos respiratórios, talvez seja difícil imaginar que um simples trabalho com a respiração possa causar algum tipo de efeito significativo. Todavia, as práticas respiratórias são capazes de despertar de maneira notável as dimensões profundas da consciência e da percepção, e é por isso que são empregadas tão amplamente pelas tradições espirituais. Como Grof observa: "A menos que o indivíduo tenha testemunhado ou experimentado pessoalmente esse processo, é difícil acreditar, apenas teoricamente, no poder e na eficácia dessa técnica."[1]

Trabalho de respiração holotrópica

A apresentação completa dos princípios e da prática do Trabalho de Respiração Holotrópica aparece em diversos dos livros de Grof, portanto oferecemos aqui apenas um resumo.[2] A técnica holotrópica combina a respiração rítmica prolongada com música evocativa e trabalho corporal focalizado. O processo fornece um ambiente seguro e protegido que permite aos participantes investigar um leque amplo de experiências e de áreas no interior de sua consciência. Tipicamente, a prática ativa uma "jornada interior" ou investigação introspectiva, durante a qual o praticante se dá conta das dimensões mais profundas da própria consciência, não raro com uma relevância ou um significado decisivo para sua vida. Na prática, o processo holotrópico é normalmente feito com pares de participantes, de modo que, para cada pessoa que pratica a respiração intensificada, seja designada uma "babá" para acompanhá-la durante a sessão. Portanto, o trabalho de respiração é geralmente feito em duas sessões consecutivas; na primeira sessão, metade do grupo faz o papel de "respirador", enquanto a outra metade faz o papel de "babá"; na sessão subsequente, os papéis se invertem.

O trabalho de respiração serve para unir e catalisar o grupo de praticantes de várias e importantes maneiras. Primeira, propicia para cada indivíduo um intenso trabalho interior, que geralmente é acompanhado por novas ideias ou por experiências de cura. Segunda, o processo de trabalho de respiração cultiva uma forma especial de conexão e intimidade entre o "respirador" e a babá, que é um aspecto forte da experiência. Terceira, o trabalho de respiração cria, no grupo, um campo sutil – em geral, bastante palpável – formado por uma percepção e uma "energia curadora" coletivas que permitem a todos os participantes oferecerem uns aos outros um testemunho compassivo do seu trabalho interior. Finalmente, num significativo desvio da prática tradicional do Trabalho de Respiração Holotrópica, pedimos algumas vezes que todo o grupo coloque uma intenção coletiva no processo respiratório; por exemplo, a intenção de que o processo respiratório dará suporte a uma cura e reconciliação mais profundas entre os sexos. No decorrer do processo respiratório, esses diferentes níveis de experiência e interligação operam simultaneamente, mesclando-se e se sobrepondo de maneira intrincada – criando muitas vezes no grupo uma experiência curativa intensa e transformadora.

Uma das características mais decisivas do trabalho de respiração é a de que a experiência de cada pessoa é única e surge a partir de sua própria sabedoria interior. Assim, o espaço interior da psique de cada participante fica plenamente acessível a uma livre autoinvestigação. Especialmente importante, mesmo quando há uma intenção coletiva e declarada, é os facilitadores ou os líderes de grupo jamais dirigirem ou moldarem as experiências dos participantes, e também não direcionarem nem decidirem o que "deveria" acontecer durante o trabalho de respiração. A experiência particular de cada pessoa é aceita e recebida como a experiência apropriada para aquela pessoa naquele momento. Os facilitadores e os outros participantes são desencorajados a fazer interpretações psicológicas das experiências que brotam no trabalho de respiração, já que a experiência individual fala por si mesma, a partir da própria sabedoria do praticante.

O leque de experiências que ocorrem no trabalho de respiração foi mapeado em detalhes por Grof, naquilo que ele chama de "cartografia da psique". As experiências com o trabalho de respiração classificam-se dentro de três grandes campos de características qualitativas, chamados de *biográfico*, *perinatal* e *transpessoal*. O nível biográfico se refere à história de vida pessoal do indivíduo; o nível perinatal se refere às experiências relacionadas ao nascimento e à morte; e o nível transpessoal se relaciona com as experiências que transcendem a identidade pessoal do indivíduo, inclusive as experiências mitológicas e espirituais. Portanto, o terreno experimental que se revela no trabalho de respiração é rico e imenso – análogo ao leque de experiências que ocorrem nos sonhos, na meditação, na oração e em outras disciplinas contemplativas ou espirituais.

Talvez os leitores céticos questionem o valor ou a importância dessas técnicas e, particularmente, sua aplicação na reconciliação de gênero e nos trabalhos de cura correlatos. Tal ceticismo é compreensível, especialmente se levarmos em conta que a ciência ocidental e as disciplinas da psicologia e da psiquiatria ainda não aceitaram as experiências espirituais e psicológicas profundas que resultam de práticas conscientes, tais como o trabalho de respiração, a meditação e outras disciplinas contemplativas. Aliás, essas experiências são frequentemente descartadas ou mesmo classificadas como patologias clínicas – em especial, aquelas que têm um caráter transcendente ou espiritual. Como Grof aponta ironicamente,

> A literatura psiquiátrica contém numerosos artigos e livros que examinam qual seria o diagnóstico clínico mais adequado para muitas das grandes figuras da história espiritual. São João da Cruz tem sido chamado de um "degenerado hereditário", Santa Teresa de Ávila é classificada como psicótica histérica grave e as experiências místicas de Maomé são atribuídas à epilepsia [...] Vários outros personagens religiosos ou espirituais, tais como Buda, Jesus, Ramakrishna e Sri Ramana Maharshi, têm sido vistos como portadores de psicoses por causa de suas experiências visionárias e "ilusórias" [...] Ao classificar como patologias os estados holotrópicos de consciência, a ciência ocidental classifica como patológica toda a história espiritual da humanidade.[3]

No entanto, essa situação está agora começando a mudar de modo significativo em muitas áreas da corrente dominante das profissões ligadas à saúde. A legitimidade e o valor das disciplinas espirituais e contemplativas estão se tornando cada vez mais reconhecidos. A meditação e outras práticas contemplativas estão sendo introduzidas em numerosas organizações seculares de profissionais ligados às áreas legal, acadêmica e de serviço, com excelentes resultados e uma crescente demanda por aplicações mais amplas.[4] Modalidades experimentais, inclusive métodos como o Trabalho de Respiração Holotrópica, estão sendo progressivamente reconhecidas como ferramentas indispensáveis para estimular um nível profundo de cura, autoindagação e integração psicológica que é difícil de ser alcançado por outros meios.

Aplicação do trabalho de respiração na reconciliação de gênero

Talvez a melhor maneira de demonstrar o valor do trabalho de respiração na cura de gênero seja oferecer vários exemplos ilustrativos. Todos os episódios narrados a seguir ocorreram no contexto de workshops de gênero do Satyana Institute.

O exemplo inicial descreve o primeiro contato de uma participante com o trabalho de respiração, em que ela passou por uma experiência de nascimento, seguida de uma intensa abertura ao amor universal. Essa forte "abertura do coração", apesar de ser muitas vezes dramática, não é incomum no trabalho de respiração.

> Eu me senti como se estivesse num percurso muito intenso, conforme me contorcia e girava, sempre empurrada para a frente. Eu ouvia a música, mas não me sentia conectada ao grupo ou à sala. Começou a parecer um nascimento. Com muito esforço, eu era pressionada através desse túnel. Depois do que pareceu um longo tempo, fui empurrada desse lugar e explodi dentro do maior amor que senti na vida. Chorei de amor e profunda gratidão. Senti-me abençoada. Ali relaxei, naquela vastidão e naquele amor. Não havia a sensação do corpo, apenas o amor.
> De repente, tomei consciência de que a música na sala havia parado e fiquei curiosa de saber por quê. Parecia que só poucos minutos tinham se passado quando, na verdade, foram duas horas e meia. Assim que abri os olhos, perguntei: "Eu fiz o exercício?" A sala parecia tão escura quando comparada ao lugar brilhante em que eu tinha estado. A minha babá estava ao lado e tinha me coberto para me manter aquecida.
> Foi realmente uma experiência maravilhosa. Ao meditar sobre essa experiência nos dias seguintes, veio a sensação de ter o coração transpassado

pelo amor [...] Sinto agora que, de algum modo, estou um pouco mais forte. Estou um pouco mais luminosa e os conflitos da vida não me sobrecarregam mais. Sinto-me grata por tudo o que aconteceu.

O próximo exemplo envolve uma mulher cujo pai morreu quando ela estava com 6 anos. O trauma de infância determinou seus relacionamentos com os homens ao longo de toda sua vida. Durante o trabalho de respiração, ela empreendeu uma viagem ao seu mundo interior, conduzida por um Guia que já encontrara em sonhos e em exercícios de imaginação ativa. Nessa viagem ela encontrou seu pai. "O encontro com meu pai foi incrivelmente curador e catártico. Ele me encorajou [...] disse que esteve cuidando de mim durante todos esses anos [...] até me aconselhou sobre meu futuro e sobre alguns dos meus relacionamentos atuais [...] meu pai começou a verter um líquido vermelho e dourado diretamente no meu coração. A sensação foi de um fluxo contínuo de compaixão e cura preenchendo todo o meu ser. [...] me senti novamente uma menininha no colo do meu pai [...] senti que os anos de dor, saudade e tristeza estavam se dissipando." Mais tarde, ao integrar os numerosos *insights* que afloraram durante a reconciliação com seu pai, essa mulher percebeu que seu encontro visionário também a ajudou a curar alguns dos seus antigos padrões emocionais e sexuais em relação aos homens.

Testemunhamos muitos outros exemplos de poderosas experiências de cura que foram disparadas durante o trabalho de respiração. Embora o conteúdo e os detalhes específicos dessas experiências variem bastante, todas compartilham o fato de que a pessoa que faz esse trabalho se abre para um novo nível de percepção consciente que é único em sua vida, e isso catalisa um processo específico de cura e integração.

O próximo exemplo ilustra a possibilidade de uma intimidade afetuosa entre o "respirador" e a babá, que é facilitada de modo natural pelo trabalho de respiração. Durante o trabalho, Stuart sentiu uma enorme vontade que Mary, sua babá, afagasse seu rosto. "Conforme ela afagava a minha face, comecei a chorar. Mas não um choro de tristeza; o toque era bom e parecia acertado." No final da sessão, Stuart explicou para Mary que aquela vontade era diferente da de seus desejos românticos. Parecia vir de um nível mais profundo e arquetípico, das profundezas do seu ser físico. Enquanto Stuart falava, as lágrimas escorriam por seu rosto. Num certo momento, uma última lágrima começou a descer pelo lado do nariz. Gentilmente, Mary enxugou-a com um lenço. Esse ato de ternura provocou a saída de mais uma lágrima, que Mary secou, provocando a saída de outra, que ela também secou. Ele riu e disse: "Toda vez que você seca uma lágrima, faz sair outra."

Esse tipo de ternura e intimidade entre o "respirador" e a babá não é incomum no trabalho de respiração. O processo permite que eles criem um vínculo de intimidade e cura em que há total segurança e proteção mútuas. Nesse contexto – tão raro na nossa atual sociedade tecnológica –, uma livre troca de sentimentos de afeto e compaixão flui naturalmente a partir da fonte de amor incondicional que reside dentro de todos os seres humanos.

Nessa tocante cena, em que cada lágrima secada provoca a saída de outra, está representada uma profunda verdade relacionada ao amor espiritual: a dor do coração é o único remédio que cura o coração partido. Esse processo místico de cura é belamente descrito por São João da Cruz (citado na p. 239, no último capítulo).

Depois de refletir sobre essa experiência, Stuart observou: "Que maravilhoso símbolo para a cura de gênero! Toda vez que o feminino seca uma lágrima do masculino, provoca a saída de outra lágrima. A ternura do feminino faz com que o masculino se suavize, o feminino se fortaleça e ambos cresçam juntos. [...] Precisamos um do outro nesse nível básico, apesar de tantas vezes nos mantermos distantes, quase que intencionalmente, contra nosso profundo desejo de ficar juntos."

Não só as mulheres podem "estar presentes" para os homens, como ilustrado acima, mas também eles podem "estar presentes" para elas. Assim relatou uma mulher: "A parte mais forte do trabalho de respiração de hoje [...] foi observar que a maioria dos homens esteve presente para as suas parceiras. Pela minha experiência de vida, toda vez que a situação fica difícil, em especial emocionalmente, os homens caem fora. Hoje vi homens chorando e apoiando as mulheres que choravam. A ternura, a gentileza e o amor desses homens me surpreenderam. Absorvi essas belas imagens e elas vão me ajudar a eliminar as crenças do tipo 'nenhum homem presta' e 'não dá para confiar nos homens'."

Um exemplo final ilustra outro nível de experiência com a respiração, que se encaixa dentro das dimensões mitológicas ou arquetípicas catalisadas pelo processo de cura de gênero. Nesse caso, depois de o grupo ter processado intensivamente os desafios das dinâmicas de gênero na sociedade, uma das participantes passou pela seguinte experiência: ao relaxar, seu corpo focou-se na liberação de uma energia impetuosa e combativa; conforme percebia os grilhões que a prendiam, e a todas as mulheres através dos tempos, manifestaram-se nela as diferentes polaridades de Kali, a deusa hindu da criação e da destruição: "A mãe compassiva e a selvagem batalhadora por justiça vieram à tona e formavam uma única deusa."

Os exemplos acima nos mostram como o trabalho de respiração pode contribuir para a cura de gênero. O trabalho de respiração é essencial para treinar o grupo a permanecer presente durante a manifestação das poderosas energias emocionais e aceitar de modo eficaz as dinâmicas desafiadoras, em vez de evitá-las ou permitir que elas desencaminhem o processo grupal. Isso cria proteção e segurança diante dos distúrbios emocionais, tanto no nível individual quanto no grupal, e permite que o grupo avance pelas situações desafiadoras, onde muitos outros grupos nem tentariam navegar.

Outros exemplos do impacto do trabalho de respiração na cura de gênero são apresentados mais adiante, particularmente no Capítulo 10, sobre a África do Sul.

Práticas contemplativas

"O silêncio fala com incessante eloquência." Esse aforismo do sábio hindu Ramana Maharshi resume, numa simples frase, o extraordinário dom da meditação e das práticas contemplativas. Um conselho parecido com esse e muitas vezes ouvido durante os encontros de oração dos quakers é: "Não fale, a menos que você possa aperfeiçoar o silêncio."

O uso consciente do silêncio serve para facilitar e aprofundar o delicado processo de cura de gênero. Antes de tudo, o silêncio convida as pessoas a ouvir mais intensamente dentro de si mesmas, o que as ajuda a se conectar com a própria sabedoria interior. Aprender a ouvir profundamente dentro de si mesmo é, com toda probabilidade, a prática espiritual mais universal, encontrada em todas as tradições. O silêncio também ajuda os participantes a integrar os níveis complexos ou conflituosos da experiência, o que costuma caracterizar o trabalho de gênero, pois ele combina simultaneamente uma intensiva investigação externa e uma intensiva percepção consciente interior.

Meditação e prece

A prática da meditação está se difundindo cada vez mais como uma poderosa ferramenta para explorarmos e transformarmos os domínios profundos da consciência. Há uma quantidade imensa de livros excelentes sobre a meditação nas várias tradições, portanto, em vez de repetir o que está belamente descrito em outros lugares, vamos contar uma simples história educativa que captura algo essencial sobre a natureza da prática da meditação:

Discípulo: Qual é a essência da meditação?
Mestre: Você já reparou que entre um pensamento e o seguinte existe um intervalo?
Discípulo: Sim...
Mestre: Prolongue o intervalo.

Claro, essa técnica de silenciar a mente é apenas uma das muitas e diferentes abordagens à meditação, mas a prática da meditação geralmente envolve a necessidade de parar de perseguir as ondas incessantes dos pensamentos na superfície da mente, para então mergulhar no oceano oculto da consciência. São praticadas numerosas formas de meditação nas diversas tradições; alguns métodos ensinam a focar a atenção num objeto de meditação previamente escolhido, ou dissolver os pensamentos num oceano de amor dentro do coração, enquanto outras práticas requerem que a pessoa esteja plenamente presente e aberta a tudo aquilo que aflorar à sua consciência (sem se apegar a nada). O poder da prática de meditação é profundo, estando bem além daquilo que pode ser resumido aqui. Para os nossos propósitos é suficiente dizer que a prática da meditação ao longo do tempo cultiva, no interior do praticante, uma percepção, uma sensibilidade e um silêncio profundos, momento após momento, e desperta gradualmente as qualidades inatas da sabedoria e da compaixão.

Num contexto de grupo, a meditação silenciosa serve para congregar a comunidade de uma maneira íntima e não verbal, semelhante àquilo que é frequentemente vivenciado nos retiros espirituais e contemplativos. O silêncio também ajuda a criar uma atmosfera autêntica e íntegra, que, em troca, oferece apoio a cada pessoa para que ela se conecte mais intensamente com seu interior antes de se expressar. O uso criterioso do silêncio ou da meditação grupal é especialmente importante nas ocasiões em que se aborda um tópico sensível ou difícil, ou quando surge uma verdade ou uma história pessoal especialmente tocante. Uma prática similar é a do "sino da atenção plena", utilizada pelo monge vietnamita Thich Nhat Hanh. Em determinados momentos, um sininho é tocado em meio ao grupo, e nesse instante todos param o que estiverem fazendo e permanecem em meditação silenciosa durante o tempo de três respirações. Isso traz as pessoas para o momento presente antes que elas retomem o que estavam fazendo no instante em que o sino tocou. Descobrimos que o sino da atenção plena é uma ferramenta particularmente útil no trabalho de gênero.

O termo "prece" costuma carregar uma forte conotação religiosa. Pelo fato de o trabalho de gênero atrair pessoas das mais diferentes influências religiosas, inclusive algumas com uma intensa prática de orações e outras que não se identificam com nenhuma religião em particular, nós trabalhamos geralmente com o silêncio sob a forma de meditação ou de práticas contemplativas simples, e os praticantes são encorajados a utilizar qualquer prática interior que seja adequada às suas necessidades. O contexto espiritual do trabalho de reconciliação de gênero não é sectário e engloba todo o leque das tradições espirituais autênticas.

Portanto podemos dizer que: se, num contexto mais amplo, definirmos "prece" como a invocação de uma sabedoria maior ou de uma compaixão universal –, então a prece é definitivamente um aspecto fundamental do trabalho de reconciliação de gênero. Durante o trabalho acontece de vários indivíduos, de um grupo qualquer, estarem engajados em suas próprias preces interiores, mas também há momentos em que o grupo entra coletivamente num estado de frágil sensibilidade ou vulnerabilidade, num processo emocional intenso ou numa refinada comunhão com o "Amado". Nesses instantes, o coração de todos os presentes fica completamente alinhado e sutilmente entrelaçado, num estado que só pode ser descrito como uma profunda prece coletiva. Isso cria um campo de "energia do coração" que é extremamente poderoso e serve para catalisar possibilidades extraordinárias de cura e transformação. Vistas nesse contexto, tanto a meditação como a prece são fundamentais para o trabalho de reconciliação de gênero do Satyana, sendo que desempenham diferentes papéis em diferentes momentos.

Uma forma avançada de prática de meditação ou de percepção consciente, encontrada em várias tradições, envolve o "simplesmente esteja" com aquilo que é. O sábio indiano Krishnamurti cunhou o termo *choiceless awareness* ("consciência absoluta") para se referir a essa vasta categoria de prática. Apesar das diferenças entre as abordagens específicas das diferentes tradições, tais como a abordagem *shikantaza* do zen, a *jnana* do vedanta ou a *dzogchen* do budismo tibetano, todas essas práticas possuem algo em comum. Sua essência consiste em a pessoa sentar-se num estado de percepção aberta e receptiva, e permanecer conscientemente centrada em qualquer coisa que aflore. É claro que, como em todas as práticas meditativas, isso não é tão fácil quanto parece. Requer um alto grau de sensibilidade, presença e atenção disciplinada que geralmente exige anos de prática regular para se desenvolver. Também requer que nenhuma área da consciência seja explicitamente evitada ou preferencialmente buscada. Algumas vezes vêm à tona *insights* dolorosos ou desafiadores, que exigem grande disciplina e coragem do praticante para não os descartar. Outras vezes, emergem níveis extremamente sutis da consciência que passariam totalmente despercebidos se não houvesse a sintonia fina da sensibilidade, adquirida pela prática da percepção consciente.

Testemunho coletivo

O trabalho de reconciliação de gênero pode ser visto como uma forma particular de prática de "consciência absoluta", realizada em ambiente grupal. Se a prática de meditação descrita acima é uma forma de testemunho *individual* dentro da prática de consciência absoluta, então o trabalho de reconciliação de gênero pode ser visto como uma forma de testemunho *coletivo* dentro da prática de consciência absoluta. A principal diferença é que em lugar de uma prática silenciosa de testemunho individual, o processo é conduzido num ambiente coletivo, que requer uma forma de comunicação testemunhal dentro do grupo.

Quando um grupo de homens e mulheres se entrega a um trabalho de cura de gênero, um intenso processo, dentro da percepção consciente grupal, começa a deslindar aquilo que antes estava secretamente guardado na consciência individual ou no inconsciente. Quando um material doloroso ou desafiador aflora, a tarefa do grupo é encarar esse material e examiná-lo, em vez de polidamente evitá-lo, como sempre o fazemos (apropriadamente!) nos ambientes públicos da nossa vida diária. Por exemplo, num workshop intensivo, um marido optou por revelar à esposa – na frente de todo o grupo – que ele tivera um caso amoroso num passado não muito distante. Sua confissão criou uma dinâmica muito forte que envolveu não só o casal como o grupo inteiro. Em outro workshop, chorando bastante, uma mulher confiou ao grupo que ela havia abusado fisicamente do filho quando ele era pequeno. Em ambos os casos, essas revelações cheias de significado foram apresentadas ao grupo todo; então a comunidade foi chamada a se dedicar àquele material junto com os envolvidos, e a fazer isso num ambiente pleno de sabedoria e testemunho compassivo. Enfim, o que é essencial para a comunidade nesses momentos é manter a percepção aberta e receptiva, permanecendo conscientemente centrada em qualquer coisa que venha à tona. Mas isso é mais fácil de ser dito do que de ser feito. Não é incomum que um ou mais participantes do grupo seja emocionalmente acionado por aquilo que aflora e responda de acordo com suas projeções, julgamentos, medos ou necessidades pessoais. Por isso, uma chave para o trabalho – o "trabalho" do trabalho, por assim dizer – é, para quem o conseguir, permanecer num estado de testemunho compassivo e focado. Sua presença consciente ajuda a manter o ambiente adequado para aqueles que expuseram seu material doloroso, de modo que qualquer *insight* e resolução que emergir seja elaborada. Portanto, o processo grupal espelha com bastante exatidão aquilo que ocorre na meditação individual quando a pessoa confronta o material de sua sombra particular.

O mestre zen Bernie Glassman chama de "postura de testemunha" (*bearing witness*) a esse tipo de prática e, à prática de comunicação associada, ele batizou de "meditação falada", as quais surgiram dentro da Peacemaker Order, fundada por ele. Assim Glassman descreve a prática:[5]

> Começamos a partir do desconhecido, então testemunhamos e a cura vem.
> Quando testemunhamos, nós nos tornamos a situação [...] Logo que ouvimos com todo o nosso corpo e a nossa mente, a ação amorosa surge. E ela se inicia no estado de desconhecimento, com o voto de abandonarmos nossas respostas condicionadas e penetrarmos no desconhecido. Quanto mais amplo o testemunho, mais ampla e mais intensa será a cura.
> Certos silêncios não ajudam, eles ferem. É importante você contar sua história, dizer onde machuca. Na Peacemaker Order, chamamos a isso de meditação falada. Se não falarmos das feridas, a cura não chegará.

Os "silêncios que não ajudam" são muito numerosos nos domínios do gênero e da sexualidade. No trabalho de reconciliação de gênero, esses silêncios têm finalmente a oportunidade de ser verbalizados e testemunhados – num ambiente grupal que proporciona segurança, respeito e suporte especializado. À medida que esse processo de desvendamento se desenrola, as histórias e experiências pessoais mais intensas e ocultas começam a emergir, catalisando assim a alquimia da cura coletiva. Esse processo de revelação ajuda o grupo a alcançar níveis de comunicação cada vez mais autênticos e sensíveis, os quais, em troca, produzem um silêncio mais amplo. O comprometimento coletivo em práticas contemplativas ajuda a criar um campo invisível de "energia do coração" que catalisa o processo curativo e eleva as interações grupais a níveis superiores de propósito, intimidade e sutileza.

Ritual e celebração

O ritual e a celebração formam o terceiro componente essencial do trabalho de reconciliação de gênero. O ritual abrange o cultivo intencional de uma interação criativa entre o reino espiritual ou arquetípico e o reino da vida material cotidiana. O ritual eficaz combina a criatividade espontânea com uma invocação profunda dos ideais e simbolismos universais, aplicados a um tema ou situação particular de um grupo. No trabalho de reconciliação de gênero, os homens e mulheres criam, cada um por seu lado, um ritual que é oferecido ao outro gênero como um meio de abençoar e honrar "o outro", bem como o masculino e o feminino.

No Ocidente, perdemos em grande escala a conexão com a riqueza e o poder associados às cerimônias sagradas ou ritualizadas, as quais são parte integrante de muitas culturas ao redor do mundo. Os ideais ocidentais fortemente individualistas, combinados com as inumeráveis distrações que entorpecem a mente em nossa sociedade, têm cobrado um alto tributo, e nós, contemporâneos, temos relativamente poucos meios de conexão criativa com os mistérios mais universais da vida. O trabalho de cura e reconciliação de gênero fornece uma via para recuperarmos uma parte desse terreno fértil e rico, de uma maneira relativamente natural e não ameaçadora. No Capítulo 5 demos um exemplo de como funciona o processo ritualístico na reconciliação de gênero.

O ritual pode ser definido como a invocação e a inclusão do reino espiritual no mundo manifesto. Engloba o encontro de diferentes reinos, em que o espírito, a alma e o mundo se entrelaçam. Os praticantes ocidentais estão cada vez mais procurando os mestres ritualistas de outras culturas, tais como os africanos Malidoma Somé e Sobunfu Somé, para aprender como integrar eficazmente os rituais ao trabalho com processos grupais intensivos.

Para ser significativo, um ritual precisa invocar, de alguma maneira, a presença ou o simbolismo de um ideal mais elevado, de um "arquétipo" ou de uma energia espiritual, e manifestá-lo no mundo real e prático. O ritual eficaz combina espontaneidade e originalidade com o compromisso sincero dos participantes. É necessário que o projeto do ritual não seja complicado. Na verdade, o ingrediente fundamental de um ritual eficaz não é um cenário elaborado nem uma coreografia complexa, mas a intenção e entusiasmo sinceros por parte das pessoas envolvidas. Alguns dos rituais mais poderosos que presenciamos no trabalho de cura de gênero foram justamente aqueles que tinham uma estrutura mais simples. O ritual concede um significado interno autêntico ou permite que esse significado venha à tona no contexto de um processo cerimonial.

Os rituais permitem que a comunidade, como um todo, supere a forma cognitiva e dialogal de comunicação, e empregue suas faculdades intuitivas ou criativas, bem como sua sabedoria sinestésica corporal. Na prática, um ritual típico poderia incluir uma dança circular simples e uma cantilena, canto ou percussão rítmica. Pode ser enriquecido por velas ou perfumado com incenso. Pode inspirar o oferecimento de lavagem de pés, unção com óleo ou alguma brincadeira, com um espírito de sagrada fraternidade.

Na reconciliação de gênero, às vezes, o processo ritualístico ocorre espontaneamente e, outras vezes, é intencionalmente planejado. Em ambos os casos, os rituais costumam ser orquestrados pelos próprios participantes. Para darmos um exemplo: pode acontecer de uma pessoa revelar ao grupo algo que é tão desafiador, pertinente ou doloroso que surge a necessidade imediata de criarmos um processo especial para tratar dessa questão em particular. Em tais casos surge algum tipo de processo curativo espontâneo ou de atividade grupal que é, de fato, um ritual criativo que se adapta à ocasião. Um exemplo desse ritual é o círculo masculino, analisado no Capítulo 4.

O uso mais comum dos rituais no trabalho de reconciliação de gênero acontece próximo ao final do evento quando os homens se reúnem e criam uma oferenda para homenagear as mulheres e as mulheres se reúnem e criam uma oferenda similar para os homens. Essa forma de ritual "autogerado" fornece um veículo para a criatividade espontânea e para a colaboração grupal. Aos homens e mulheres é dada uma oportunidade única de oferecer uns aos outros uma espécie de "bênção" – um processo que beneficia tanto o doador como o receptor.

Intimidade dentro da comunidade

A cura transpessoal e o processo ritualístico coletivo têm a profunda capacidade de intensificar a intimidade dentro de uma comunidade e cultivar novos níveis de respeito, empatia e compreensão mútuos. Uma vez vivenciados ou percebidos, esses processos frequentemente evocam uma sabedoria e poder espontâneos que transcendem a visão original do grupo, e misteriosamente transformam o bem-estar emocional, e mesmo físico, de todos os indivíduos envolvidos. Esses poderosos fenômenos formam um dos elementos que integram a reconciliação de gênero e a cura coletiva em comunidade. Eles servem para evocar milagres e recuperar nossa reverência inata em relação à vida, um fenômeno bem conhecido em outras culturas que se dedicam rotineiramente a cerimônias espirituais e ritualísticas coletivas. O trabalho de reconciliação de gênero oferece um portal natural para que essas experiências ricas e nutridoras retornem à sociedade ocidental.

9

Maher-Bharata: Reconciliação de gênero na Índia

*A verdade é uma só. Os sábios chamam-na
por muitos nomes.*
– Rig Veda

Era uma tarde pacífica e ensolarada de 1991 em Pune, na Índia. A irmã Lucy Kurien atendeu a insistente campainha da porta da frente de seu convento. Sob o pórtico estava uma mulher, moradora do prédio vizinho. Visivelmente transtornada, a mulher se apresentou como Renuka e pediu para falar com uma das freiras. A irmã Lucy explicou que, no momento, estava sozinha em casa e convidou Renuka para entrar e tomar uma xícara de chá. Renuka ficou agradecida por esse gesto e começou então a revelar sua história.

Nos últimos meses, seu marido se tornara progressivamente mais violento com ela e, a cada episódio que se repetia, a raiva e o abuso cometidos por ele cresciam em intensidade. Renuka mostrou à irmã Lucy vários cortes e contusões, alguns dos quais recentes, da noite anterior. Ela estava no sétimo mês de gravidez e algumas das contusões se localizavam no seu abdômen dilatado. Renuka perguntou a Lucy se esta podia lhe oferecer abrigo, pois não tinha para onde voltar e, agora, temia por sua vida.

Lucy estava num dilema sobre o que fazer. Escutara bastante concentrada e profundamente silenciosa, e cada vez mais aflita, enquanto sentia crescer sua compaixão por aquela mulher. A história de Renuka tocou um ponto sensível do coração de Lucy, pois já fazia muito tempo que percebia o sofrimento incomensurável suportado por tantas mulheres na Índia. Lucy era indiana e, como as outras irmãs do convento, nascera e fora criada em Kerala, numa família católica indiana. Lucy queria oferecer refúgio a Renuka, mas não havia um precedente para esse tipo de pedido e ela não tinha autorização para tomar uma decisão. Precisava obter a permissão da madre superiora antes de agir num caso como esse, mas a madre superiora só voltaria no dia seguinte. Portanto apenas ouviu; quando Renuka terminou sua história, Lucy perguntou há quanto tempo ela estava casada. Renuka respondeu que há três anos, então Lucy perguntou se ela convivera com o marido durante todo esse tempo. Renuka respondeu que sim. Baseada nessas informações, Lucy achou que não haveria problema se esperassem mais um dia; pediu então a Renuka que voltasse na tarde seguinte, ocasião em que poderia encaminhar o pedido para a madre superiora. Nesse intervalo, Lucy oferecia sua compaixão e assegurou a Renuka que se lembraria dela em suas orações. Deram um abraço longo e apertado, depois Renuka partiu.

Mais tarde, naquela noite, quando a irmã Lucy estava fazendo suas preces noturnas, foi interrompida bruscamente por um grito apavorante, vindo de algum lugar das vizinhanças. Os gritos continuaram enquanto Lucy corria para fora para ver o que estava acontecendo. Seguiu os sons até o conjunto de prédios vizinhos. Ao virar uma esquina, Lucy avistou uma cena terrível: a uns vinte metros à sua frente estava uma mulher envolta em chamas – da cabeça aos pés. Vendo Lucy, a mulher começou a correr na direção dela, gritando "Por favor, me salve!". De repente, Lucy percebeu que não era outra senão Renuka, a mulher que pedira sua ajuda naquela tarde. O marido de Renuka tinha encharcado o corpo dela com querosene, tocado fogo e depois fugido.

Renuka caiu no chão, se contorcendo e gritando, envolta pelas labaredas. Lucy correu para um apartamento que estava com a porta aberta, pegou cobertores e abafou com eles o fogo. Cuidadosamente, enrolou com as cobertas o corpo de Renuka, que estava gravemente queimado. Renuka ainda respirava, porém estava inconsciente. Nesse momento já havia se formado um grupo pequeno de espectadores; Lucy pediu ajuda a eles. Como Renuka ainda respirava, Lucy estava determinada a providenciar-lhe imediatamente cuidados médicos. O corpo de Renuka foi carregado até um riquixá, pois não havia automóvel disponível. Levaram-na para a ala de emergência do hospital mais próximo.

Os médicos examinaram Renuka e disseram a Lucy que mais de 90% do corpo dela estava queimado e pouco se podia fazer. Eles não tinham esperança de que ela vivesse. Lucy lhes implorou que salvassem o bebê. Os médicos levaram Renuka rapidamente para a sala de operações e poucos minutos depois trouxeram o feto. "O que eu recebi nas minhas mãos", contou Lucy depois, "foi – falando friamente – um bebê cozido." Tanto a mãe como a criança morreram naquela noite.

Renuka teve o mesmo horrível destino que está à espera de milhares de mulheres na Índia a cada ano – morrer imoladas. Muitas dessas mulheres são incendiadas pelo marido ou pela sogra porque não cumpriram com as exigências da família do marido em relação aos contínuos pagamentos de dote, ou então são condenadas por ter desapontado as expectativas da família do marido.

Embora proibido por lei desde 1961, o dote oferecido pela família da noiva antes do casamento ainda é amplamente praticado na Índia. Quando o montante do dote não é considerado suficiente ou não é pago antecipadamente, a noiva sofre frequentes molestamentos e abusos. Essa situação pode piorar a tal ponto que o marido ou sua família queimam a noiva viva, geralmente despejando querosene sobre ela e depois ateando fogo. Os registros oficiais desses incidentes são poucos porque costumam ser notificados pelas famílias como acidentes ou suicídios.

Estatísticas precisas sobre as "mortes por dote" são difíceis de ser obtidas na Índia. As estimativas variam muito, mas há um consenso geral de que os assassinatos por dote têm aumentado dramaticamente nos últimos anos. Em Délhi, uma mulher é queimada até a morte a cada doze horas aproximadamente. Em 1988, 2.209 mulheres foram mortas em incidentes relacionados a dotes e, em 1990, foram mortas 4.835. Em 1995, o Departamento Nacional de Crimes do governo indiano comunicou a ocorrência de cerca de 6 mil mortes por dote a cada ano. Mas esses são dados oficiais, amplamente vistos como uma indecente subestimação da situação real. Estimativas extraoficiais, citadas num artigo de Himendra Thakur, de 1999, fazem o número de mortes de mulheres subir para aproximadamente 25 mil por ano, e um número ainda muito maior de mulheres mutiladas e feridas como resultado de atentados contra suas vidas.

A explicação típica dada pela família nesses casos é que a morte medonha foi causada por acidente na cozinha ou pela explosão do fogão a querosene. Para tornar a cena plausível, a vítima é encharcada de querosene e depois lhe tocam fogo – uma maneira absurdamente horrível de morrer. Quando o pretexto de um acidente parece implausível demais, então a morte é atribuída a suicídio. Em ambos os casos é relativamente simples matar uma mulher dessa maneira grotesca na Índia, sem receber qualquer punição legal.

Tipicamente, as autoridades policiais e da justiça criminal não investigam a fundo esses casos. A falta de registros oficiais desse tipo de crime fica evidente em Délhi, onde 90% dos casos de mulheres queimadas são registrados como acidentes e 5% como suicídios. Somente os 5% restantes aparecem como assassinatos. De modo semelhante, em Bangalore, em 1997, houve 1.133 casos de "morte não natural" de mulheres. Desses, 38% entraram na categoria de "acidentes", 48% na de "suicídios" e apenas 14% foram tratados como assassinatos. Como a ativista V. Gowramma, da organização feminista Vimochana, explicou: "Descobrimos que, dentre os 550 casos registrados entre janeiro e setembro de 1997, 71% foram encerrados, após poucas investigações, como 'acidente na cozinha' e 'explosão de fogão', segundo o artigo 174 do Código Criminal." O fato de uma grande parte das vítimas ser composta de noras foi igualmente ignorado pela polícia ou tratado como coincidência.

A grotesca brutalidade do assassinato por imolação é difícil de ser compreendida, especialmente numa cultura calcada numa herança espiritual tão profunda. A Índia é a nação que produziu o Mahatma Gandhi e, em todo o país, o povo reverencia o amado Gandhiji e seus veneráveis ensinamentos sobre *ahimsa* (não violência) e *satyagraha* (insistir pela verdade). É difícil decidir qual aspecto do assassinato por dote viola de modo mais gritante o princípio de *ahimsa*: a prática difundida de incendiar mulheres indianas ou a disposição cúmplice da sociedade de fechar os olhos para essa prática terrível.

A irmã Lucy estava inconsolável. Renuka viera em busca de ajuda urgente e Lucy não tinha sido capaz de lhe providenciar um refúgio. Agora, Renuka se fora. Lucy sentia o coração pesado e uma imensa responsabilidade pela morte de Renuka, embora racionalmente soubesse que não fora por sua culpa. Ela sentia uma crescente convicção de que não estava mais satisfeita por levar uma vida reclusa, por trás das paredes abrigadas do convento, enquanto aquela violência e aqueles abusos terríveis assolavam desenfreadamente a sociedade à sua volta. Ela consultou seu amigo e confidente, frei Francis D'Sa, padre jesuíta e professor do Di Nobli College, nas vizinhanças. Ele apoiou Lucy a entrar em ação e lhe ofereceu auxílio.

Lucy passou os anos seguintes promovendo ativamente seu sonho de criar um centro que fornecesse refúgio e reabilitação para as mulheres destituídas e que sofreram abuso. Ela se deparou com uma forte resistência à sua ideia em muitas frentes – dos líderes da comunidade hinduísta, que estavam convencidos de que ela pretendia converter seus fiéis ao cristianismo, e da própria congregação católica e do bispo local porque ela estava determinada a fundar um projeto espiritual ecumênico, em vez de uma missão católica. Finalmente, ela encontrou um investidor europeu que a ajudou a comprar um pequeno terreno e construir um pequeno aposento para servir como refúgio. E assim nasceu o *ashram* Maher, em 1997.

Maher é a palavra para designar "mãe", em marati, a língua local. Há agora cerca de oitenta mulheres e trezentas crianças vivendo em Maher e em seus sete lares satélites, nos vilarejos das redondezas. Foram estabelecidos programas extensivos para aconselhar e reabilitar as mulheres, para ajudá-las a encontrar emprego e para fornecer estudo local e de qualidade para as crianças. Em acréscimo, o projeto criou programas de apoio que servissem de interface com a comunidade mais ampla e providenciasse programas de assistência, aconselhamento e reabilitação para os homens e as famílias das quais as mulheres de Maher foram forçadas a fugir.

Um aspecto fundamental do projeto do *ashram* Maher é que o quadro de funcionários e de curadores proveio das mais diferentes formações religiosas. Hinduístas, muçulmanos, cristãos, budistas, jainistas e outros trabalhando juntos, tanto na curadoria como na equipe de funcionários de Maher. Toda a equipe participa uma vez por ano, durante dez dias, de um retiro gratuito de meditação *vipassana*, segundo a tradição estabelecida por Goenka, cujo principal centro de retiro está localizado perto de Pune. A meditação vipassana também é ensinada a todas as crianças com mais de 8 anos de idade, sendo que elas têm diariamente um período regular de dez minutos de meditação. Essa meditação é vista como uma prática básica do estado de atenção, o que é consistente com as crenças e práticas religiosas de todas as tradições. Esse compromisso com a colaboração prática e ecumênica torna o lar Maher para mulheres vítimas de violência doméstica um local bastante incomum na sociedade indiana contemporânea, onde as diferenças religiosas são a fonte tradicional de conflito e violência. Até onde sabemos, nesse aspecto, o projeto é absolutamente único em toda a Índia.

A comunidade Maher também desenvolveu um relacionamento de apoio às comunidades locais de *dalits* (intocáveis) e de "tribais" nativos; estes não recebem nenhum reconhecimento por parte do governo indiano e têm uma posição social ainda mais baixa que a dos *dalits*. Nas vilas dos arredores, o lar Maher patrocinou vários programas de "treinamento da consciência" para se contrapor a certas "superstições" amplamente arraigadas, especialmente entre as pessoas com pouca escolaridade. Uma dessas superstições, por exemplo, diz que a mulher ou adolescente é impura quando está em seu período menstrual. Consequentemente, não é permitido que ela entre em sua própria casa. Por três a quatro dias todo mês, durante suas regras, ela não pode ser tocada, jamais deve entrar na casa e tem de dormir ao relento, qualquer que seja o clima. A comida lhe é entregue a distância. A pessoa que prepara a comida não pode entregar o prato diretamente a ela; o prato é deixado num local ou empurrado através da mesa ou do chão. Essa crença causa muito sofrimento desnecessário e contribui para a misoginia geral na sociedade.

O abrigo Maher enfrenta diariamente desafios e conflitos, inclusive a contínua necessidade de proteger as mulheres e crianças contra homens muitas vezes furiosos, cujas esposas e filhos largaram seus lares violentos em troca do santuário que Maher proporciona. A vida da irmã Lucy foi ameaçada em mais de uma ocasião. Certa vez, um marido ultrajado bateu na porta do abrigo Maher e ameaçou Lucy, gritando para ela: "Eu posso fazer você 'desaparecer' em menos de trinta minutos!" Sem se abalar, Lucy respondeu-lhe: "Sim, eu sei que você pode, mas se você acabar comigo, três coisas acontecerão. Primeira, sua esposa vai continuar a receber refúgio em Maher, portanto ela não voltará para você. Segunda, eu morrerei em paz, sabendo que vivi uma vida cheia de significado e que valeu a pena ser vivida. E terceira, você continuará a viver uma vida ainda mais miserável do que a que vive agora!" O homem ficou aturdido e sem fala, pois não estava acostumado a ver suas ameaças e intimidações falharem tão completamente. Ele sumiu e nunca mais incomodou Lucy.

A Índia é o lar de algumas das mais horríveis manifestações da violência e abuso de gênero do planeta. Um exemplo sóbrio foi resumido num artigo publicado na revista *New Yorker* (10 de janeiro de 2000). Uma garota de 13 anos casou-se com um garoto com a mesma idade, num casamento arranjado, e mudou-se para a casa da família do marido logo depois das bodas. Depois de apenas três meses, foi brutalmente estuprada pelo sogro. Traumatizada e devastada, a jovem voltou-se para sua própria família e parentes em busca de auxílio. Mas a resposta de seu pai foi um pedido veemente para que ela cometesse suicídio para salvar a honra dele e da família. Afortunadamente para a garota, algumas ativistas locais ouviram falar do caso e intervieram a tempo de lhe salvar a vida. Muitas outras jovens em situação semelhante não têm a mesma sorte.

Outras manifestações de violência contra as mulheres e meninas na Índia são abundantes. O infanticídio feminino alcançou proporções tão epidêmicas em diversas regiões da Índia que, nos dias de hoje, é simplesmente impossível para muitos homens jovens encontrar uma noiva.[1] A antiga tradição do *sati* ainda é praticada em algumas áreas rurais. O *sati* exige que, quando um homem morre, sua esposa atire-se sobre a pira funeral e seja cremada – viva! –, juntamente com o marido morto. Se a viúva se recusa, é frequentemente forçada a se atirar. Essas práticas extremas são ilegais e certamente não são usuais, em parte devido à crescente pressão pública e à atenção global focada sobre elas. Todavia, essas práticas indizíveis são produto de uma cultura que tem sido flagrantemente opressiva com as mulheres ao longo de séculos e só em tempos recentes foi que a situação começou a mudar – por meio do trabalho de muitos pioneiros corajosos como Lucy Kurien.

O trabalho de reconciliação de gênero na Índia

O Satyana Institute foi convidado, em 2002, a conduzir um programa de reconciliação de gênero para um grupo de 42 freiras e padres católicos, no Sadhana Institute, perto de Mumbai, na Índia. Em vista das realidades patriarcais da sociedade indiana, citadas acima, associadas às revelações recentes de um difundido abuso sexual dentro da Igreja Católica, a possibilidade de introduzir o trabalho de cura de gênero no clero católico indiano era auspiciosa, mas também intimidadora, para dizer o mínimo.

Numa justaposição irônica, a profunda herança espiritual da Índia está provavelmente mais consoante com as dimensões arquetípicas e místicas de gênero do que qualquer outra cultura na Terra. A rica aplicação das dimensões espirituais da mitologia e da cultura hindus no nosso trabalho de reconciliação de gênero é imensa e, há alguns anos, exerce certamente uma importante influência subjacente a esse trabalho. Na Índia, Deus não existe sem a Deusa; os dois estão intimamente entrelaçados, tanto na religião como na mitologia. O famoso monólogo de Janeneswar em honra à amada comunhão do Deus e da Deusa é talvez a mais profunda e poética união jamais descrita sobre a "reconciliação de gênero" no plano espiritual. Os consortes divinos Shiva/Shakti, Krishna/Radha e Rama/Sita simbolizam intensamente o poder, o objetivo e a profundidade mística da reconciliação de gênero, e essas divindades dinâmicas são veneradas com mais fervor na Índia de hoje do que foram durante os milênios passados.[2] Além disso, inspiraram a espiritualidade de pessoas em todo o mundo. Em nenhum outro lugar a comunhão e o equilíbrio divinos entre o feminino e o masculino foram mais amplamente venerados e celebrados que nas tradições espirituais da Índia. Portanto, por muitas e muitas razões, foi certamente um imenso privilégio levar o trabalho de reconciliação de gênero para a Índia.

O grupo era composto por 21 mulheres e 21 homens, todos freiras e padres católicos. Muitos tinham vindo do sul da Índia, onde a prática do cristianismo vem desde a época de um discípulo de Jesus, Tomé, que, segundo a tradição, foi cremado em solo indiano. O Sadhana Institute, que recebeu nossa visita, é uma instalação para retiro e educação pastoral para o clero católico, perto de Pune (e Mumbai), tendo sido fundado por Anthony de Mello, padre jesuíta e aclamado escritor.

As freiras e padres que residiam temporariamente no Sadhana tinham vindo de todos os pontos da Índia, onde se dedicavam principalmente ao serviço social e à caridade. Eles passavam de uma semana a alguns meses no instituto, em busca de contemplação e de estudo autorreflexivo e transpessoal que os encorajasse a investigar novas dimensões interiores. Esse é um dos pouquíssimos lugares onde as freiras e padres indianos podem trabalhar juntos num ambiente descontraído e coeducativo. Para a maioria deles, aquela era uma oportunidade incomum de estar na proximidade do sexo oposto. Nossa contribuição, voltada para a reconciliação de gênero, fazia parte de um treinamento mais amplo, de dois meses, que estava focado na autoconsciência profunda e incluía uma semana de trabalho de respiração experimental.

Os anfitriões, Francis Padinjarekara e Selma Nalloor, foram incrivelmente gentis e nos receberam muito bem durante nossa estadia de duas semanas. A experiência foi única e bela, não só por causa da natureza exótica da Índia, mas também devido ao forte compromisso com a espiritualidade que permeia a comunidade do Sadhana. Os dias começavam com uma missa simples e íntima, ao estilo indiano, celebrada por um padre diferente a cada manhã. Sentávamos em almofadas colocadas no chão de uma capela pequena e retirada, mas elegante. O serviço religioso era solene, mas descontraído, e muitos dos hinos eram cantados em híndi e acompanhados de guitarra.

Em vista dos recentes escândalos relacionados a abusos sexuais no seio da Igreja Católica norte-americana, é instrutivo examinarmos com alguns detalhes as dinâmicas dentro dessa comunidade católica na Índia. A despeito do imenso abismo cultural e geográfico entre esse contexto e o nosso trabalho aqui nos Estados Unidos, as questões de gênero que essa comunidade trouxe à tona eram, apesar de tudo, extraordinariamente parecidas com as que encontrávamos tipicamente entre os participantes norte-americanos, inclusive alguns paralelos dolorosos entre o clero católico. As inseguranças, as raivas, as cicatrizes do passado e a confusão acerca da sexualidade e da intimidade, bem como as dificuldades inerentes à criação de relacionamentos significativos, imparciais e autênticos, parecem ser universais. Ouvimos histórias de abusos e traumas que se originaram dentro da comunidade católica e também em experiências no meio cultural mais amplo, com as quais as freiras e os padres estavam se defrontando em seu serviço comunitário com habitantes indianos, japoneses e filipinos. Em especial as freiras, que se dedicavam, quase todas, ao trabalho de caridade: ensino, enfermagem, trabalho social. Elas compartilhavam seus dons em meio às muitas tragédias que pontuavam seus esforços de levar cura e conforto aos indivíduos, principalmente mulheres e crianças, nas várias vilas onde trabalhavam.

Falar de injustiças de gênero não era, de modo algum, novidade para esses padres e freiras, mas fazer isso em companhia mista era algo jamais visto, especialmente por se dirigir às experiências e violações traumáticas pessoais. Muitos dos padres não estavam cientes do abuso que as irmãs e alguns dos irmãos tinham sofrido, e alguns dos padres se mostraram incrédulos quando as várias histórias começaram a emergir. Isso reflete um padrão que não é incomum nos nossos workshops nos Estados Unidos. Descobrir que a mulher que foi vitimada é aquela que está sentada na mesma sala que nós – em vez das vítimas abstratas que aparecem nos jornais – é quase sempre desconcertante e desestabilizador. O workshop de uma semana revelou os clássicos sofrimentos ocultos e as dinâmicas grupais associadas, incluindo o inevitável surgimento da tensão entre homens e mulheres à medida que eles examinavam áreas vulneráveis que nunca tinham sido exploradas.

O círculo dos padres

A comunicação no círculo masculino foi limitada por um fenômeno curioso e revelador: muitos dos padres não estavam dispostos a falar livremente na presença de outros sacerdotes pertencentes a sua própria ordem religiosa. Diversas ordens religiosas estavam representadas no grupo, dentre elas as ordens franciscana, jesuíta, beneditina, salesiana, cisterciense e dominicana, cada qual portadora de características e ênfases únicas dentro da comunidade católica mais ampla. Em geral, os padres tendiam a ter menos confiança nos padres da sua própria ordem. A maioria deles ficava mais acessível em grupos menores, especialmente se os demais membros pertencessem a diferentes ordens. Isso revelou algo sobre a comunicação entre os padres dentro das suas próprias comunidades: muitos sentiam uma relativa falta de segurança para falar abertamente de questões delicadas entre os seus pares. Parecia haver um grau significativo de controle rígido, culpabilidade e retaliação em diversas dessas comunidades monásticas.

A principal preocupação de praticamente todos os padres era como se relacionar de modo adequado com as mulheres – não só as freiras, mas também as mulheres leigas de suas congregações. Vários deles relataram que simplesmente estabeleciam limites a essas relações, jamais permitindo que evoluíssem. Numerosos padres compartilharam seus sentimentos conflituosos sobre a sexualidade, seus sentimentos de culpa a respeito da masturbação, e assim por diante. Poucos deles pareceram ter se fixado numa fase de desenvolvimento infantil ou adolescente, no que se referia à sexualidade. Dois ou três falaram de períodos de transigência à pornografia, com resultados geralmente insatisfatórios ao perceberem que ela levava ao vício.

Um dos padres se abriu e falou sinceramente de uma mulher com quem se relacionara de modo bastante íntimo durante mais de sete anos. Ele disse que essa experiência o transformara completamente – tanto como homem quanto como padre –, ajudando-o a se tornar muito mais compassivo, amoroso, sensível e maduro. Ele deu indicações de que eles se tornaram bastante próximos, e que tiveram certa intimidade, inclusive afeição física, mas deixou implícito que mantivera o tempo todo o seu celibato. Quando lhe perguntaram sobre os aspectos emocionais e físicos/eróticos do relacionamento, ele relutou em entrar em detalhes, e não chegou a contar como nem por que a relação acabou. Nosso anfitrião, Francis, explicou-nos mais tarde que esse homem havia assumido um risco imenso ao compartilhar sua história, especialmente porque ele apresentara sua experiência sob um enfoque positivo na presença de outros membros da sua ordem.

Outro padre relatou uma história sobre seu melhor amigo, um padre que há dez anos mantinha um caso amoroso com uma freira. Nos primeiros quatro anos, eles se cortejaram, e há seis anos vinham mantendo relações sexuais. Isso acabou criando uma grande tensão no seio da comunidade deles, gerando, por sua vez, um grande stress em seu relacionamento. A freira não estava disposta a renunciar ao relacionamento, apenas ao sexo, pois a vergonha e a culpa diante das outras irmãs da ordem exercem uma considerável pressão sobre ela. O padre não queria renunciar aos aspectos sexuais do relacionamento. Eles estavam nessa indecisão já há algum tempo. A situação estava criando um sério dilema para todos os envolvidos.

Também houve um padre que revelou, em particular para Will, que considerava a possibilidade de dormir com uma mulher que o estava cortejando às claras. Ela era casada com um homem que a espancava, e o padre, figura importante em sua comunidade, era amigo da família dela havia longo tempo. Ele estava visivelmente apaixonado pela mulher e parecia encarar com inocência o potencial destrutivo da situação. Will destacou com extremo cuidado alguns dos perigos inerentes, enfatizando o quanto o padre era vulnerável, e indicou-lhe certas passagens relevantes nos Provérbios. Algumas semanas depois do evento, o padre enviou um e-mail demonstrando sua estima e gratidão, mas sem contar o que ocorrera, e não respondeu ao e-mail retornado.

O círculo das freiras

Quando as freiras se reuniram pela primeira vez, relutaram em examinar qualquer material pessoal. A conversa centrou-se na face coletiva das mulheres indianas e nas coisas terríveis que as freiras haviam testemunhado nos vilarejos, coisas que acontecem às mulheres por causa da cultura. Enfim uma das freiras, que não nascera na Índia, mas nas Filipinas, expandiu esse tema ao falar de seus esforços em prol das mulheres jovens na faculdade onde fora professora durante muitos anos. Ela estava indignada por causa de um padrão de exploração que tornava as jovens estudantes presas fáceis dos altos administradores da faculdade e dos homens de negócio da região, que as achavam particularmente atraentes devido à forma de prostituição inocente e inexperiente delas. As autoridades universitárias estavam cientes de que as políticas institucionais estavam forçando muitas alunas a se prostituir, pois exigiam que elas quitassem integralmente todos os seus débitos antes de fazer os exames finais a cada semestre. O fato de uma universidade católica optar por manter esse tipo de política mortificava imensamente a irmã.

Não apenas as autoridades universitárias estavam cientes da situação, mas outros homens da região e um número crescente de homens de negócio, inclusive muitos executivos estrangeiros, estavam cada vez mais interessados em perpetuar a situação. Perto do encerramento de cada semestre, quando as alunas estavam sob máxima pressão para concluir os trabalhos do curso, era aberta uma informal "temporada de caça" a essas jovens e vulneráveis mulheres. Mas, como a irmã explicou, o que mais a incomodava era o papel que as autoridades universitárias desempenhavam nisso tudo. Há alguns anos, ela e várias outras irmãs tentaram fazer com que a universidade mudasse sua política, mas sem sucesso. Seus esforços foram insensivelmente frustrados, e ela acabou perdendo seu cargo quando quis expor os padres envolvidos, alguns dos quais diretamente ligados à universidade.

Essa comovente história parece que deu aos outros membros do grupo permissão para se abrirem. Histórias similares de abuso começaram a vir à superfície. Uma freira relatou que quando era muito jovem, durante a sua primeira confissão, o padre a havia tocado sexualmente. Ela contou para sua mãe, que quis denunciar o padre, mas acabou silenciando. As lágrimas corriam livremente, enquanto ela falava, e sua história foi seguida por um silêncio longo e ininterrupto. Então outra irmã começou a falar, contando que tinha recentemente recusado uma ligação amorosa com um padre que a convidara para trabalhar num prestigiado acampamento para jovens. Durante o tempo em que ficou no acampamento, ela investiu uma quantidade substancial de dinheiro, tirado de suas pequenas economias, para comprar os materiais que as meninas precisavam para os vários projetos, sempre com a promessa do padre de que o dinheiro seria reembolsado. Contudo, à medida que os dias passavam e o contato próximo fez dela o foco da atenção do padre, ele passou a deixar cada vez mais claro seus desejos e exigências, até que finalmente levou-a para um canto e começou a beijá-la e lhe tocar os seios. Ela empurrou-o com força, dizendo: "Tenha vergonha, padre!". Mas isso só fez com que o encontro se transformasse numa conversa extremamente desagradável, durante a qual ele disse que a satisfação dos seus desejos era o preço que ela tinha de pagar pela posição invejável que ocupava no acampamento. Logo ela foi forçada a deixar o acampamento e, mais tarde, seus esforços para receber o reembolso prometido foram completamente ignorados; primeiro, pelo padre e depois pelos superiores dele cuja ajuda ela havia solicitado. Agora, ela está condenada ao ostracismo.

A partir dessa história, muitas outras surgiram no círculo feminino. Em certo momento, um dos facilitadores pediu que todas as mulheres que tinham sofrido abuso sexual ou físico levantassem a mão, e cerca de três quartos das mulheres a levantaram. Em alguns casos, conventos inteiros foram punidos por ter impedido que o padre obtivesse favores sexuais dentro das suas paredes. Depois que esse comportamento ofensivo era questionado, de repente, não havia mais padres disponíveis para a confissão e nem mesmo para a missa. Havia conventos em que nunca mais foi rezada uma missa como forma de retaliação por parte de certos padres. Num caso, um padre ficou indignado pela má vontade das freiras em aceitar seus argumentos quando ele forçou relações com uma das mulheres da vila que trabalhava no convento.

Então uma das mulheres, que ficara silenciosa durante a maior parte do círculo, principiou a falar baixo, com intensa emoção. Ela contou que estivera noiva antes de se decidir pelo convento. Logo depois de ela terminar o noivado, o ex-noivo tentou se matar. Por causa disso, ela se viu cercada pelo povo do vilarejo; procurou então refúgio no convento, mas o povo foi atrás com pedras e pedaços de pau na mão. Cercaram o convento no meio da noite, gritando para as irmãs a entregarem, pois queriam matá-la. Ela chorava ao contar sua história; como tinha pensado que as irmãs talvez deixassem a turba pegá-la, e como ficou envergonhada por estar escondida atrás dos muros do convento, com uma multidão enfurecida lá fora, querendo matá-la.

À medida que ela contava sua história, o círculo feminino foi se fechando, com um intenso sentimento de conexão e compaixão – as mulheres deram-se as mãos e então se abraçaram. Elas estavam partilhando uma dor comum que tinha crescido a esse nível por causa das confusas exigências que a cultura depositava sobre as mulheres – estavam conscientes do quanto tinham em comum, apesar de suas origens diversas e suas formas de estar no mundo. Foi um momento de pesar coletivo que terminou em prece, cantos e camaradagem, e, finalmente, em risadas que nasciam espontaneamente da alegria por confiar e partilhar segredos.

Fóruns feminino e masculino da verdade

No início, tanto as freiras quanto os padres acharam particularmente difícil quebrar o silêncio e falar das verdadeiras questões que afetavam suas vidas e congregações. Porém, à medida que o workshop avançava, algumas freiras começaram a confrontar cautelosamente algumas teorias e atitudes sexistas enraizadas e prevalecentes dentro do clero. Para muitos (tanto mulheres como homens), esse era um terreno desconfortável e não familiar. Para facilitar uma comunicação e escuta eficientes usamos o processo do fórum da verdade (introduzido no Capítulo 5 e descrito em mais detalhes no Apêndice A). Primeiro, os homens escutam em silêncio, enquanto as mulheres formam um círculo interno e compartilham suas histórias, depois as mulheres ouvem, enquanto os homens compartilham. As freiras trouxeram muitas histórias tocantes, a maioria das quais já viera à tona no círculo feminino. Uma delas disse ter sido molestada aos 7 anos de idade por um padre durante sua primeira confissão. Várias contaram ter sido maltratadas e ter sofrido retaliações em suas associações profissionais por repelirem avanços de padres. Surgiram numerosas narrativas de preliminares ou abusos sexuais praticados por padres quando ouviam a confissão das freiras ou lhes davam orientação espiritual, um contexto em que as mulheres são especialmente vulneráveis. Como facilitadores, tivemos a sensação de que, para muitas das irmãs, essa era a primeira vez que partilhavam essas verdades cruas e emocionais na presença de homens.

Afloraram questões sistêmicas que tinham um doloroso paralelismo com as recentes revelações no seio da Igreja Católica norte-americana. Por exemplo, quando uma freira engravida de um padre, ela é normalmente excomungada e posta na rua para cuidar de si e da criança que está para chegar. No entanto, o padre envolvido geralmente é transferido para uma nova arquidiocese, onde o padrão muitas vezes se repete. Essa é uma fonte de profunda indignação entre várias madres superioras que, ao longo dos anos, têm testemunhado casos de um só padre engravidar diversas freiras sem receber qualquer castigo, enquanto todas essas freiras são despidas de sua dignidade e ignominiosamente expulsas da vida religiosa. Disseram-nos que os padres mais transgressores são mandados para os Estados Unidos –, mas não verificamos esse fato nem lemos sobre algum caso específico.

No fórum masculino da verdade surgiram mais histórias fortes, inclusive várias sobre abuso sexual. Quando perguntamos aos homens quantos haviam sofrido abuso físico ou sexual, mais da metade levantou a mão. Isso representou uma surpresa para muitas das freiras, que assumiam que esse tipo de abuso era muito mais frequente entre as mulheres do que entre os homens. O abuso contra os homens estava quase uniformemente dividido em termos de ter sido perpetrado por mulheres ou homens. Surgiram diversas histórias de abuso sexual por parte de padres mais velhos, e um padre reconheceu que, quando criança, foi molestado por um amigo adulto em quem ele confiava. Um dos padres mais velhos admitiu que, como clérigo, sentira tentação de cometer abusos, aproveitando-se do poderoso papel de confessor e orientador espiritual de mulheres jovens, mas nunca havia cruzado a linha. Em certo momento, os facilitadores encorajaram os homens a examinar seus papéis e responsabilidades, enquanto padres, para compensarem os desequilíbrios de gênero e abusos de poder dentro da Igreja – sobre os quais ouvimos tanto falar durante o fórum feminino da verdade. Mas parece que essa cutucada não surtiu efeito, e os homens continuaram focados em compartilhar suas histórias de abusos e mágoas pessoais.

Homens descontentes e uma reação contrária

Juntamente com cada história comovente que despontava surgia uma profunda sensação de segurança e intimidade no grupo, mas acompanhada por uma crescente tensão ao fundo, entre os poucos membros do grupo que se sentiam desafiados ou perturbados pelo processo. Certo número de padres começou a tatear camadas mais profundas de sentimentos, inclusive o medo e a raiva pelo que estava sendo dito. Conforme essa raiva ganhava expressão, houve alguns que começaram a questionar se era sábio padres e freiras se reunirem e revelarem seus segredos mais sombrios. Era realmente necessário, perguntaram eles, que essas coisas fossem ventiladas, especialmente em companhia mista? Será que a revelação de feridas do passado permite verdadeiramente a reconciliação, ou somente aumenta a vergonha?

Na última manhã, o grupo se separou em círculo masculino e círculo feminino para preparar o ritual de oferenda mútua. Muitos padres deram um passo corajoso e criativo ao imaginarem processos admiráveis de troca de papéis a fim de permitir que as freiras experimentassem por si mesmas o papel de padre, dando comunhão e recebendo confissões. Os próprios padres desempenhariam o papel que normalmente caberia às freiras, ou seja, confessar e receber a comunhão. Esse era um claro sinal de que muitos deles não faziam objeção pessoal a que as mulheres desempenhassem o papel dos padres no futuro. Havia um entusiasmo sincero e uma alegre generosidade de espírito quando os padres começaram a ensaiar seu ritual.

Enquanto os homens prosseguiam no seu planejamento do ritual, houve uma batida na porta e um pedido para que Will saísse. Will encorajou os padres a levar adiante seu bom trabalho e saiu da sala. Viu então que o círculo feminino tinha entrado em crise.

Na noite anterior, duas freiras escutaram uns poucos padres fazendo observações fortes e pejorativas sobre as mulheres e sobre o workshop como um todo. As freiras que ouviram a conversa ficaram confusas, mas guardaram isso para si naquela noite; no entanto, quando as mulheres começaram a planejar o ritual, elas não conseguiram mais se conter. Revelaram para as outras o que haviam escutado e, com isso, o planejamento do ritual feminino parou na hora. As irmãs ficaram desapontadas e indignadas ao saber que um dos padres reclamara que as mulheres fizeram dos padres "saco de pancada" no fórum da verdade, culpando todos eles pelos atos de uns poucos. Outro padre acusara as mulheres de lavarem suas roupas sujas em público, enquanto um terceiro padre exclamara com raiva que, durante o fórum da verdade, as freiras serviram para eles um "prato de merda". Não passou muito tempo, o grupo feminino inteiro já se sentia traído e, numa atitude incomum, exigiu uma reunião imediata com todo mundo para confrontar os padres com essa contracorrente purulenta que ficara silenciosamente fermentando sob a superfície da comunidade durante toda a semana.

Will retornou ao alegre círculo masculino com a má notícia de que os planos tinham mudado radicalmente. Ele explicou que havia uma crise no círculo feminino e as freiras estavam convocando uma reunião com toda a comunidade, o que significava, entre outras coisas, que os rituais seriam adiados e, provavelmente, cancelados. Os homens ficaram desanimados e desapontados, e começaram a se preparar da melhor maneira possível, sem saber o que viria a seguir.

Quando as mulheres entraram na sala comunal, os facilitadores fizeram-nas sentar em semicírculo, de frente para os homens – que também estavam sentados em semicírculo –, com uma pequena distância separando os dois grupos. A atmosfera estava tensa quando os facilitadores abriram a reunião com um momento de silêncio e uma prece comunitária para invocar a intenção coletiva em prol da cura e reconciliação de gênero, reiterando o propósito comum. Uma técnica simples de comunicação foi introduzida para equilibrar com cuidado as contribuições dos dois lados ao processo. Seriam concedidos cinco minutos de fala às mulheres, enquanto os homens ouviam, e depois cinco minutos para eles, enquanto elas ouviam. O processo continuaria assim, lá e cá, até que houvesse algum tipo de clara resolução ou avanço.

As mulheres começaram rapidamente. Várias confrontaram os homens com os rumores que haviam escutado e pediram honestidade e retidão durante a reunião plenária. Lamentaram a hipocrisia contida nesses rumores, e que alguns homens diziam uma coisa na frente dos facilitadores durante os encontros "formais" e outra bem diferente entre eles quando só os amigos mais chegados estavam ouvindo. Isso, elas insistiram, era uma repetição exata do que acontecia rotineiramente nos círculos mais amplos – tanto de freiras quanto de padres –, e que tornava a vida religiosa tão insegura e, inescapavelmente, superficial. Ninguém jamais diz a verdade diretamente; ao contrário, ela se espalha pelas costas das pessoas. Por que os homens continuavam com esse comportamento numa ocasião em que haviam se reunido para confrontar e desmontar esses padrões negativos? E mais, como podia acontecer de os padres terem compreendido tão pouco o que as freiras haviam compartilhado? Por que razão eles rotularam como "saco de pancadas" e "merda" a vulnerabilidade sincera que tinha caracterizado a participação das mulheres? As mulheres estavam particularmente furiosas por causa do uso dessa linguagem vulgar e do desdém que ela representava.

De início, os homens reagiram devagar, mas depois foram ficando cada vez mais acessíveis. Vários deles expressaram choque e desânimo por isso ter acontecido e se identificaram com as mulheres. Uns poucos explicaram que estavam simplesmente expressando seus sentimentos e percepções sobre o que acontecera, sem intenção de magoar quem quer que fosse. Um homem opinou que todos estavam fazendo "muita confusão" por nada. Outro padre estava indignado e achava que o workshop inteiro tinha sido um ataque injusto aos homens e que as mulheres planejaram de antemão esse confronto. Ele sugeriu que os facilitadores provavelmente instruíram as mulheres a fazer isso e apontou as vezes em que, durante o processo, pareceu-lhe que os facilitadores usaram uma mão pesada para determinar a direção das coisas.

A tensão na sala crescia à medida que a primeira rodada da discussão chegava ao final. Quando se iniciou a segunda rodada, as freiras apresentaram confrontos adicionais, baseados em suas próprias experiências. Diversas delas refutaram ruidosamente a sugestão de que esse confronto tinha sido planejado de antemão ou orquestrado pelos facilitadores, e explicaram como tudo surgira espontânea e justificadamente a partir das dolorosas revelações das irmãs que ouviram a conversa privada dos três homens. Algumas enfatizaram que, sinceramente, a intenção delas no seu fórum da verdade não havia sido, de modo algum, condenar alguém, mas sim prestar testemunho das injustiças que tinham sofrido pessoalmente, o que, antes de tudo, era o propósito do exercício. Uma mulher sugeriu que as observações "bem humoradas" e pejorativas que os homens usam como reação ao sofrimento feminino seriam, talvez, uma maneira de evitar que eles mesmos experimentassem o sabor do prato de merda. Duas outras enfatizaram que os homens ainda tinham de atender às queixas básicas das mulheres.

O sino tocou e, depois de uma pausa em silêncio, chegou de novo a vez dos padres. Eles iniciaram com uma participação ainda mais sincera, expressando fortes sentimentos com uma eloquência articulada. Vários deles exprimiram solidariedade com as mulheres, e poucos se desculparam em nome de seus colegas padres que haviam dito coisas perniciosas. Aos poucos, o recinto foi ficando carregado de emoção, conforme esse grupo misto de 42 religiosos prosseguia nessa troca – de maneira corajosa e cooperativa – durante numerosas rodadas.

E como acontece tão frequentemente no trabalho de gênero, vimo-nos imersos num complexo agrupamento de dores pessoais, sociais, institucionais e históricas. As frustrações que estavam sendo ventiladas tinham suas raízes fincadas profundamente nas histórias pessoais e nas dinâmicas culturais que operavam na vida dessas pessoas. Havia um forte receio de que nunca conseguíssemos escapar desse "lixo de gênero". Contudo, alcançáramos um ponto sem retorno, e estava claro que o único modo de sair da situação era seguir o caminho natural até sua conclusão. A resolução tinha de ser verdadeira; não podia ser artificial ou "agradável" em nome de uma "discrição" que só serviria para perpetuar essa situação já nociva.

À medida que o diálogo prosseguiu e os sentimentos desafiadores foram sendo ventilados, os ânimos começaram lentamente a se acalmar. O espírito do amor e da generosidade acabou por achar seu caminho de volta ao diálogo. Foi um extraordinário processo de testemunho, e a grande maioria das pessoas na sala estava comprometida a encontrar uma solução genuína e autêntica. A comunidade não queria só encobrir as questões dolorosas, portanto os homens e mulheres continuaram lidando um com o outro e com as questões – algumas vezes em silêncio, algumas vezes sob a forma de raiva ou humilhação relacionada a alguém, mas cada vez mais sem acusações e culpas.

Transmutação em graça

O ponto de mutação veio quando Joseph, um padre que até aquele momento estivera quieto, revelou tranquilamente que tinha sido ele quem fizera a observação sobre o "prato de merda", que fora tão destrutiva para muitas das mulheres. Ele prosseguiu, dizendo que tinha se sentido extremamente vulnerável e que só pretendera exprimir os seus sentimentos de uma maneira autêntica, sem qualquer intenção de ferir alguém. Chorando, pediu comoventes desculpas pela dor que havia causado. Terminou dizendo que, naquele momento, sentia uma grande dor dentro de si. Vários homens expressaram sua gratidão a Joseph, sendo que alguns lhe agradeceram profusamente por sua honestidade e coragem. As mulheres os acompanharam, agradecendo a Joseph por sua coragem em reconhecer abertamente o que dissera, e expressando compaixão pela dificuldade daquilo que todos nós estávamos tentando realizar juntos.

Visivelmente perturbado, Joseph levantou-se sem falar e saiu da sala. Um dos facilitadores o seguiu, enquanto o grupo, em silêncio, fez uma pausa para o chá. Para alguns, a situação pareceu terrível, e muitos se perguntavam se seriamos capazes de encontrar a alegria que tanto esperávamos que marcasse o encerramento da nossa semana juntos. Nosso silencioso chá proporcionou um momento bem-vindo de reflexão individual e uma abertura ao poder milagroso das energias amorosas mais elevadas para suavizar nossos corações.

Joseph estava sob grande agonia mental. Sua forte couraça se despedaçara, e os facilitadores estavam trabalhando com ele. Os acontecimentos haviam transpassado seu coração e, naquele momento, ele se sentia muito vulnerável. Mas, aos poucos, começou a se recuperar e, quando o grupo se juntou de novo, ele foi o último a voltar para a sala. A onda de alívio entre todos os presentes foi palpável quando Joseph entrou. Ele sentou-se e confidenciou calmamente ao grupo: "Tive de me esforçar muito para voltar, mas aqui estou. Eu não poderia fazer outra coisa, senão estar aqui."

A raiva que rondara o recinto tinha agora se dissipado e uma nova energia estava presente. Continuando o processo facilitado de comunicação entre homens e mulheres, a compaixão e o entendimento começaram a se tornar mais fortes, até que a energia e o tom presentes no grupo mudaram da acusação para a gratidão e a admiração mútua. A tempestade havia passado e o sol surgia por detrás das nuvens do medo e da decepção. Quando os sentimentos positivos cresceram, o processo fluiu sem interrupção para um ritual de cura que incluiu uma dança sufi entre casais, na qual os homens e mulheres tiveram a oportunidade de oferecer bênçãos uns aos outros. Correram lágrimas de afeição e alegria, enquanto os casais partilhavam momentos de intimidade, seguindo os movimentos da dança. Encerramos o workshop numa atmosfera de celebração, com muitos cantos e músicas, interrompidos por ondas de riso.

O espírito de Cristo

Depois, naquela tarde, num encontro de reforço com os facilitadores, Joseph compartilhou de um modo muito bonito os profundos ensinamentos que extraíra da experiência. Enquanto falava, seus olhos brilhavam. Explicou que fora sua vez de rezar a missa naquela manhã; para o sermão, tinha escolhido um tema relacionado à cura profunda, e contou a história bíblica de Jesus enviando seus discípulos em busca da cura. "O meu propósito e a minha prece na missa dessa manhã estavam voltados para a cura", Joseph exclamou com ironia. "Cura, cura, cura. E então acontece isso!". De início, ele se sentira traído pelo processo, mas explicou que depois havia percebido que uma poderosa cura estava realmente acontecendo, na qual ele era (sem querer) o cordeiro sacrificial. Confirmamos que tinha sido esse o caso e ele fora usado como instrumento de cura, no sentido de que seu ego havia sido "sacrificado" em prol do processo de cura comunitária. Joseph observou que as suas preces sinceras daquela manhã foram atendidas, mas, certamente, não da maneira que ele havia imaginado ou escolhido.

Reflexões finais

O que ocorreu nesse workshop foi um microcosmo do que acontece na sociedade, quando as dolorosas questões de gênero são trazidas à tona para serem curadas. Uma reação adversa frequentemente resulta contra aqueles que expressam sua opinião – sejam eles homens ou mulheres. Existem antigas forças psicológicas, sociais e institucionais que estão determinadas a manter intactas as estruturas da injustiça de gênero. Para isso, medidas para sabotar o trabalho de reconciliação são muitas vezes tomadas até por pessoas ou instituições que professam apoiar ativamente o trabalho de cura. Como ficou evidenciada nesse workshop, essa sabotagem contra as tentativas de cura de gênero ocorre em interações interpessoais e em processos dentro de grupos pequenos, bem como na sociedade mais ampla. No entanto, se houver a quantidade suficiente de integridade, boa vontade e alinhamento de intenção entre os participantes, essas forças adversas podem ser superadas, produzindo-se então um avanço na cura e na reconciliação. Testemunhamos isso no microcosmo do workshop na Índia.

Levando-se tudo em conta, esse experimento inicial de conduzir um trabalho de reconciliação de gênero na Índia foi considerado altamente bem-sucedido. Nos meses seguintes, recebemos e-mails de numerosos participantes, agradecendo-nos pelo trabalho. Com as adaptações apropriadas, o processo funcionou tão bem quanto em outros lugares. Várias semanas depois do workshop, o boletim do Sadhana Institute noticiou o seguinte sobre o trabalho:

> Os 21 religiosos e 21 religiosas que participaram do curso prestaram testemunho das cicatrizes provocadas em suas vidas pela cultura, pela religião e pelas suas histórias pessoais. Eles também se referiram à experiência de cura [...] que incluiu uma conscientização da parcialidade e da incompletude da percepção de um em relação ao outro, ao admitirem as profundas feridas em suas vidas e abrirem-se à luz curadora da compaixão pelo outro.

Além das dimensões pessoais e sociais do curso, há também sinais de uma importante mudança que está ocorrendo na consciência de muitos dos participantes. Há uma intensa percepção da necessidade de ser incluída na formação religiosa essa dimensão até hoje excluída. Há uma melhor compreensão de que o repúdio ao feminino aflige a Igreja [católica] de maneira extrema [...] Esse curso aprofundou a percepção consciente de nossos participantes, tanto para a necessidade de cura quanto para a maravilhosa riqueza dessa abordagem holística.
– Sadhana Institute, *News and Updates,* agosto, 2002

O trabalho de reconciliação de gênero é, em última análise, motivado pelo impulso espiritual do coração coletivo, e a alquimia resultante produz finalmente seu ouro – caso haja suficiente tempo, integridade de intenção e entrega ao processo por parte da maioria das pessoas do grupo. As pepitas de ouro, encontradas nessa ocasião, foram duramente ganhas no contexto de uma cultura que incorpora alguns dos sintomas mais graves da injustiça de gênero sobre a Terra, e, por essa razão, foram as mais preciosas.

10

Reconciliação de gênero na República do Arco-Íris

Há muito tempo venho procurando uma maneira de promover a cura e a reconciliação entre homens e mulheres, aqui, na África do Sul.

Este trabalho é a resposta. Precisamos muito mais deste tipo de trabalho na África do Sul.

– Nozizwe Madlala Routledge,
suplente do ministro da saúde, África do Sul

"Nem sequer começamos a lidar com as questões de gênero aqui na África do Sul!", exclamou apaixonadamente Nomfundo Walaza. Nomfundo era nossa cofacilitadora num workshop de reconciliação de gênero que estávamos conduzindo na Cidade do Cabo. "Fizemos avanços significativos em termos de integração racial desde que terminou o *apartheid*", continuou ela, "especialmente por meio do trabalho da Truth and Reconciliation Commission, apesar das suas falhas inevitáveis. Mas mal roçamos a superfície das gigantescas questões entre homens e mulheres neste país."

Nomfundo é diretora do Desmond Tutu Peace Center, na Cidade do Cabo, e suas palavras fazem eco às palavras que ouvimos de outros colegas e amigos na África do Sul, principalmente de nossa anfitriã, a suplente do ministro da saúde, Nozizwe Madlala Routledge. Will Keepin encontrou Nozizwe pela primeira vez em 2003, quando ela era suplente do ministro da defesa sul-africano. Eles foram apresentados por Bernedette Muthien, uma ativista sul-africana que fizera treinamento no programa de reconciliação de gênero do Satyana Institute. No final de um encontro intenso e inspirador, Nozizwe convidou o Satyana Institute para apresentar nosso trabalho de reconciliação de gênero para um grupo convidado de membros do parlamento (MPs) sul-africano. Nozizwe explicou que, dentro do parlamento, dinâmicas de gênero ainda não examinadas entre MPs dos dois sexos estavam sabotando significativamente a eficácia do serviço governamental. A despeito de um número muito maior de mulheres terem ingressado no parlamento depois do final do *apartheid*, comparativamente, a voz delas ainda era muito fraca. Eram os homens que conduziam o espetáculo, mais por hábito cultural do que por exclusão intencional. Ao introduzir o processo de reconciliação de gênero do Satyana, Nozizwe pretendia dar início a uma transformação das relações de gênero no parlamento, que servisse, segundo ela esperava, para estimular uma transformação similar no governo e, finalmente, na sociedade mais ampla da África do Sul.

Desde o final do *apartheid*, em 1994, a África do Sul vem sendo reconstruída – literalmente – e sua Constituição é possivelmente uma das mais avançadas e progressistas do mundo. Por causa do horror do *apartheid*, a nova Constituição da "República do Arco-Íris" está fundamentada em elevados princípios de justiça e equidade para todos os seres humanos na sociedade, e proporciona amplas medidas para que sejam superadas não só a discriminação racial, mas também a de gênero.

Este capítulo descreve o projeto piloto, conduzido pelo Satyana Institute, para introduzir o trabalho de reconciliação de gênero na África do Sul. Organizamos dois encontros em novembro de 2006. O primeiro foi um workshop de seis dias, na Cidade do Cabo, para um grupo de 25 pessoas, dentre elas líderes do parlamento sul-africano, de comunidades religiosas e de organizações não governamentais. O segundo foi um workshop de dois dias para um grupo de dezesseis participantes, hospedados por Ela Gandhi, neta do Mahatma Gandhi. O projeto foi financiado por uma doação da Kalliopeia Foundation, com sede em San Rafael, na Califórnia.

Esse projeto piloto fez um grande sucesso e gerou um convite para que o Satyana Institute conduzisse uma nova iniciativa em reconciliação de gênero na África do Sul, que incluía um programa de treinamento de dois anos para um grupo de profissionais sul-africanos dessa área. Por essa razão descrevemos mais extensamente aqui o trabalho na África do Sul, inclusive uma narrativa detalhada de pontos culminantes do workshop da Cidade do Cabo. Mantendo a política editorial que permeia todo este livro, os nomes dos participantes foram mudados na narrativa, bem como alguns detalhes menores, para proteger suas identidades. Os nomes dos facilitadores permaneceram inalterados.

A necessidade de reconciliação de gênero na África do Sul

A violência e os conflitos de gênero na África do Sul alcançaram proporções catastróficas. O número de estupros aumentou desde o fim do *apartheid*. De acordo com estatísticas da ONU, a África do Sul possui a mais alta incidência de estupros registrados no mundo. As estimativas variam, mas fontes conservadoras informam que uma mulher é estuprada a cada 26 segundos na África do Sul. Isso se traduz em mais de 1,2 milhões de estupros por ano, um número absurdo numa população de aproximadamente 23 milhões de mulheres. O alvo crescente têm sido as jovens, particularmente devido à noção errônea de que um homem pode curar-se da AIDS ao fazer sexo com uma virgem. Um fator correlato é que as jovens têm menos probabilidade de estar contaminadas com o vírus HIV, portanto são alvos mais atrativos para o estupro. Certos padrões de estupro, difíceis de entender, criaram raízes no país, tais como a "inclusão" (*mainstreaming*), uma forma insidiosa de estupro perpetrado por gangues. Se um homem jovem briga ou tem um conflito com a namorada, ela é "incluída" no grupo, o que significa que a gangue de amigos do namorado estupra-a como forma de "punição". Não somente o estupro, mas também a violência doméstica, o abuso sexual e o molestamento sexual no local de trabalho estão bastante difundidos na sociedade sul-africana.

A crise da AIDS na África do Sul está entre as piores do mundo. Aproximadamente novecentas pessoas morrem na África do Sul a cada dia em consequência da AIDS. Há uma estimativa de que ocorrem diariamente mil novas infecções por HIV no país. Numerosos MPs, inclusive Nozizwe, perderam membros da família por causa da AIDS. No entanto, ao contrário de Nozizwe, pouquíssimos MPs revelam que perderam parentes por conta da doença. Isso cria uma corrente subterrânea de profunda dor pessoal que muitos MPs têm em comum, mas que nunca dão a conhecer, nem é assunto para conversa. Eis outra razão para Nozizwe ter solicitado o trabalho de reconciliação de gênero do Satyana para os MPs: ela queria criar um espaço seguro onde pudesse aflorar o sofrimento que a AIDS causava na vida pessoal de seus colegas. Nozizwe acreditava que esse trabalho também precipitaria uma resposta mais eficaz do governo à AIDS e à igualdade de gênero.

Como pano de fundo do nosso trabalho é útil resumirmos rapidamente algumas informações básicas sobre a África do Sul. O Congresso Nacional Africano (ANC) é o partido majoritário que conseguiu depor o governo terrorista do *apartheid* em 1994. A população é de cerca de 47 milhões, e a composição racial é de aproximadamente 75% de negros, 13% de brancos, 9% de raças misturadas (mestiços) e 3% de asiáticos (principalmente da Índia oriental). O país é predominantemente cristão, totalizando 80% da população. Os hinduístas abrangem 1,2% da população e os judeus 0,3%; cerca de 15% são de cidadãos que não se identificam como membros de alguma religião (Fonte: *Wikipedia.com*). Os muçulmanos constituem uma percentagem significativa em algumas regiões, tal como no Cabo ocidental.

Contexto político e social do trabalho de gênero na África do Sul

Nozizwe Madlala Routledge tornou-se suplente do Ministro da Saúde em 2004; com o tempo, viu-se cada vez mais tolhida no desempenho de sua função, inclusive o acesso a recursos financeiros, pelas razões apontadas mais adiante. Somente depois da nossa chegada à Cidade do Cabo percebemos a extensão dos intimidadores desafios enfrentados por Nozizwe nos dois anos anteriores; em vista disso, sua determinação em prosseguir com o projeto piloto de reconciliação de gênero na África do Sul demonstrou um extraordinário compromisso de sua parte. No final, todos nos sentimos gratificados por termos perseverado diante das múltiplas dificuldades e demoras, pois o resultado significou um começo muito auspicioso.

O clima político na Cidade do Cabo, na época do nosso workshop, estava recheado de acontecimentos dramáticos em diversas frentes, diretamente relevantes para o nosso trabalho. Três questões prevaleceram durante nossa estada lá:

O projeto de lei de união civil entre homossexuais foi aprovado. Nas semanas exatamente anteriores ao workshop, o parlamento debatera calorosamente um projeto de lei de união civil, uma introdução ao reconhecimento formal e à legitimação do casamento entre homossexuais na África do Sul. Em 14 de novembro, o dia em que nosso workshop de gênero terminou, esse projeto de lei foi aprovado pela assembleia nacional. A reação foi bastante forte nos dois lados, com as lideranças gay e lésbica aplaudindo o projeto de lei e enfatizando o fato de que essa era a única resposta legítima à Constituição da nação.

A Constituição sul-africana é amplamente vista como uma das mais avançadas do mundo no que se refere a questões de gênero e de direitos humanos. A Declaração de Direitos (parágrafo 9 do Capítulo 2) descreve especificadamente a "orientação sexual" como um direito humano fundamental, sendo ela uma das várias dimensões da equidade humana, segundo a Constituição. Contudo, os cristãos conservadores deploraram a aprovação do projeto de lei de união civil. O líder da Frente Cristã, Rudi du Plooy, declarou: "Com esse ato, o ANC demonstrou que vai enfiar seus dedos nos olhos dos cristãos, como um ato de desafio às leis de Deus. A sodomia está em oposição direta às intenções e à criação de Deus."[1]

Nozizwe e o vice-presidente revertem a política sul-africana contra a AIDS. Nozizwe vinha trabalhando sob condições extremamente adversas como suplente do ministro da saúde, pois, durante os dois anos anteriores, fora proibida por seu superior, o ministro da saúde Manto Tshabalala-Msimang, a falar da AIDS. Juntamente com o presidente sul-africano, Thabo Mbeki, Tshabalala-Msimang tinha adotado uma posição altamente controversa em relação à AIDS – questionando a ligação entre o vírus HIV e a AIDS, e alegando que a AIDS podia ser tratada eficazmente por meio da alimentação, usando-se uma combinação de alho e beterraba. Essa posição e a política governamental resultante foram duramente criticadas pela comunidade internacional ligada ao combate à AIDS, com os críticos alegando que centenas de milhares de vidas foram perdidas na África do Sul por causa dessa política irresponsável que voltava as costas para todas as evidências médicas e científicas disponíveis. A crise erodiu a credibilidade do presidente Mbeki e enfureceu os ativistas internacionais durante a Conferência Internacional sobre AIDS de 2006, em Toronto, no Canadá, ocasionando sérios embaraços ao governo sul-africano.

Nozizwe concordava com a visão predominante de que um tratamento responsável contra a AIDS requer a disseminação de medicamentos antirretrovirais, como é consenso dentro da comunidade médica e científica. Como seus superiores se opunham a essa visão, as mãos de Nozizwe estavam politicamente atadas, sendo-lhe negado o acesso à influência política e ao uso de fundos governamentais. Assim, Nozizwe estava engajada numa difícil batalha para mudar a política governamental em relação à AIDS – sem sucesso até o final de 2006 quando as coisas mudaram repentinamente, em parte devido à pressão internacional após a conferência de Toronto. O ministro da saúde adoeceu no final de 2006 e foi hospitalizado; então Nozizwe assumiu com firmeza a política sul-africana contra a AIDS.

A situação chegou a um ponto tão crítico que, no dia 1º de dezembro de 2006 (Dia Mundial da Luta Contra a AIDS), a África do Sul anunciou oficialmente uma importante reviravolta em sua política em relação à AIDS. Sob a liderança de Nozizwe e do vice-presidente Phumzile Miambo-Ngcuka, a África do Sul abandonou sua estratégia contra a AIDS e anunciou uma nova política que incluía um plano bilionário de distribuição de medicamentos antirretrovirais por todo o país. As drogas antirretrovirais eram necessárias para 800 mil pessoas, mas, antes dessa nova política, estavam disponíveis para menos de 25% desse número. Foi uma vitória importante, não só para Nozizwe, mas para centenas de milhares de vítimas da AIDS na África do Sul. Isso colocou Nozizwe na linha de fogo da política durante um bom tempo. Ela deu uma entrevista ao *Daily Telegraph* em dezembro de 2006, na qual criticava o presidente e o ministro da saúde por sua posição em relação à AIDS. O governo considerou a possibilidade de tomar alguma medida disciplinar contra ela, talvez mesmo demiti-la, mas a imprensa sul-africana estava aclamando Nozizwe como heroína nacional e a comunidade internacional estava exultante e creditando a ela e ao vice-presidente Miambo-Ngcuka a salvação de quase um milhão de vítimas sul-africanas da AIDS. Portanto o governo recuou e, desde então, a reputação de Nozizwe só tem melhorado diante do governo e da nação.

O líder da bancada do ANC envolveu-se num escândalo sexual. Em meio a esses acontecimentos, um escândalo sexual altamente litigioso irrompeu no parlamento sul-africano, exatamente dois dias antes do início do nosso workshop. O líder da bancada do ANC, Mbuelo Goniwe, foi acusado de tentar coagir uma jovem assistente parlamentar a ter um encontro sexual com ele, tarde da noite, depois de uma festa de aniversário. A mulher de 21 anos de idade relatou o suposto incidente, o que provocou uma crise entre as líderes do parlamento, que se debatiam quanto a levar ou não esse incidente a público. Foram convocados encontros emergenciais entre as principais líderes do parlamento, muitas das quais haviam planejado participar do nosso workshop de reconciliação de gênero, mas cancelaram no último minuto, pois havia a necessidade de enfrentar essa crise. Para essas MPs, a pressão dramática da *realpolitik* de gênero no seio do parlamento se sobrepôs ao nosso programa de reconciliação de gênero – uma ironia que não passou despercebida ao grupo.

Na manhã do terceiro dia do workshop, a história apareceu nas manchetes: "Escândalo sexual com líder do ANC." O líder da bancada foi temporariamente suspenso até que terminassem as investigações. Nomawele Njongo, a assistente que estava no centro da tormenta, era amiga de um dos membros da equipe parlamentar que participava do workshop, a quem ela contatou em busca de auxílio. Nomawele havia recebido inúmeras ameaças de morte, via chamadas e mensagens de texto em seu celular, e estava bastante assustada. Vários participantes do workshop expressaram uma grande preocupação pela sua segurança. A história confidencial que foi relatada em nosso grupo era que diversos MPs do sexo masculino ameaçaram fisicamente a jovem para que ela não revelasse o que lhe acontecera, e ficaram enfurecidos quando ela tornou pública a história. A tentativa, por parte de importantes MPs do sexo masculino, de silenciá-la, tinha enraivecido, por sua vez, os MPs do sexo feminino, fazendo com que a tensão de gênero dentro do parlamento atingisse rapidamente altos níveis. Enquanto isso, Nomawele havia se escondido e se livrado do celular, e contatara seu amigo em nosso workshop, buscando ajuda terapêutica e proteção legal.

No dia em que terminou nosso workshop, o ANC decidiu formalmente investigar o assunto até as últimas consequências. A seguir, surgiram mais alegações de que o líder da bancada tivera relações sexuais com outra jovem da equipe parlamentar e que gerara pelo menos um filho, possivelmente dois, com funcionárias do quadro do ANC. Nesse meio-tempo, o suplente do líder da bancada, Andries Nel, participou do primeiro dia e parte do segundo dia do nosso workshop, antes que a crise estourasse nas manchetes. Havia especulações de que ele seria o novo líder da bancada, no entanto tais especulações eram prematuras, pois o resultado da investigação ainda estava pendente. A situação continuava fervendo quando partimos do país.

A investigação terminou no dia 14 de dezembro de 2006 e o líder da bancada, Mbulelo Goniwe, foi imediatamente expulso do partido ANC e afastado do parlamento sul-africano. O comitê disciplinar do ANC considerou-o culpado de molestamento sexual e de manchar a reputação do partido. Goniwe foi proibido de exercer cargos públicos por três anos.

Uma complicação semelhante, em outro caso de molestamento sexual passado nas altas rodas, ocorreu mais ou menos na mesma época. Em 1º de dezembro de 2006, a suprema corte de Pretória determinou a expulsão do embaixador da Indonésia, Norman Mashabane. Três anos antes, Mashabane fora considerado culpado de 21 casos de molestamento sexual, inclusive o de uma funcionária sua, Lara Swart. No entanto, o ministro das relações exteriores, Nkosazana Dlamini-Zuma, havia revertido o veredicto de culpa, o que levara Swart a entrar com um apelo. Depois de uma batalha legal de três anos, a suprema corte de Pretória deu ganho de causa a Swart, mantendo a expulsão de Mashabane e anulando a reversão do ministro das relações exteriores.

Em mais outro caso de molestamento sexual nas altas esferas, que envolvia um militar de alto escalão, Nozizwe desafiou oficialmente o ministro da defesa em dezembro de 2006, querendo saber por que o caso se estendera por três anos e por que o general fora recentemente promovido, antes de o caso ser encerrado. Ela também enfatizou a grave constatação de que não havia uma única mulher no recinto da corte militar, acompanhando o caso. No momento em que este livro está sendo escrito, o caso ainda estava pendente.

Os participantes do workshop na Cidade do Cabo

A suplente do ministro da saúde, Nozizwe Routledge, convidou aproximadamente 35 membros do parlamento para o workshop, mas como muitos não puderam participar, ela abriu-o para líderes de outros setores, tais como o Conselho de Igrejas Sul-Africanas, organizações feministas e organizações não governamentais (ONGs). Ao todo havia 25 participantes no workshop, quinze mulheres e dez homens. Todos, com exceção de um, eram negros ou *colored*, o termo não pejorativo usado na África do Sul para as pessoas mestiças. Havia uma pessoa branca no grupo, o marido de Nozizwe, Jeremy Routledge.

A equipe de facilitadores

Tendo em vista a intensidade inerente ao trabalho de reconciliação de gênero, acrescida dos desafios de atuar no contexto cultural sul-africano, repleto de opressão de gênero, AIDS e violência sexual – sem mencionar a monstruosa história recente do país durante o regime do *apartheid* –, era importante que, nesse evento, pudéssemos contar com uma equipe altamente especializada. Fomos informados de antemão que muitos dos participantes pertenciam ao ANC e era possível que tivessem sido presos e/ou torturados pelo regime do *apartheid*. Portanto, precisávamos em nossa equipe de pessoal treinado clinicamente, que se sentisse apto a trabalhar com participantes que talvez regredissem a experiências traumáticas do passado ou fossem novamente estimulados por elas. Também necessitávamos de pessoal suficiente à disposição para trafegarmos com confiança durante uma fusão nuclear, caso ela ocorresse. (Como vimos no Capítulo 7, uma "fusão nuclear" é uma desconstrução poderosa e espontânea do processo grupal "normal", dentro de um intenso caldeirão de profunda liberação e cura emocional, em geral envolvendo simultaneamente vários participantes de um processo catártico ou de reestimulação de traumas. Veja mais detalhes e diversos exemplos no Capítulo 7.)

Além dessas considerações clínicas, era de importância crucial nós incorporarmos facilitadores negros africanos nessa combinação, em parte porque o pessoal do Satyana Institute era composto por norte-americanos brancos, e também porque, para trabalhar na África, precisávamos da consciência e da sensibilidade africanas integradas ao nosso time de facilitadores. Com essas considerações em mente, reunimos uma equipe multirracial de facilitadores, possuidora de um conjunto de capacidades excepcionais e aptidões múltiplas. Isso nos deu a convicção interior de que nossa equipe poderia lidar de modo confiante com qualquer situação desafiadora que surgisse no grupo. O time de facilitadores era constituído pelos autores Will Keepin e Cynthia Brix, e mais quatro cofacilitadores, Julien Devereux e Janet Coster (ambos dos Estados Unidos e facilitadores certificados pelo Satyana), Nomfundo Walaza (da Cidade do Cabo) e Karambu Ringera (do Quênia). Janet Coster é conselheira psicológica em Santa Cruz, na Califórnia, especializada em questões de gênero e aconselhamento espiritual; e Julien Devereux faz trabalho social clínico, com formação em justiça criminal, desenvolvimento organizacional e psicologia transpessoal. Nomfundo Walaza é psicóloga clínica, ativista dos direitos humanos e diretora do Desmond Tutu Center, na Cidade do Cabo. Antes ela trabalhara durante onze anos como diretora executiva de um centro para tratamento de traumas (Trauma Centre for Survivors of Violence and Torture in South Africa). Karambu Ringera é queniana e líder do ativismo feminino; fundou a International Peace Initiatives, que financia o trabalho de base em prol da paz por toda a África.

Essa equipe de facilitação trabalhou bem em conjunto e a reação por parte do grupo foi entusiástica. Keith Vermeulen, diretor do escritório parlamentar do Conselho Sul-Africano de Igrejas, disse-nos depois: "Essa mistura de facilitadoras, uma sul-africana e outra africana, foi inspirada. Continuem o trabalho e continuem trabalhando juntos!"

Relato sobre o workshop da Cidade do Cabo

Conforme formos relatando o workshop da Cidade do Cabo, vamos também traçar em detalhes a experiência de um participante específico, uma mulher chamada Elana. Ao incluir as experiências de Elana em cada estágio do processo, essa narrativa sumária tem a esperança de transmitir não apenas a essência do workshop como um todo, mas também algo da experiência fenomenológica de um indivíduo específico, que entrou profundamente no processo de reconciliação de gênero.

Primeiro e segundo dias

A primeira noite (Dia 1) e o primeiro dia inteiro (Dia 2) do workshop transcorreram de modo semelhante aos nossos eventos comuns de reconciliação de gênero. Os participantes se engajaram em exercícios de "quebra de gelo", sentindo uma mescla de abertura e agitação; e estavam curiosos, embora um pouco apreensivos com o que ia acontecer. Com o tempo, a sensação de segurança cresceu e o clima geral se soltou e aprofundou, tornando-se mais pessoal e íntimo.

Desabrochar do amor

A fim de que os participantes se impregnassem das aptidões básicas para o engajamento no trabalho de cura de gênero, e para tornar essas aptidões mais fáceis de serem lembradas – e também para trazer um elemento leve e divertido –, desenvolvemos um acrônimo simples que condensa as aptidões essenciais e as ferramentas de sabedoria utilizadas nesse trabalho. O acrônimo é LOVE'S UNFOLDING ("desabrochar do amor"), que representa o seguinte:

> LOVE'S = *Listen* ("ouvir") ... *Open* ("abrir-se") ... *Value diversity* ("valorizar a diversidade") ... *Empathize* ("sentir empatia") ... *Speak your truth* ("dizer a própria verdade")
>
> UNFOLDING = *Understanding* ("compreender") ... *Nonjudgment* ("não julgar") ... *Forgive* ("perdoar") ... *Own your stuff* ("ser responsável") ... *Laugh!* ("rir!") ... *Discern* ("discernir") ... *Inspire* ("inspirar") ... *Nurture* ("nutrir") ... *Gratitude* ("ser grato")

A cada manhã introduzíamos duas ou três letras desse acrônimo, solicitando à sabedoria do grupo que adivinhasse a próxima palavra. A seguir, para cada palavra, pedíamos que os participantes incorporassem aquela palavra com um gesto ou um movimento físico. Dessa maneira, no decorrer de uma semana, o grupo coreografou uma dança simples para *Love's Unfolding*, o que abriu espaço para muitas risadas, ao mesmo tempo que dava suporte a uma incorporação e aprendizado cinestésicos.

A maioria dos dias começou e se encerrou com belas canções conduzidas por Nomfundo. A música desponta naturalmente nos sul-africanos, e sua herança cultural se irradia belamente através das numerosas canções que eles cantam juntos e sem qualquer esforço, seguindo as harmonias ricas e os ritmos elegantes. Nomfundo conduzia essas canções com graça e entusiasmo imensos.

No Dia 2, iniciamos com exercícios adicionais para quebrar o gelo e criar um espírito de comunidade, juntamente com apresentações introdutórias aos princípios da reconciliação de gênero. De especial importância foi a exposição das diretrizes e acordos éticos que o Satyana Institute havia estabelecido para seu trabalho de reconciliação de gênero, os quais todos os participantes se comprometem a cumprir no transcorrer do workshop.

O grupo começou a voltar sua atenção à injustiça de gênero quando mostramos dois videoclipes, de dez minutos cada, que resumiam, respectivamente, a dor sofrida por uma mulher e a dor sofrida por um homem. Os videoclipes incluíam passagens de um documentário sobre o lado "sombrio" da masculinidade, intitulado *Tough Guise,* de Jackson Katz, e passagens do testemunho prestado no Tribunal de Viena, de 1993, quando milhares de mulheres de todos os cantos do mundo falaram durante a Conferência das Nações Unidas sobre Direitos Humanos, em Viena, na Áustria. Antes, numa reunião de planejamento com Nomfundo, havíamos selecionado e verificado a relevância desses clipes para o público sul-africano.

À tarde fizemos o exercício de testemunho silencioso. Ele foi especialmente intenso nesse grupo, pois os participantes prestaram testemunho da magnitude da injustiça de gênero e do sofrimento que haviam vivenciado diretamente. Pareceu-nos que esse tipo de exercício era novidade para a maioria dos participantes, especificamente num grupo misto de homens e mulheres.

Durante o processo de testemunho silencioso, quando a seguinte pergunta foi feita às mulheres, "Por favor, levante-se se você alguma vez agrediu um homem ou abusou fisicamente dele", uma mulher ficou em pé, sozinha. Era Elana, uma mulher de seus 55 anos, que, mais tarde, explicou que ficar em pé em resposta a essa pergunta foi finalmente uma maneira de dar a conhecer sua própria história sem precisar realmente contá-la. Depois ficamos sabendo que Elana nunca tinha sido capaz de contar sua história para alguém. Mesmo em seus círculos femininos através dos anos, toda vez que citava essa história, Elana sempre se referia a ela como se fosse de uma amiga, jamais revelando que se tratava da sua própria história. Portanto, o fato de ter se levantado para essa pergunta era, em si mesmo, um miniavanço para Elana.

Terceiro dia

Nesse dia realizamos o processo de respiração holotrópica. A sensação de segurança e intimidade dentro do grupo continuou a se intensificar no decorrer desse dia, não apenas entre os parceiros do processo respiratório, mas também no grupo como um todo. Para essa parte de trabalho de respiração, Nomfundo e Karambu renunciaram temporariamente seu papel de facilitadoras e participaram como parceiras, pois nenhuma delas havia feito o trabalho de respiração.

Muitas pessoas tiveram intensas experiências, despertares e *insights* durante o exercício, o que serviu para aprofundar sua participação no workshop. Como Karambu Ringera declarou: "O exercício de respiração é semelhante a uma iniciação a um plano totalmente novo da percepção consciente. É uma jornada em direção a quem eu sou; a aquilo que preciso ver em meu mundo e que aponte para meu trabalho e meu papel nesta vida." O trabalho de respiração serve para congregar a "alma do grupo" e fortalecer a cola invisível que une a comunidade, conforme acontece com muita frequência. Eis alguns exemplos de experiências com o trabalho de respiração, como nos foram narradas:

Lloyd vivenciou uma intensa liberação de energia durante o trabalho. O bloqueio energético apareceu primeiro na região abdominal, e ele lidou com esse bloqueio usando sons vocais profundos, auxiliados pela facilitação no trabalho corporal. Isso conduziu a uma forte liberação, acompanhada de lágrimas e seguida por uma experiência de ampla abertura do coração.

Oni relatou que tivera uma experiência intensa no trabalho de respiração, a despeito de seu ceticismo inicial. Durante a introdução ao processo, ela disse que havia duvidado completamente que algo significativo pudesse acontecer com ela. Contudo, ao entrar no processo, uma poderosa jornada interior se anunciara. Ela disse que, em certo momento, tivera uma revelação que chegara em forma de uma visão e uma instrução muito claras. Em sua vida profissional, ela estava vivendo um forte conflito com um determinado homem e essa situação viera à tona durante o trabalho de respiração. Sua visão lhe indicara a necessidade de visitar a mãe desse homem – não para falar com ela, mas para ouvi-la. Chegara-lhe como uma instrução muito clara.

Malaika, uma pesquisadora parlamentar no final da casa dos 30 anos, tinha câncer de mama que se espalhara para os pulmões. Ela passou por uma intensa experiência de cura durante o trabalho de respiração, na qual recebeu uma clara instrução interior para "expirar ressentimento e inspirar perdão". Ela obedeceu, prosseguindo nessa prática por um longo tempo durante a sessão. Mais tarde, reportou que isso lhe trouxera uma paz profunda e, para sua surpresa, aliviara (pelo menos temporariamente) a dor física provocada pelo câncer. Ela perguntou se podia continuar a prática em casa (expirando ressentimento e inspirando perdão) e nós a encorajamos a não interromper, enfatizando que essa prática lhe fora dada de presente por sua própria sabedoria interior. Acrescentamos que essa prática tinha muita semelhança com a prática tibetana *tonglen*, altamente venerada.

Elana, antes da sessão de respiração, havia confidenciado aos facilitadores que estava com medo de que sua experiência de abuso aflorasse durante o trabalho. Ela disse que sofrera abuso por parte do marido durante trinta anos e que essas lembranças eram muito dolorosas; ela parecia estar com medo de perder o escudo protetor que mantinha sobre essa parte do seu passado. Durante o trabalho de respiração veio realmente à tona a história de Elana relacionada ao abuso, e ela seguiu a orientação dos facilitadores para continuar a respirar, independentemente do que surgisse. Elana passou por uma intensa vivência, com muitas lágrimas, no decorrer das duas horas da sessão, e sua forte experiência mudou, gradualmente, de lágrimas de pesar para lágrimas de perdão e cura. No final, seus olhos estavam brilhantes e ela parecia ter alcançado um estado de paz e libertação. Na manhã seguinte, quando chegou ao workshop, ela disse: "Hoje sou uma pessoa melhor."

Quarto dia

Começamos o quarto dia trabalhando com grupos pequenos e então passamos para os círculos separados de homens e mulheres. Para aprofundar o trabalho nos grupos de mesmo sexo, adaptamos o processo da "mandala da verdade", que é uma potente ferramenta desenvolvida por Joanna Macy. A mandala da verdade é um processo de conselho estruturado que cria um ambiente seguro e reconfortante, onde os participantes podem compartilhar as raivas, pesares, medos e verdades dolorosas que ficam tantas vezes sem ser faladas e expressadas, e que então supuram em forma de dores incuráveis. Raramente, na sociedade contemporânea, temos a oportunidade de trazer à luz essas verdades desafiadoras para serem testemunhadas compassivamente e então liberadas. A consequência inevitável é que essas verdades que provocam agonia são reprimidas e, desse modo, criam ou reforçam aquilo que Eckhart Tolle chamou de "corpo de dor" pessoal ou coletivo. O processo da mandala da verdade utiliza ícones específicos, arranjados num grande círculo, que simbolizam as diferentes expressões emocionais: pedra para simbolizar o medo; folhas mortas, para o pesar; vareta, para a raiva; e uma vasilha vazia, para algo que esteja ausente ou faltando. O processo fornece apoio às pessoas para que elas tragam à tona seus tabus ou tudo aquilo que precise ser ventilado e liberado.

Utilizando a mandala da verdade, as mulheres se reuniram para tratar duas questões específicas:

1. Qual a sua experiência da dor, como mulher?
2. Qual é a coisa mais essencial que os homens devem ouvir, e compreender, sobre a sua experiência como mulher?

Os homens se reuniram em separado e trataram de duas questões análogas sobre a própria dor e a sua experiência, enquanto homens. Tanto no círculo feminino como no masculino, várias histórias vieram à superfície. A maioria do que surgiu nesses círculos foi repetido no dia seguinte nos fóruns da verdade entre os gêneros, portanto passemos para a descrição do que aconteceu no outro dia.

Quinto dia

Já foi dito que "a menor distância entre um ser humano e a verdade é uma história" (Anthony de Mello). Isso foi certamente confirmado nesse dia, que representou a coroação do excelente trabalho que o grupo vinha fazendo até então. História após história jorrou nos fóruns masculino e feminino da verdade. Em muitos casos, a simples oportunidade de narrar para uma comunidade receptiva uma história dolorosa e oculta há longo tempo era uma experiência de cura em si mesma. Num certo momento aprendemos um ditado popular na língua xhosa, *Umntu Ngumntu Ngabantu,* cuja tradução aproximada é "uma pessoa é uma pessoa através de outra pessoa". Isso exprime o forte espírito comunitário do povo sul-africano, que se tornou bastante evidente principalmente nos últimos dias do workshop quando o grupo se uniu de modo muito intenso.

A maior parte desse dia foi gasto no processo do fórum da verdade entre os gêneros. Como descrito anteriormente, o formato é decepcionantemente simples: as mulheres e os homens sentam-se em dois círculos concêntricos, sendo que o círculo externo mantém silêncio e ouve o círculo interno. Depois os papéis se invertem; desse modo tanto as mulheres como os homens têm a oportunidade de ser ouvidos em testemunho silencioso pelo outro gênero.

Fórum feminino da verdade

As mulheres foram antes para o círculo interno, enquanto os homens tomavam assento ao redor delas, em silêncio. Após uma breve invocação, elas passaram a revelar suas histórias e trocar suas experiências.

Dana, que era membro do parlamento, contou que sua filha adolescente tinha sido estuprada cerca de um ano antes por dois rapazes. Um deles era soropositivo para o HIV. Como resultado, a filha de Dana era agora soropositiva. Dana suspeitara que a filha pudesse ter provocado o próprio estupro, pois assumira que ela devia estar "dormindo com qualquer um". No entanto, quando a filha foi hospitalizada depois do estupro, Dana viu que cometera um grave erro, pois a filha ainda era virgem quando foi estuprada. Dana se sentiu absolutamente arrasada – pelo horror do estupro, pela filha ter sido infectada pelo HIV e por ela mesma ter duvidado da filha. "Estou com tanta raiva de mim mesma por ter suspeitado da minha própria filha!", repetia ela.

Essa história forneceu um exemplo comovente de como o sistema patriarcal coage e manipula as mulheres para que elas culpem a si mesmas e umas às outras por terem sido vitimadas ou traumatizadas – a um grau tão elevado que mesmo as mães das mulheres jovens culpam suas inocentes filhas por "se deixarem estuprar". Além do mais, se a garota se envolve em problemas, isso é visto como sendo, em parte, uma falha da mãe; talvez essa tenha sido uma das razões da raiva de Dana.

Quando Dana terminou sua história, diversas mulheres seguiram-na, narrando as próprias histórias – às vezes se levantando, outras vezes chorando, mas sempre com paixão e sinceridade. Algumas andaram até o centro do círculo para pegar a "Terra da fala" (uma miniatura da Terra) ou um dos outros ícones da mandala da verdade do dia anterior: pedra, folhas mortas ou vareta.

"Soldados não choram" é uma forte advertência na sociedade sul-africana. Não somente os homens, mas também a maioria das mulheres do ANC adotou esse mesmo princípio durante a luta contra o *apartheid*. Elas achavam que não se podiam dar ao luxo de chorar nem queriam que os adversários as vissem "fracas" e "derrotadas". Na privacidade do círculo feminino do dia anterior, algumas mulheres haviam questionado se deveriam permitir-se chorar na frente dos homens.

Porém, desde o início do fórum feminino da verdade, essa questão foi decidida pela necessidade. Durante a história de abertura, contada por Dana, várias mulheres começaram a chorar e soluçar baixinho, e isso prosseguiu por todo o seu fórum. Umas oferecendo lenços de papel para as outras quando necessário. Uma mulher, membro do parlamento, disse que tinha conseguido chorar pela primeira vez em dois anos. Quando as coisas ficavam especialmente intensas, as mulheres davam-se as mãos e se aproximavam um pouco mais; nesses instantes, Cynthia lembrava a elas para ficarem centradas na respiração.

Em muitos momentos ao longo do dia, todo o recinto se deixou fascinar pelo que vinha à tona. A seguir, damos mais alguns exemplos extraídos do fórum feminino da verdade:

"Eu nunca tive permissão para chorar em qualquer lugar que fosse", começou Verena lentamente. Ela repetiu essa frase muitas vezes. "Meu marido não queria saber dessas coisas. Nem mesmo na presença dos meus colegas de clero eu podia chorar."

Anteriormente, na segunda noite do workshop de gênero, Verena tinha anunciado ao grupo: "Estou dando a mim mesma permissão para chorar", e se sentou em meio ao grupo plenário, chorando baixinho, à medida que a noite chegava ao fim. Agora ela começava a revelar sua história. Disse que seu marido tinha a pele clara, assim como o filho deles. Por causa disso, Verena vivia a estranha experiência de ser discriminada de modo desproporcional em comparação aos membros de sua própria família, que passavam por brancos (ou quase). Isso criava uma profunda tensão para todos eles sempre que estavam em lugares públicos.

Verena é ministra religiosa; às vezes, seu comportamento era extremamente eloquente e apaixonado, enquanto em outras vezes parecia não confiar em si mesma. E assim ela continuou a compartilhar suas experiências pessoais relacionadas ao racismo e ao sexismo.

"Odeio os brancos!", proclamou ela repentina e enfaticamente, olhando direto para Cynthia. Depois, voltando seu olhar para Julien, que estava sentado logo atrás de Cynthia, no círculo de testemunho masculino, ela acrescentou: "Odeio especialmente os homens brancos!" Ao que Cynthia respondeu: "Ouvi você, Verena. Obrigada por falar sua verdade – de modo tão claro e direto."

Verena sentou-se em silêncio por um instante, depois prosseguiu com uma narrativa articulada e comovente sobre as safadezas sexuais que aconteciam entre os clérigos com os quais ela colaborava. Ela disse que, durante os retiros e conferências, muitos dos seus colegas do sexo masculino e de várias religiões namoravam as colegas mais jovens ou até dormiam com elas. Eles tinham como alvo especial de sedução as ministras mais jovens e atraentes, e as manipulavam de modo que elas ficavam numa situação da qual era difícil escapar. Como uma ministra mais madura e no meio da carreira, Verena estava inteirada do que os homens faziam, e eles sabiam disso. Portanto eles se protegiam dela e acobertavam-se uns aos outros, o que incluía instruir suas esposas a não falar com Verena nem a confiar nela. Em consequência, muitas das esposas dos ministros não se relacionavam com Verena de maneira genuína, ao mesmo tempo que permaneciam na mais absoluta ignorância do que estava acontecendo com seus maridos. Verena lamentava o fato de os ministros apoiarem-se mutuamente e acobertarem as falhas uns dos outros, apesar de não receber apoio nem deles nem das esposas. "É extremamente doloroso ver tudo isso acontecendo!", ela exclamou.

Então contou o caso de um padre que a pressionara a dormir com ele e como ela não tinha se submetido aos seus avanços. Finalmente, ele se aproximara dela, logo antes do início de um retiro, e declarara com arrogância: "Você vai ser minha nesse retiro!" Ela acabara desistindo de participar do retiro e não tivera coragem de dizer para ninguém a verdadeira razão da desistência. Também enfatizou que as igrejas negam às mulheres o direito de serem elas mesmas. Sua própria igreja tinha exigido que ela, como pastora, usasse vestidos formais e sem graça, mas ela se recusara e, em vez disso, vestia roupas mais coloridas e femininas.

"Odeio os homens e odeio meu marido", concluiu Verena. Ela relatou que se divorciara do marido, mas havia voltado atrás e se casado de novo com ele devido à enorme pressão de seu pai. Mas explicou que só ia dormir depois que o marido saía de casa pela manhã, quando então bebia chá de ervas para pegar no sono; desse modo, evitava se envolver sexualmente com ele.

No círculo feminino do dia anterior, Elana havia compartilhado uma parte da sua história. Mas agora, no fórum da verdade entre os gêneros, ela revelou a história completa. O marido de Elana batia regularmente nela e nos filhos. "Para proteger as crianças, eu costumava implorar: 'Bata em mim!', mas ele não dava ouvidos." Mais tarde, o marido estuprou-a, gerando um quarto filho, uma menina. Elana percebeu que ela odiava essa criança por causa do estupro, que a deixara profundamente desolada.

Em certa ocasião, o marido levara outra mulher para morar na casa deles, tomando-a como amante. Ele e a nova mulher viviam no andar superior, enquanto Elana e os filhos ficavam relegados ao térreo, onde tinham de dormir no banheiro, pois não havia outro lugar disponível. Elana era forçada a trabalhar e entregar todo o salário para o marido, além de cuidar da cozinha e da limpeza. Era basicamente uma escrava. "Ele nunca me ouvia! Nunca!", ela exclamou. Às vezes, o marido a arrastava até o andar superior para que ela o servisse. Outras vezes, num acesso de fúria, atirava os bebês pela sacada e Elana tinha de apará-los com as mãos nuas para lhes salvar a vida.

Com o tempo, Elana foi ficando cada vez mais desesperada e infeliz. Certo dia se recusara a entregar ao marido o dinheiro que havia ganhado porque precisava comprar sapatos para as crianças. Furioso, ele veio para cima dela com uma faca na mão. Elana estava fritando linguiças e, para impedir o ataque iminente, ela se virou com a frigideira na mão e atirou-a. As linguiças e o óleo fervente acertaram o marido em cheio. E a frigideira acertou a amante. Como ele estava sem camisa, acabou ficando com o peito todo queimado. Elana foi presa e cumpriu pena, sentindo-se injustamente punida por ter se defendido contra uma tentativa de morte. "Eu não sabia mais o que fazer", explicou ela. Depois de um período presa, o marido tirou-a da cadeia porque a queria de volta, ganhando dinheiro e cuidando da casa. E o ciclo de abuso recomeçou. Com o tempo, o abuso diminuiu um pouco, mas só acabou quando o marido morreu alguns anos mais tarde.

Mais histórias surgiram, e então Nomfundo se dirigiu ao centro do círculo, pegou uma pedra e começou a falar da garota de 12 anos que ela tratara no centro de traumas. "Essa jovenzinha foi raptada, estuprada seguidamente e depois largada para morrer num capinzal perto do aeroporto da Cidade do Cabo", começou ela devagar. "Na manhã seguinte, um trabalhador do aeroporto tropeçou na menina, que estava deitada no meio do capim alto." Nomfundo articulava as palavras com angústia transparente e dicção precisa. "Ela estava nua, inconsciente, coberta de sangue." Nomfundo segurava a pedra diante de si com ambas as mãos, como se pedisse para a pedra absorver e conter a dor torturante dessa história. "O corpo da menina precisava de tratamento cirúrgico. Seu senso de identidade e de amor próprio foi completamente destruído por aquela experiência. Eu nunca tratei de alguém tão destroçado."

Enquanto Nomfundo falava, seus olhos encontraram os de Kieran, que ouvia atentamente em sua cadeira, no círculo externo. Nomfundo se dirigiu para fora do círculo feminino, estendeu os braços e, silenciosamente, ofereceu a pedra a Kieran, como se dissesse: "Tome-a. Você é um homem, e foram seus irmãos homens que cometeram essa medonha violência contra essa menina. Por favor, divida conosco o peso terrível dessa tragédia." Kieran recebeu a pedra e segurou-a nas mãos durante algum tempo, enquanto Nomfundo prosseguia; então, em silêncio, ele passou a pedra para o homem ao seu lado, que a segurou por um tempo e depois a passou adiante. Devagar, a pedra deu a volta por todo o silencioso círculo masculino.

As lágrimas rolavam copiosamente em toda a sala, não só entre as mulheres. Diversos homens também estavam enxugando os olhos, pedindo ocasionalmente ao vizinho um lenço de papel. Quando a pedra foi entregue a Lloyd, ele segurou-a por algum momento, caiu então no choro, que depois se tornou um soluçar alto. Em vista do forte tabu que existe na cultura sul-africana contra os homens chorarem em público, aquele foi um momento excepcionalmente comovente. O recinto estava tomado por uma presença hipnotizante, impregnada com o som dos soluços de Lloyd. Dois homens se aproximaram, ladeando-o e lhe oferecendo encorajamento e apoio, enquanto ele continuava a chorar. Antes de terminar sua história, Nomfundo esperou até que o choro de Lloyd cedesse.

Uma após outra, as histórias do círculo das mulheres foram sendo contadas. Num certo instante, uma mulher gritou: *Wathinta Abafazi, Wathnta Ibokodo!*, e todas elas riram e assentiram vigorosamente com a cabeça, concordando com entusiasmo. Esse era um dito popular: "Se você atinge uma mulher, atinge uma pedra!", que expressa a solidez da mulher sul-africana.

Uma inovação sem paralelos no processo do fórum surgiu espontaneamente num determinado momento quando uma das mulheres introduziu no círculo um maço grande de varetas, de aproximadamente sessenta centímetros cada, feitas de uma madeira leve como bambu. Ela distribuiu um punhado, com umas vinte varetas, para cada uma das mulheres e passou-lhes as seguintes instruções. Toda vez que uma mulher compartilhasse uma história ou uma experiência que se aplicasse a alguma outra mulher do grupo, essa outra traria isso ao conhecimento de todos pelo simples ato de depositar uma vareta no centro do círculo. A participação das mulheres prosseguiu, mas, dessa vez, no final de cada história, outras mulheres adicionavam silenciosamente suas varetas no centro do círculo, significando que uma experiência semelhante também ocorrera com elas. Dessa maneira, a força do fórum feminino da verdade foi ampliada significativamente, pois todos na sala podiam testemunhar como essas experiências eram comuns a outras mulheres do círculo. Logo as varetas receberam o nome de *me-too sticks* ("varetas comigo-também"); essa útil inovação continuou pelo resto do fórum feminino e também foi adotada no fórum masculino da verdade.

Perto do final, uma mulher chamada Boniswa pegou a "Terra da fala" e ficou em pé. Falando com uma convicção apaixonada, ela implorou que os homens olhassem além da aparência das mulheres. "A maioria dos homens vê apenas a nossa aparência física – e não quem realmente somos. Por favor! Olhem além do nosso corpo, olhem além da nossa aparência exterior! Nós somos mulheres! Para sermos verdadeiramente conhecidas, precisamos ser conhecidas de dentro para fora, não de fora para dentro."

Quando o fórum feminino da verdade se encerrou, os homens puderam expressar seus pensamentos sobre o que haviam escutado. Muitas mulheres comentaram como ajudava a cura o fato de saber que os homens compreendiam os detalhes específicos do sofrimento feminino. Em certo momento, um dos homens, Umoja, se aproximou do círculo feminino e pousou delicadamente as mãos nas costas de cada uma das mulheres, em sinal de gratidão e reconhecimento.

Depois do fórum feminino da verdade, algo irrompeu de dentro de Elana. Ela segurou uma das facilitadoras e começou a girar alegremente em volta dela. "Como estou melhor!", ela disse sorrindo, "embora, em parte, eu esteja me sentindo mal porque traí meus filhos. Eles também sofreram todos esses abusos, e nós prometemos uns aos outros que nunca contaríamos para ninguém o que tinha acontecido." E Elana continuou a refletir sobre isso, enquanto o grupo saía para almoçar.

Fórum masculino da verdade

Durante a tarde foi a vez de os homens ficarem no círculo interno, com as mulheres testemunhando ao redor deles, em silêncio. Falar abertamente das experiências pessoais relacionadas ao gênero, às mulheres e à sexualidade era uma experiência totalmente incomum para os homens sul-africanos – na verdade, era a primeira vez para quase todos eles. O processo da mandala da verdade com os homens, no dia anterior, no qual muitas histórias intensas haviam emergido, ajudou a prepará-los para lidar com as questões de gênero nesse formato plenário. Mesmo assim, alguns deles ainda demoraram a entrar em níveis mais profundos de suas experiências pessoais como homens. Os facilitadores ajudaram o andamento do processo ao compartilhar algumas das suas próprias experiências, como uma forma de apoiar os homens e lhes dar permissão para falar de uma maneira nova. Dois dos homens, Howard e Craig, trabalham profissionalmente com mulheres vítimas de violência doméstica, e a presença deles também ajudou os outros homens do grupo a aceitarem as questões de gênero e se abrirem a elas. Uma apresentação feita anteriormente por um convidado, dr. Kopano Retele, especialista em questões masculinas na África do Sul, também ajudou a fornecer um modelo diferente de homem sul-africano.

A partir do momento em que alguns homens mergulham corajosamente, o caminho fica mais fácil para os demais. Esse processo assemelha-se a outros trabalhos de cura para homens, em que uns poucos indivíduos corajosos iniciam o processo e logo os outros os seguem. Para alguns homens, um bom modo de entrar no círculo é falar de suas filhas, por quem sentem um grande amor, associado a uma séria preocupação com a segurança e o bem-estar delas à medida que elas vão chegando à idade adulta dentro da sociedade sul-africana.

A dolorosa realidade da violência cotidiana na sociedade da África do Sul entra muito cedo dentro dos lares. Um dos homens, Isaac, estava pegando carona com Melina toda manhã para ir ao workshop. Naquela manhã, antes de Melina chegar para pegá-lo, houve uma briga na rua, com troca de tiros, bem na frente da casa de Isaac. A vizinha do lado tinha brigado com o pai do seu filho e se separado dele. Naquela manhã, o ex-companheiro aparecera e começara a esbofetear a mulher na porta da casa dela. Então o atual companheiro da vizinha saíra com o revólver na mão e os dois passaram a trocar tiros em plena rua. Se Melina tivesse chegado meia hora antes na casa de Isaac, teria ficado sob fogo cruzado. Isaac não sabia se alguém ficara ferido.

Resumimos a seguir várias das participações individuais dos homens:

Umoja disse que sua esposa o abandonara três vezes. Embora não tenha explicado em detalhes o que acontecera, ele nos contou como fora doloroso. Ele se sentira completamente rejeitado e desvalorizado. Também falou da profunda preocupação com suas duas filhas. Como ministro religioso, não queria sucumbir ao medo, mas agora, que as filhas estavam crescidas, ele rezava para que Deus as protegesse do estupro, do molestamento sexual, do abuso e da AIDS – numa sociedade repleta de violência sexual. Ele admitiu que era a única coisa que podia fazer, embora se preocupasse com a vulnerabilidade delas diariamente. Muitos homens depuseram varetas no centro do círculo depois dessa história, indicando uma profunda preocupação com o bem-estar e a segurança das próprias filhas.

Isaac era um jovem sério que sofria de angina do peito desde o nascimento. Ele começou relatando uma história dolorosa que tinha ocorrido três anos antes. Certo dia, ele estava com três grandes amigos quando, inesperadamente, irromperam tiros na vizinhança de onde eles estavam passando. Pegos dentro do fogo cruzado, ele e os amigos correram desordenadamente para escapar do tiroteio que vinha de todos os lados. Dois dos amigos caíram no chão quando as balas os atingiram. Isaac e o terceiro amigo conseguiram escapar, mas os outros dois morreram naquele dia. Isaac ficara desolado por essa perda. Seus olhos sensíveis estavam cheios de lágrimas conforme ele contava a história.

Isaac continuou carregando um grande pesar pela perda desses amigos, que se tornou ainda maior devido à recente perda de outro amigo – causada pela AIDS. Por ocasião do workshop, ele estava preocupado com mais um de seus amigos homens, que vinha tendo um comportamento sexual de risco. Apesar de Isaac já ter alertado várias vezes o amigo do risco de contrair AIDS, este não estava tomando as precauções necessárias.

Isaac nos falou da reação e do conselho de sua mãe em relação à perda trágica dos seus amigos, que tinha sido simplesmente se esquecer deles e seguir em frente. Ele partilhou outros casos sobre sua mãe: como ela o tinha criado para ser durão, "como um homem", mas isso ia contra sua natureza. Ele contou sobre um confronto que tivera certa vez com o irmão e como se recusara a lutar. Ao ouvir isso, a mãe tinha instruído o irmão a bater em Isaac, e o irmão obedecera. Isaac disse que a dor emocional causada pela ordem da mãe ao seu irmão havia sido muito maior do que a dor física causada pelos socos.

Isaac trabalha na recuperação de mulheres que sofreram abuso. Ele e outro participante, Craig, são funcionários de uma ONG chamada Woman Awakened, que reabilita mulheres que sofreram traumas causados por violência doméstica. Ambos eram, portanto, muito mais sensíveis às queixas das mulheres do que a maioria dos homens sul-africanos; sua presença no grupo ajudou imensamente a elevar a percepção entre os homens.

Lloyd esteve ausente durante a maior parte do fórum masculino da erdade por causa da reunião do parlamento. Mas ele havia participado de modo apaixonado na mandala da verdade do dia anterior. Ele falara de como seu grupo de colegas havia ganhado uma importante batalha parlamentar que culminara na aprovação do projeto de lei de união civil entre homossexuais. Esse havia sido um processo revelador que demonstrara até que grau vários parlamentares levavam a sério o projeto de lei, que estava de acordo com a Constituição sul-africana, a qual garantia a igualdade de todos os cidadãos, independentemente das diferenças raciais e pessoais, inclusive a orientação sexual, especificamente. Lloyd tinha falado da necessidade de levar a sério a equidade entre homens e mulheres, pois parecia que nem todos os MPs estavam igualmente comprometidos com ela. Apesar disso, ele sustentara que a Constituição da África do Sul é uma das mais avançadas do mundo, tendo-se em vista os direitos humanos e a justiça racial e de gênero. Ele acrescentara que, para o trabalho urgente de cura e reconciliação de gênero dentro das comunidades e congregações religiosas em toda a África do Sul, a Constituição era uma ferramenta mais potente e eficaz do que a Bíblia.

Lloyd tinha também dito que o projeto de lei de união civil poderia levar à sanção do casamento entre homossexuais na África do Sul. Ele dissera estar esperançoso, mas havia incerteza se o projeto seria aprovado.

Craig compartilhou seus pensamentos sobre a trágica espiral ascendente de abuso sexual e estupro na África do Sul. Expressou uma intensa preocupação com o fato de as mulheres jovens estarem cada vez mais se tornando as vítimas, pois os estupradores procuravam as mais novas na esperança de evitar ser infectados pelo HIV, ou então devido a um difundido mito que garantia que fazer sexo com uma virgem curava da AIDS. Por isso, muitos homens com AIDS estavam estuprando as mulheres jovens, e até mesmo as crianças.

Logo antes de começar o workshop, Kieran havia compartilhado seu medo de que uma equipe de facilitadores dos Estados Unidos já chegasse com todas as "respostas" e conduzisse a maioria das falas. Ele estava se referindo à sua frustração com treinadores e facilitadores norte-americanos em workshops anteriores, dos quais ele tinha participado. Mais tarde, ele nos confessou que estava agradecido por ver que nós tínhamos vindo como aprendizes, não como especialistas.

Kieran ampliou sua participação, falando de algumas histórias da sua infância. Certa vez, ainda menino, ele tinha ficado chateado com a irmã ao tentar montar uma barraca, e começara a bater nela. Ele estava enterrando as estacas da barraca e batera na irmã com a marreta, embora não muito forte, disse ele. Por conta disso, seu pai lhe dera uma surra – "às escondidas e até tirar sangue", conforme contou ele. "*Nunca* mais bata na sua irmã, e nunca mais bata numa mulher!", gritou-lhe o pai. Ele também apanhou na infância por causa de brincadeiras de cunho sexual.

Kieran expressou a paixão que tinha por seu trabalho, que envolvia a implantação de um projeto de alternativas à violência (Alternatives to Violence Project - AVP), na África do Sul. Com eloquência, falou de como provinha de uma posição com privilégios de homem branco, em que assumia ter direito a todos os benefícios associados. Mas o fato de testemunhar os acontecimentos em Soweto, durante o regime do *apartheid*, fizera com que ele mudasse. Ele havia despertado e visto o racismo e injustiça incríveis. Como resultado desse horror, muitos de seus compatriotas estavam abandonando a África do Sul, desgostosos e desesperados. Mas Kieran tomara a decisão de permanecer e se engajar na luta contra o *apartheid*. Envolvera-se com o ativismo *antiapartheid*, e sua função era disseminar informações e escritos. Por meio desse trabalho tinha conhecido Oni, que o deixara profundamente impressionado. Depois fora preso e passara um mês na prisão. Logo depois de ser solto, Oni fora presa e passara um ano confinada numa solitária. E não muito depois de Oni ser libertada, os dois se uniram, formando um casal.

Kieran tem uma opinião firme sobre o valor e a importância do trabalho de gênero, e articulou-a eloquentemente, porém ao seu modo reservado: "Este trabalho de reconciliação de gênero desafia os alicerces de todas as importantes instituições da nossa sociedade: as forças armadas, a igreja, o governo, as corporações, as profissões liberais, o sistema educacional." Kieran fez uma pausa, permitindo que a força de suas palavras calasse fundo antes de continuar a falar com sua voz calma e confiante. "Em todos os casos, essas instituições são assimétricas – concedendo aos homens vantagens injustas, sem dúvida alguma. E, num nível mais profundo, essas instituições são estruturadas de uma maneira desequilibrada, favorecendo os valores masculinos em detrimento dos femininos, o que é prejudicial para todos na sociedade – homens e mulheres. Incumbir-se deste trabalho de reconciliação de gênero significa sacudir os alicerces de todas as partes da nossa sociedade. É um trabalho absolutamente essencial."

Dando-nos um exemplo específico, Kieran descreveu como os homens jovens e inocentes são profundamente traídos pelo sistema militar, uma arena que ele conhecia bem. Em todas as nações, explicou ele, o sistema militar faz uma imersão com os homens jovens – tão jovens que mal deixaram a infância para trás – e os condiciona a rejeitar sua inteligência e sensibilidade inatas, como seres humanos. Eles são treinados a matar, a não pensar por si mesmos; treinados para rejeitar tudo aquilo que é "feminino", como coisas intrinsecamente fracas e inferiores; condicionados a ver as mulheres como objetos de prazer sexual; e exercitados a obedecer as ordens dos superiores, sem refletir nem julgar, a despeito de quão insanas ou irracionais possam ser. Em particular, sua sexualidade em desenvolvimento é cooptada para servir a propósitos militares, e sua capacidade de se relacionar de modo íntimo com as mulheres é seriamente reduzida ou mesmo destruída. Ele disse que o sistema militar não consegue funcionar sem esse profundo desequilíbrio estrutural de gênero, o qual é impresso muito cedo na vida do jovem e de modo impiedoso – num momento em que ele é inocente, frágil e impressionável, e em que ainda não é capaz de se assumir como adulto. Dessa maneira, a personalidade adulta, a mentalidade e os valores do homem jovem são moldados para se ajustar precisamente às necessidades da máquina militar – e a humanidade do jovem é traída.

Continuaram emergindo outras histórias fortes no fórum masculino da verdade. Um homem falou de sua sexualidade na adolescência, que incluiu masturbação diante de revistas de fotos pornográficas de garotas. Essas experiências estavam firmemente gravadas e, mais tarde, foram projetadas em suas relações com as mulheres reais cujos corpos ele comparava com as fotos idealizadas das revistas. Depois dessa história, todos os homens do círculo depositaram uma vareta no centro, o que significava que alguma versão dessa mesma experiência era comum a todos eles.

Outro homem contou que, muitos anos antes, durante seu primeiro casamento, ele mantivera um caso amoroso secreto. Sua esposa confiava inteiramente nele e, quando o caso foi descoberto, ela ficara absolutamente arrasada por ver sua confiança traída. De novo, muitas varetas foram acrescentadas à pilha central. Ele concluiu a história dizendo que eles se divorciaram e que ela se casara com outro. Apesar de, mais tarde, eles terem se tornado amigos, ele disse que a experiência causara a ela danos duradouros.

O fórum masculino da verdade chegou ao final e as mulheres tiveram a oportunidade de expor suas reflexões sobre o que tinham ouvido e como aquilo mexera com elas. Verena resumiu o sentimento de muitas mulheres quando disse: "O simples fato de ouvir os homens admitindo essas coisas já ajuda muito. Isso é tudo o que eu queria do meu marido: que ele pudesse admitir o que fez."

Nesse momento, um belo processo de reconciliação começou de repente a brotar espontaneamente no grupo. Iniciou quando uma das mulheres trouxe à lembrança de todos a imagem de Umoja pousando as mãos gentilmente nas costas das mulheres durante o fórum feminino, e como isso fora caloroso e nutridor. Repetindo esse gesto, ela se adiantou e pousou as mãos nas costas de um dos homens. As outras mulheres logo a acompanharam, colocando as mãos nas costas de todos os homens. Então a primeira mulher começou a cantar suavemente – uma linda canção sul-africana. Conforme elas continuavam a cantar, os homens responderam, balançando o corpo de um lado para o outro. Logo depois, eles se levantaram e viraram, ficando de frente para elas. Todos continuaram a cantar em dois círculos concêntricos, com homens e mulheres de frente uns para os outros. Então o círculo interno começou a girar e cada mulher teve a oportunidade de passar lentamente diante de cada um dos homens e olhar no fundo dos olhos deles, e vice-versa. Olhares radiantes e sorrisos tocantes preencheram o coração de todos à medida que a canção prosseguia, culminando numa conclusão ressonante. Foi um ritual requintado de reconciliação que durou cerca de meia hora – inspirado de forma natural pelo belo e corajoso trabalho que o grupo realizara em conjunto.

Durante a saída para o intervalo, houve numerosos abraços calorosos e amorosos por toda a sala, acompanhados de trocas e reconhecimentos sinceros e entusiasmados entre diversas pessoas do grupo. Os participantes agradeceram profundamente uns aos outros por tomarem parte de modo tão autêntico nesse tipo de processo corajoso e íntimo. Foi bonito testemunhar esses maravilhosos homens e mulheres tecendo novamente uma comunidade calorosa e confiante depois de uma comunicação tão intensa e vulnerável entre eles.

Na última manhã do workshop, grande parte do tempo foi utilizada para criar as cerimônias com que os homens e as mulheres se homenageariam mutuamente. Depois dos planejamentos do começo da manhã se completarem, entre muitas brincadeiras e gracejos, os dois rituais foram realizados.

Cerimônia masculina de homenagem

Os homens foram os primeiros a homenagear; formando casais, acompanharam as mulheres até o interior da sala, gentilmente fazendo-as sentar em semicírculo. Elas se sentaram em silêncio, olhando-se com olhares indagadores, enquanto observavam o outro lado da sala, onde os homens tinham construído uma estrutura grande e estranha. Era uma espécie de torre, formada por umas vinte cadeiras, cuidadosamente empilhadas e equilibradas umas em cima das outras. A estrutura ocupava mais de um terço da sala e quase alcançava o teto.

Na abertura do ritual, os homens anunciaram que a torre de cadeiras representava o patriarcalismo. Eles então declararam seu compromisso de desmontar e acabar com aquela estrutura opressiva – que mantém tanto as mulheres como os homens escravos de um sistema opressor e injusto. A seguir, eles rodearam a torre de cadeiras. Cada um estendeu um braço e segurou a perna de uma das cadeiras da base da torre; depois, todos juntos, puxaram as cadeiras. O edifício inteiro veio ao chão com um barulho estrondoso e dramático. A encenação era apenas simbólica, mas seu poder foi impressionante. As mulheres ficaram emocionadas.

Rapidamente, eles levantaram as cadeiras, alinharam-nas e se sentaram diante das mulheres. Em nome de todos os homens, Lloyd levantou-se, deu um passo à frente e, solenemente, proferiu a seguinte declaração:

Declaração a nossas irmãs

Declaração apresentada pelos homens às mulheres na cerimônia dos homens em homenagem às mulheres: *Reconhecimento do Sofrimento e das Lutas das Mulheres, e nosso Compromisso de Derrubar as Estruturas do Patriarcado.*

Durante os últimos cinco dias, nós nos reunimos em comunidade, na qualidade de homens, e em comunidade com vocês, na qualidade de homens e mulheres. Ouvimos as histórias uns dos outros – algumas pessoais, outras em nome de seres humanos vulneráveis, degradados, feridos e brutalizados –, por nenhuma outra razão que não fosse o fato de esses seres humanos serem mulheres, irmãs, mães e filhas.

Ouvimos também que, por meio das estruturas sociais do poder e da administração, muitos dos nossos irmãos abusaram dos papéis que lhes foram designados, de cuidadores e protetores –, motivados pelo poder egoísta e por prazeres e ganhos pessoais.

Os laços de humanidade foram quebrados.

Admitimos ter compartilhado vantagens perversas e injustas que perturbaram o equilíbrio designado pelo Criador: relações humanas voltadas para o amor, o companheirismo e a cooperação.

Temos sido cúmplices em destruir o designado sonho de equidade.

Portanto, agora, pedimos a vocês: desculpem-nos. Afirmamos que queremos começar de novo. Como prova disso, marcaremos nossas testas com cinzas – cinzas das quais viemos e para as quais retornaremos –, como um ato que simboliza nossa tristeza, nosso pedido de desculpas e nossa penitência.

E viemos com o desejo de expressar, não nossa culpa – porque a culpa nos oprime e nos traz um peso que não conseguimos carregar – mas, certamente, nossa responsabilidade. Assim, perguntamos a vocês: aceitam nossa oferta de assumir responsabilidade, comprometendo-nos a viver segundo a equidade de gênero – e estimular e apoiar todos os homens em todos os lugares a viver e trabalhar por ela – e, em consequência, buscar a reconciliação?

Depois que essa declaração foi lida, os homens pegaram um pratinho com cinzas, que eles obtiveram ao queimar a vareta que simbolizara sua raiva durante o fórum masculino da verdade. Cada homem marcou com cinzas a própria testa. Então explicaram que iam lavar e massagear as mãos das mulheres. Eles formaram uma fileira, carregando vasilhas de água, toalhas, cremes para massagem e chocolates – e cantaram uma doce canção à medida que gentilmente lavavam, secavam e massageavam as mãos das mulheres com cremes, e finalizando com o oferecimento de um chocolate. Eles continuaram em fila, atendendo cuidadosamente a todas as mulheres.

A seguir, enfileiraram-se novamente diante delas; cada um deu um passo à frente e falou de sua cumplicidade pessoal com o patriarcalismo e firmou um compromisso pessoal de agir para acabar com a injusta opressão sobre as mulheres. Por exemplo, Howard disse: "Em nome de todos os homens que feriram as mulheres, e para aquelas mulheres a quem eu próprio causei dor, peço muitas e muitas desculpas. Eu me comprometo a intervir na cumplicidade inconsciente dos outros homens que perpetuam o patriarcado. Em particular, jamais assistirei a uma situação de violência sem tomar uma atitude, e jamais ignorarei um grito próximo ou um som de desespero sem verificar sua causa."

Depois que cada homem admitiu sua cumplicidade e assumiu seu compromisso, eles encerraram o ritual curvando-se em silêncio diante das mulheres. E saíram da sala também em silêncio.

Cerimônia feminina de homenagem

Profundamente comovidas, as mulheres permaneceram quietas por vários minutos, absorvendo a força do ritual de oferenda dos homens. Então, inspiradas e entusiasmadas, passaram aos preparativos de seu próprio ritual.

Depois de alguns minutos, elas saíram e acompanharam cada homem de volta para a sala, sentando-os cuidadosamente num círculo belamente arranjado. As luzes estavam obscurecidas e uma música estimulante tocava quando elas começaram uma deslumbrante dança dos véus – cada uma com um ou mais véus coloridos e floridos, de vários e diferentes tecidos. Elas ziguezaguearam entre os homens, dançando alegremente, girando os véus em volta delas mesmas, por toda a sala e entre os homens – estendendo-os sobre os braços, as pernas e o peito dos homens, e roçando-os sensualmente no rosto e cabeça deles. Os homens permaneceram cativados pelo espetáculo colorido do movimento, dos olhos sorridentes e da sensualidade sutil das mulheres durante todo o tempo que durou a dança.

Como Kieran afirmou mais tarde: "As mulheres foram ficando cada vez mais bonitas à medida que o workshop avançava!" e isso se tornou ainda mais verdadeiro naquele momento em que elas dançavam com uma graça maravilhosa, uma alegria sincera e os olhos brilhando de amor. Na verdade, esse fenômeno de progressiva beleza dera um grande salto no dia anterior, depois que elas abriram seus corações e verteram toda a dor e angústia que as torturavam, as quais foram genuinamente reconhecidas e sentidas pelos homens. Naquele momento, algo de muito profundo dentro das mulheres começou a se soltar e ir embora, deixando em seu lugar uma intensa sensação de paz e segurança. E, com essa liberação interior, a beleza e a radiância inata das mulheres começaram a brotar naturalmente – sem ser impedidas pelo medo, pela contração ou pelo julgamento. Essa abertura e expansão interiores continuaram se intensificando e culminaram no momento em que dançavam para os homens, ofertando suas bênçãos, de coração a coração.

Esse processo é algo que temos observado seguidamente ao longo dos anos, como facilitadores do trabalho de reconciliação de gênero. À medida que o trabalho de cura progride e a confiança é construída, a beleza interior tanto das mulheres como dos homens se liberta e começa a brilhar – algumas vezes por meio de tentativas tímidas, como as pétalas de uma flor se abrindo à luz do sol. Mas, conforme o trabalho de reconciliação de gênero se desenvolve, a fragrância e cor resplandecentes da beleza e da luz interior da alma são gradual e inevitavelmente reveladas – uma requintada emanação da nossa verdadeira natureza. E, quando isso acontece, as pessoas começam a vislumbrar o imenso preço que pagamos em nossa vida diária, socialmente condicionada, em que essa beleza extraordinária e essa fragrância intangível estão cobertas por grossas camadas de condicionamentos sociais e culturais – tão completamente que a maioria das pessoas até mesmo esqueceu que essa beleza interior existe.

Depois dessa deslumbrante abertura, as mulheres formaram um círculo ao lado dos homens, e várias delas se adiantaram, uma por vez, e ofereceram suas bênçãos pessoais ou seu testemunho sobre o poder do trabalho que havíamos todos realizado. Incluímos, a seguir, alguns testemunhos oferecidos individualmente por algumas mulheres aos homens:

- "Vocês se dedicaram a fazer esta jornada conosco – oferecendo tudo o que têm: sua mente, espírito, alma e corpo. Trabalhando juntos, eliminaremos essa brecha que existe entre nós."
- "Agora percebo que, como mulheres, não estamos sozinhas. Eu agradeço o sacrifício que vocês fizeram para realizar conosco essa jornada, comprometendo-se a trazer a paz e o espírito de *Ubuntu* para a nossa sociedade."
- "Inesperadamente, vocês trouxeram grande coragem, amor, apoio e palavras de sabedoria, que geraram esperança, luz e felicidade. Eu gostaria de dizer que vocês foram maravilhosos durante todo o workshop pelo fato de terem sido capazes de fazer essa longa jornada ao nosso lado."
- "Rujam, jovens leões, rujam! Sinto uma imensa alegria em meu coração pelos maravilhosos momentos que passei com vocês!"

Depois de vários desses testemunhos comoventes, as mulheres iniciaram uma gloriosa e bela canção africana, encerrando assim seu ritual. Os homens se juntaram a elas, e logo o grupo todo estava imerso numa alegre celebração feita de músicas e danças. A comunidade se dissolveu num mar de risos, abraços calorosos, lágrimas suaves e profunda gratidão, expressos num ambiente cheio de intimidade e sonhos alegres.

Integração e conclusão

A parte final do workshop focalizou a integração, a avaliação e a conclusão. Cynthia e Karambu delinearam alguns dos principais desafios que poderiam surgir quando os participantes voltassem ao ambiente familiar e do trabalho, e resumiram maneiras práticas de aplicar as novas aptidões e *insights* na vida cotidiana. Depois Karambu conduziu um exercício de integração, dando suporte para que os participantes investigassem mais profundamente quais eram, em especial, algumas das suas inquietações e desafios. Então, de acordo com as necessidades e inquietações declaradas pelos participantes, ela facilitou a formação de diversos pequenos grupos para que fossem tratados mais detidamente os desafios da reintegração ao local de trabalho e à vida no lar. Depois do almoço, o plenário se reuniu para ouvir o relato desses pequenos grupos e cada participante falou dos próximos passos que pretendia dar. Por exemplo, Isaac chegou à conclusão de que era necessário fazer um trabalho de reconciliação de gênero em seu vilarejo, e disse que o primeiro passo seria procurar as pessoas e escutá-las verdadeiramente. Ele percebera que o mais importante era começar a ouvir profundamente para poder extrair de seus conterrâneos o que eles mais necessitavam e queriam. Baseando-se no que ouvisse, ele decidiria quais etapas realizar para introduzir o trabalho de reconciliação de gênero em seu vilarejo.

Durante o círculo de encerramento surgiram muitas expressões de reconhecimento e gratidão. Em especial, muitos participantes agradeceram a Nozizwe por sua coragem e visão ao promover esse encontro, enfatizando que ela trouxera um trabalho bastante necessário entre homens e mulheres na África do Sul. Encerramos com uma apresentação final da coreografia do *Love's Unfolding*, seguida por uma sequência de canções africanas – cantadas com olhos brilhantes e vozes enlevadas por uma harmonia alegre e ressonante. Todos os presentes sabiam que, como homens e mulheres juntos, haviam aberto uma trilha incomum e sem precedentes para a reconciliação de gênero na África do Sul. Em nossos corações, todos nós tínhamos esperança de que essa feliz conclusão fosse apenas a semente de uma nova e auspiciosa forma de harmonia e reconciliação entre homens e mulheres na magnífica República do Arco-Íris da África do Sul.

Continuação da história de Elana

Elana chegou a um estado de profundo perdão no final do workshop, e disse que não mais sentia ódio. Toda sua conduta havia mudado e ela disse que sentia que sua história de abuso não estava mais dentro dela.

Dois dias depois do workshop, Elana convidou os facilitadores do Satyana para participarem de um encontro do seu grupo de mulheres, ao qual ela e outras quatro participantes do workshop pertenciam. Dois facilitadores do Satyana compareceram, juntamente com cinco mulheres que estiveram no workshop de reconciliação de gênero, cada qual usando o crachá do nosso workshop. Essas mulheres falaram entusiasmadas sobre suas experiências com o trabalho de gênero para as outras mulheres do círculo.

Então Elana narrou a continuação da sua história. No dia seguinte ao workshop, ela foi visitar o túmulo do marido, e lá o perdoou por todo o abuso que sofrera. Mais tarde fez uma visita à antiga amante do marido (a mulher que se mudara para o andar superior da casa de Elana), com quem ela não mantivera nenhum contato durante os últimos anos. Quando Elana bateu na porta, a mulher a atendeu sentada numa cadeira de rodas. Elana então esclareceu que estava ali porque queria perdoá-la. A mulher ficou muito agradecida por esse gesto e a convidou a entrar. Contou a Elana que vinha pensando nela nos últimos tempos e explicou que acreditava estar numa cadeira de rodas por causa do que fizera a Elana. A conversa que tiveram foi extraordinariamente curadora. Elana se sentiu profundamente liberta depois desse diálogo.

No dia seguinte, retornou ao trabalho e estava visivelmente radiante e em paz. Quando o chefe começou a falar de trabalho logo cedo e no primeiro dia do retorno de Elana, ela perguntou: "Você não vai perguntar nada sobre o workshop?" Ele sorriu e respondeu: "Você não precisa contar nada. Seu rosto já diz tudo!" Elana nos disse que todos os colegas de trabalho comentaram como ela estava diferente. Depois o chefe pediu: "Por favor, fale-nos do workshop." Elana começou a contar, e a conversa com os colegas foi tão envolvente que durou aproximadamente seis horas, até as três da tarde.

Introdução à reconciliação de gênero para a comunidade de Ela Gandhi, em Durban

Ela Gandhi, neta do Mahatma Gandhi, vive em Durban, na África do Sul. Quando a Sra. Gandhi ouviu falar, por intermédio de nossa cofacilitadora Karambu, do workshop que estávamos conduzindo na Cidade do Cabo, ela ficou entusiasmada e nos convidou a ir a Durban apresentar para sua comunidade um programa introdutório à reconciliação de gênero. Quando isso aconteceu, já havia um encontro planejado (de dois dias, no final de novembro, com cerca de vinte mulheres e com Karambu como facilitadora). Então ela nos perguntou se, no lugar desse programa agendado, podíamos apresentar o trabalho de reconciliação de gênero do Satyana. Respondemos que, em princípio, estávamos abertos à ideia, mas, para ser mais eficaz, o programa requeria a participação de homens. Também avisamos a ela que um trabalho estruturado para durar dois dias seria muito menos abrangente que o programa da Cidade do Cabo. Apesar disso, a Sra. Gandhi nos encorajou a realizá-lo, e disse que ia imediatamente procurar homens interessados em participar do workshop.

Projetamos um formato de dois dias para um grupo que teria provavelmente muito mais mulheres do que homens. Will Keepin já tinha um compromisso para conduzir um retiro na Índia, que não poderia ser desmarcado, portanto Cynthia Brix conduziu o programa de Durban, com Karambu Ringera como cofacilitadora. O programa foi uma versão bastante abreviada do trabalho de reconciliação de gênero apresentado na Cidade do Cabo. Houve dezesseis participantes, sendo três homens, vindos de ONGs que trabalham para organizações de origem popular, incluindo um abrigo para mulheres vítimas de violência doméstica; de um projeto de arte e jardim comunitário, localizado em Phoenix (o povoado de Ela Gandhi); do Mavela Creche, um centro infantil, localizado na zona rural de Durban; e funcionários da Satyagraha, uma organização que promove a tradição gandhista da não violência. A composição racial do grupo era a seguinte: seis indianos, oito negros e dois mestiços; e mais Cynthia e Karambu.

Esse workshop foi uma experiência nova para a maioria dos participantes, senão todos. Para muitos, parecia que estavam sendo introduzidos em modos experimentais de trabalho em grupo. A maior parte do workshop prosseguiu de acordo com os padrões costumeiros. Contudo, na mandala da verdade, apenas quatro pessoas ficaram em pé e falaram, dentre elas Karambu e Cynthia, que haviam moldado o processo. Um dos homens participantes abriu a mandala, e Ela Gandhi foi a última pessoa a falar. O homem que se levantou falou apaixonadamente sobre a traição que sofrera por parte de seus pais e o trabalho ritualístico que estava fazendo para superar essa traição, mas não deu maiores detalhes da história. O fato de os outros não serem tão comunicativos foi compreensível, visto que essa forma de trabalho experimental era nova para a maioria das pessoas e não houve tempo nesse miniworkshop de cultivar uma relação mais profunda nos círculos feminino e masculino, trabalho esse que é crucial no preparo dos participantes para compartilharem verdades vulneráveis dentro de um grupo misto. Cynthia encerrou a mandala da verdade com uma reflexão: "Talvez nosso silêncio signifique apenas o quanto é difícil falar a verdade sobre nossa dor, nossas feridas, nossa raiva, nossa tristeza, nossas necessidades. No entanto, esse silêncio cria um espaço onde uma sabedoria mais profunda possa surgir. Podemos pedir que a palavra de Deus ocupe esse espaço."

O workshop foi uma introdução muito sumária à reconciliação de gênero, feita em cima da hora e também sob condições sub-ótimas – especialmente por ter contado com pouquíssimos homens. Apesar disso, parece que foi plantada uma importante semente de reconciliação de gênero em outra parte da África do Sul. Ela Gandhi demonstrou um forte interesse em organizar um workshop mais longo em 2007, para convidados pertencentes ao gabinete do prefeito e a outros departamentos governamentais de Durban. No círculo de encerramento, a Sra. Gandhi disse que se sentia muito gratificada pelo fato de o workshop ter integrado de maneira tão plena a dimensão espiritual. Ela esclareceu que suas experiências anteriores em workshops foram de duas naturezas: ou era feito um treinamento educacional específico, ou o workshop era, em essência, um retiro espiritual. Acrescentou que essa foi a primeira vez que participara de um workshop que tinha integrado plenamente e de modo equilibrado tanto o aprendizado transformador quanto os componentes espirituais.

Conclusões e o futuro potencial do trabalho de reconciliação de gênero na África do Sul

"Há muito tempo venho procurando uma maneira de promover a cura e a reconciliação entre homens e mulheres, aqui, na África do Sul", disse-nos Nozizwe depois que o evento terminou. "E este trabalho é a resposta", concluiu ela. "Precisamos muito mais deste tipo de trabalho na África do Sul."

A conclusão de Nozizwe parecia ser compartilhada pelos outros participantes do workshop da Cidade do Cabo. Embora o evento tenha representado apenas um pequeno começo, conduzido sob condições que estavam longe das ideais, esse programa piloto de reconciliação de gênero tocou, profunda e claramente, o coração desses homens e mulheres sul-africanos. Ouvimos vozes unânimes pedindo por uma imersão da sociedade sul-africana no trabalho de reconciliação de gênero. Alguns participantes disseram que o programa de reconciliação de gênero deveria ser implantado em todas as províncias; outros destacaram que ele deveria ocorrer novamente a cada ano; outros disseram que todo cidadão da África do Sul deveria experimentá-lo; enquanto ainda outros se focaram na necessidade urgente desse trabalho em setores específicos, tais como o parlamento, as igrejas e o setor acadêmico.

O suplente do líder da bancada do ANC, Andries Nel, recomendou-nos enfaticamente que agendássemos nosso próximo programa de reconciliação de gênero para os membros do parlamento na época do recesso parlamentar na África do Sul, ocasião em que mais MPs poderiam participar. Keith Vermeulen, diretor do escritório parlamentar do Conselho Sul-Africano de Igrejas (South African Council of Churches – SACC), expressou interesse em programar um encontro especial para reconciliação de gênero, destinado aos principais pastores e clérigos da África do Sul. Da mesma maneira, seu colega Themba Mntambo, um ministro metodista que também prestava serviços ao SACC, expressou entusiasmo por essa perspectiva.

Jeremy Routledge (marido de Nozizwe) trabalha para a Phaphama, uma ONG que colabora com alternativas à violência (AVP). Ele nos contou que esse tinha sido o melhor workshop em que ele e Nozizwe haviam estado, e exprimiu interesse em implantar o trabalho de reconciliação de gênero dentro de várias redes, incluindo-se: (a) a Quaker Peace Network-Africa, uma rede de ativistas quacres em prol da paz na África (Ruanda, Burundi, Quênia, Uganda, República Democrática do Congo, África do Sul); (b) o Alternatives to Violence Project (AVP), uma rede na África que inclui Nigéria, Namíbia, Zimbábue e Sudão, além dos países já mencionados; (c) e, possivelmente, entre os prisioneiros e prisioneiras de Pollsmoor.

O entusiasmo unânime por esse trabalho, expresso pelos participantes do projeto piloto, levou-nos naturalmente a perguntar: por que há uma percepção tão forte da necessidade de reconciliação de gênero na África do Sul? Sem dúvida, a maioria dos países ao redor do mundo se beneficia imensamente da reconciliação de gênero, mas parece que o clima atual, tanto social quanto psicológico, na África do Sul está, em seu todo, mais maduro para o trabalho de reconciliação de gênero do que o de outros lugares em que trabalhamos. Diversas possíveis razões veem à mente como prováveis fatores que contribuem para esse clima:

Primeira, a África do Sul acabou de passar por um processo de cura profundo e sem precedentes, por meio do trabalho da Truth and Reconciliation Commission (TRC). Uma nação inteira se elevar a esse nível de responsabilidade madura – a fim de curar e reconciliar seu próprio racismo por meio de um programa sistemático de perdão espiritual – é sem precedentes na história moderna. E mais, assim como o racismo é uma forma de desigualdade estrutural que privilegia arbitrariamente um grupo de seres humanos em detrimento de outro, também o é a injustiça de gênero. O fato de a nação ter se empenhado completamente na reconciliação de um tema (racismo), faz com que os outros (gênero e sexismo) clamem naturalmente por cura e reconciliação, as quais até o presente momento estão para ser iniciadas.

Segunda, a República do Arco-Íris é uma nação muito jovem – cujo novo começo está apoiado numa nova Constituição, que muitos analistas concordam ser a mais avançada do mundo em termos de direitos humanos. Em particular, a Constituição garante a justiça de gênero a cada cidadão da África do Sul, inclusive a escolha de orientação sexual. Foi estabelecida uma comissão para a equidade de gênero a fim de implantar essa nobre visão dentro da sociedade, mas, segundo os dados disponíveis, ela ainda não fez um progresso significativo. Portanto há um forte clamor para que seja resolvido esse antigo problema de opressão de gênero. Além disso, neste momento, a República do Arco-Íris tem somente doze anos de idade, ou seja, está entrando na adolescência, portanto é hora de tratar das questões de gênero e sexualidade. Com essa metáfora sobre a cura em mente, perguntamos a Nozizwe se fazia sentido, e ela confirmou que, realmente, a nação estava entrando na fase de adolescência, a qual podia ser vista em muitos aspectos da sociedade. A reconciliação de gênero, em especial, precisa ser implantada logo de início, em vez de mais tarde – antes que os velhos padrões e os desequilíbrios patriarcais lancem raízes e se fixem como normas sociais.

Finalmente, além desses fatores abrangentes existem os sintomas imediatos e altamente perturbadores de uma nação infestada por violência sexual desenfreada, estupro, molestamento sexual e AIDS – sendo que todos alcançaram proporções epidêmicas na África do Sul. Um irônico subproduto da queda do *apartheid* é a dramática escalada do estupro e da violência sexual na África do Sul. A crise da AIDS é extrema e está exacerbada pela agressão e violência sexual. Casos recentes de molestamento sexual nas altas rodas, que resultaram no afastamento do líder da bancada do ANC, Mbuelo Goniwe, e do embaixador da Indonésia, Norman Mashabane, dão destaque à grande extensão do molestamento sexual na África do Sul, e provavelmente abrirão o caminho para outras vítimas saírem das sombras e reivindicarem seus direitos na justiça. Todos esses fatores, tomados em conjunto nessa nação florescente, clamam por uma literal revolução da consciência e da percepção, tendo-se em vista a sexualidade e a equidade de gênero. Acreditamos que, talvez, a nação sul-africana – estimulada por necessidades urgentes, por um mandato constitucional explícito e pelo recente sucesso da TRC na cura do racismo do *apartheid* – venha a abrir o caminho da reconciliação de gênero para que outras nações a sigam.

11

Lições de uma década de cura de gênero

Através do amor surgiu tudo o que existe.
Através do amor, o que não existe passa a existir.
– Shabestari

Pessoas das mais diferentes ocupações vivenciaram o trabalho de reconciliação de gênero do Satyana desde sua origem, há quinze anos. Ao todo, cerca de setecentas pessoas participaram de um ou mais programas de cinco dias. Entre os que compareceram aos workshops, incluem-se médicos e profissionais da saúde, psicoterapeutas, assistentes sociais, ativistas ambientais, funcionários do governo, clérigos e líderes religiosos, acadêmicos e professores, estudantes graduados (e estudantes universitários e secundários), artistas e músicos, monges e monjas zen, ativistas sociais, políticos, operários, e padres e freiras católicos. Como foi enfatizado em capítulos anteriores, a injustiça e a opressão de gênero são aflições universais – tanto no nível pessoal quanto no político – que não distinguem raça, etnicidade, classe, idade e orientação sexual. A introdução do trabalho em outros países, tais como Índia, Croácia e África do Sul, serviu como suporte à cura das relações de gênero em contextos multiculturais, multirraciais, multiétnicos e inter-religiosos.

Para avaliar o valor do trabalho de cura de gênero e seus efeitos na vida dos participantes, a melhor abordagem é, provavelmente, recorrer a quem teve experiência direta com ele. Este capítulo contém um resumo de *feedbacks*, reflexões, *insights* e aprendizados de antigos participantes do trabalho de reconciliação de gênero do Satyana. Uma ênfase especial é dada aqui aos resultados de pesquisas fornecidos por profissionais com uma longa experiência no trabalho do Satyana. Esses antigos participantes regressaram diversas vezes ao trabalho, o que reflete seu compromisso de despertar profundos níveis de cura e reconciliação em si mesmos, em suas comunidades e na sociedade como um todo. Muitos deles, conscientemente, tencionam – por meio de uma corajosa investigação nas profundezas da própria cura e reconciliação – servir como uma força curadora ou um conduto de cura para seus irmãos e irmãs ao redor do mundo, e é principalmente por meio dessa intenção altruísta em benefício dos outros que eles descobrem as dimensões espirituais mais profundas do trabalho.

Avaliações escritas dos participantes

Na conclusão de cada evento de reconciliação de gênero, nós pedimos avaliações por escrito dos participantes. Essas respostas têm sido utilizadas ao longo dos anos para avaliarmos o impacto e o valor do trabalho a partir da perspectiva dos participantes, e também para fazermos melhoras no processo e sintonias finas nos exercícios, e fornecermos *feedbacks* específicos para a equipe de facilitadores. Vistas em conjunto, essas avaliações têm proporcionado uma grande quantidade de informações úteis e *feedbacks* encorajadores, que refletem um alto grau de entusiasmo e de validação sobre o trabalho de reconciliação de gênero.

Como exemplo, eis algumas citações que transmitem o teor de muitas das avaliações escritas. Os três primeiros participantes citados abaixo compareceram a dois ou mais workshops, os demais compareceram a apenas um.

> *Fui intensamente afetado e transformado, e estou profundamente grato pela experiência como um todo. Agora vejo melhor como reenceno as situações disfuncionais de gênero, a despeito do meu compromisso consciente de mudar. A visão [da reconciliação de gênero] do Satyana Institute é singular e singularmente valiosa para o mundo.*
> – Peter Rutter, médico e autor de *Sex in the Forbidden Zone: When Men in Power Betray Women's Trust*

Uma jornada extraordinária e sensível ao interior dos dolorosos sentimentos de separação entre homens e mulheres. Ao testemunhar a nós mesmos e cada um dos outros, com verdade e compaixão, começamos a ver a unidade e perfeição das nossas vidas.
– Seisen Saunders, sensei e mestre zen das linhagens de Maezumi Roshi e Bernie Glassman

O aspecto mais valioso do trabalho de gênero foi termos a simples oportunidade de conversar abertamente, sem medo e com um grupo misto extremamente bem intencionado sobre assuntos tão significativos, e também por nós termos "emoldurado" essa troca com espiritualidade.
– Dra. Carol Lee Flinders, autora de At the Root of This Longing: Reconciling a Spiritual Hunger with a Feminist Thirst

O workshop abriu mais portas no meu coração. Também trouxe luz ao meu interior para assegurar que eu compreenda os problemas que a nossa sociedade está enfrentando. Este programa deveria rodar por todas as províncias da África do Sul.
– Sello Mukhara, Congresso Nacional Africano (ANC), convenção parlamentar da África do Sul

Este workshop fez de mim uma nova mulher e uma nova mãe. Perdoei meu marido e perdoo os homens. Precisamos ter esses workshops todos os anos.
– Delores Ismail, The Women's Centre, Cidade do Cabo

A cada dia cresce a minha convicção de que o que vocês estão fazendo em relação à reconciliação de gênero é uma experiência educacional absolutamente inexplorada. Foi um workshop que provocou transformações em um nível profundo e está fazendo uma diferença realmente grande no meu sacerdócio.
– Rev. Robert Thayer, ministro unitário-universalista

O amor que desabrochou foi incrível!! Muito obrigada por vocês fazerem parte do processo de cura da África e para a África!!
– Karambu Ringera, diretora da International Peace Initiatives, Nairóbi, Quênia

Essas avaliações demonstram um entusiasmo otimista e, por terem sido fornecidas por escrito no final dos eventos, tendem a ser de valor limitado no julgamento do verdadeiro impacto do trabalho. Existem várias razões para isso. Primeira: avaliações no final dos workshops tendem tipicamente para uma direção favorável, pois vêm logo após um processo que normalmente se encerra de maneira bastante positiva – num momento em que os participantes estão se sentindo especialmente bons e generosos. Segunda: a maioria dessas avaliações não examina profundamente as razões por trás de seu *feedback* específico, seja ele entusiástico ou não; isso é natural porque os participantes estão focados em como concluir e finalizar as questões uns com os outros e com o grupo, e muitos estão impacientes para voltar para casa. Terceira e mais importante: tais avaliações, por sua própria natureza, não fornecem *insights* de como o trabalho se integra na vida dos participantes nos dias e semanas seguintes ao final do workshop, que é o verdadeiro teste do trabalho. Portanto não há informações sobre os efeitos duradouros do trabalho na vida cotidiana das pessoas – e é aí que reside o problema. Por último: tais avaliações geralmente se focam num workshop em particular, e assim não trazem luz aos impactos mais profundos ou de longo prazo do trabalho, particularmente no caso das pessoas que se engajam no trabalho em larga escala e ao longo do tempo.

Pesquisa qualitativa com facilitadores certificados

Pelas razões citadas acima optamos por realizar uma pesquisa qualitativa com um pequeno número de pessoas que tivesse uma longa experiência no trabalho de reconciliação de gênero, em vez de uma pesquisa quantitativa com um número maior de participantes, mas com menos experiência no trabalho. Contudo, ao escolher essa abordagem, não estamos negando o valor dessas avaliações mais resumidas, tais como as das citações anteriores. Realmente, em vista de sua natureza favorável, uma pesquisa e uma análise mais sistemáticas podem ser pedidas em algum momento futuro para verificar não só os benefícios como as limitações do trabalho de reconciliação de gênero em seu contexto mais amplo.

Para obtermos uma avaliação mais abrangente do trabalho de reconciliação de gênero do Satyana, inclusive de seus efeitos longitudinais no tempo, conduzimos uma pesquisa qualitativa informal com um pequeno número de profissionais que estão profundamente familiarizados com o processo de reconciliação de gênero do Satyana. Os homens e mulheres pesquisados foram escolhidos por ter completado o programa de treinamento profissional em reconciliação de gênero do Satyana, e ter de seis a dez anos de experiência com esse trabalho. Essas pessoas estão, portanto, em condições de retratar – para o melhor ou para o pior – os efeitos mais intensos e os impactos mais duráveis do trabalho do Satyana. Sob uma perspectiva estatística, é claro que, pelo fato de esses profissionais se autosselecionarem para a pesquisa e terem optado por se engajar genuinamente no trabalho do Satyana, existe a possibilidade de que suas respostas sejam sistematicamente tendenciosas. Apesar disso, essas são as pessoas que têm a maior experiência com o trabalho e o conhecem melhor; acreditamos então que suas respostas a essa pesquisa fornecem um relato mais abrangente e acurado dos pontos fortes e dos pontos fracos do trabalho de reconciliação de gênero do Satyana até a presente data. Tomadas em conjunto, essas respostas à pesquisa constituem um estudo longitudinal informal e preliminar, que pode motivar uma avaliação mais formal em algum momento futuro. No restante deste capítulo apresentamos as principais conclusões dessa pesquisa.

Temas frequentes na pesquisa

Certos temas surgiram repetidamente nas respostas dos pesquisados relacionadas a suas experiências com os efeitos do trabalho de reconciliação de gênero do Satyana. Dentre esses temas estavam incluídos (1) a importância das dimensões espirituais do trabalho, (2) compaixão e compreensão crescentes, (3) relacionamentos mais profundos no casamento e com os filhos, (4) integração da reconciliação de gênero no local de trabalho e (5) a importância das dinâmicas intragênero no trabalho. Dentre eles, os temas mais frequentemente verbalizados foram a importância dos aspectos espirituais do trabalho de reconciliação de gênero e a crescente compaixão vivenciada por meio do trabalho.

Diversos pesquisados falaram do aprofundamento das suas parcerias íntimas ou casamentos, inclusive da diminuição das projeções em relação aos respectivos parceiros. Em alguns casos, o trabalho de reconciliação de gênero estimulou uma cura profunda que, de outra maneira, não estaria disponível nas parcerias íntimas e nos casamentos. Os relacionamentos com membros da família também mostraram melhora e se ampliaram positivamente, em especial com os filhos.

A integração da reconciliação de gênero no local de trabalho foi outro tema importante. A maioria dos pesquisados – homens e mulheres, sem distinção – declarou que usava diariamente em seu ambiente de trabalho aquilo que havia vivenciado e aprendido no trabalho de gênero do Satyana. Vários pesquisados afirmaram que, naquele momento, não estavam dispostos a permanecer quietos diante da injustiça e da opressão de gênero em seus locais de trabalho. Duas das mulheres disseram que estavam mais conscientes da injustiça de gênero e não tinham mais medo de confrontar diretamente as pessoas e problemas, mesmo que o fato de abordar questões de gênero no local de trabalho não fosse sempre bem-vindo.

Os aspectos intragênero do trabalho também surgiram como um tema-chave dentro dessas reflexões. Em geral, os participantes começam o trabalho de reconciliação de gênero esperando basicamente confrontar as questões com o sexo oposto. Contudo, não é incomum que questões críticas venham à tona no grupo feminino ou no masculino, e esses aspectos intragênero se tornem um dos elementos mais cruciais no trabalho. Vimos vários exemplos dessa realidade anteriormente, no Capítulo 3. Durante o programa de treinamento de um ano do Satyana, o grupo feminino tem de trabalhar internamente com alguns conflitos intragênero profundamente arraigados antes de estar pronto para começar a abordar as questões com os homens. Todos os pesquisados do sexo masculino destacaram os aspectos intragênero do trabalho e falaram de uma profunda ligação com os outros homens que inspirou a todos, independentemente, a adotar um novo papel de liderança ao atuarem com homens.

A pesquisa pediu propostas que pudessem melhorar o programa de reconciliação de gênero do Satyana, e inúmeras sugestões apareceram, a maioria relacionada aos desafios práticos de expandir a capacidade institucional de oferecer o trabalho de reconciliação de gênero conforme a demanda por ele crescesse. Algumas sugestões foram incluídas no planejamento futuro do Satyana Institute.

Os benefícios do trabalho de reconciliação de gênero do Satyana, segundo as respostas à pesquisa, estão resumidos nos onze pontos a seguir:

1. Expansão da consciência e das experiências das dimensões espirituais da cura e da reconciliação de gênero.
2. Crescente compaixão pelos outros e crescente sensibilidade em relação aos desafios nas suas vidas.
3. Maior consciência das dinâmicas de gênero insidiosas – nos níveis denso e sutil – que atuam em indivíduos, relacionamentos interpessoais, e contextos sociais e culturais.

4. Cura observável de antigas feridas de gênero, frequentemente levando uma nova liberdade e energia aos contextos familiares, sociais e de trabalho.
5. Expansão da consciência e da sensibilidade em relação às dinâmicas intragênero, e relacionamentos mais profundos entre o mesmo sexo.
6. Melhora da comunicação nos relacionamentos íntimos, com o consorte e com membros da família de ambos os sexos.
7. Capacidade mais desenvolvida para a intimidade e maior confiança e habilidade para compartilhar honestamente em ambientes grupais.
8. Experiência direta do imenso poder de cura da comunidade, bem como do poder do condicionamento cultural.
9. Um otimismo renovado a respeito dos relacionamentos íntimos e uma colaboração harmoniosa entre os homens e as mulheres.
10. Maior habilidade e vontade de tratar os padrões de gênero desafiadores que, na vida cotidiana, atuam no lar, no trabalho e na sociedade.
11. Expansão da consciência e das experiências em relação à natureza "transcendente" ou arquetípica dos princípios masculino e feminino que se manifestam em toda a criação.

Para encerrar, todos os pesquisados confirmaram enfaticamente a necessidade de uma maior difusão e implantação do trabalho de reconciliação de gênero do Satyana. O apoio e o entusiasmo desse grupo de profissionais ilustram seu profundo compromisso de levar adiante o trabalho. Todos os pesquisados expressaram a convicção de que a cura e a reconciliação de gênero são absolutamente necessárias, e unanimemente afirmaram que o modelo do Satyana oferece um caminho prático para conseguirmos uma maior paz e harmonia entre as mulheres e os homens do mundo.

12

Divindade da dualidade: Restaurando o equilíbrio sagrado entre masculino e feminino

A questão mais vital desta época é se o futuro progresso da humanidade será governado pela moderna mente econômica e materialista do Ocidente ou por um pragmatismo mais nobre, guiado, elevado e iluminado pela cultura e pelo conhecimento espirituais [...]
– Sri Aurobindo, The Life Divine

A tensão, no recinto, estava visceral, com os católicos agrupados num lado e os protestantes no outro. O impasse nessa comunidade norte-irlandesa se tornara tão denso que dava para ser cortado com a proverbial faca.

O ativista Danaan Parry tinha assumido o desencorajador desafio de desempenhar o papel de facilitador numa série de workshops para reconciliar as implacáveis diferenças que fomentavam a guerra aberta em sua conturbada terra no início da década de 90. Nas semanas anteriores, Parry já havia sido o facilitador de várias sessões com esse grupo, durante as quais as queixas e acusações foram expostas exaustivamente por ambos os lados. As relações tensas foram se acumulando sessão após sessão e, quando entrou na sala naquele dia, Parry soube instintivamente que sua única esperança de dar um passo adiante naquele pântano era usar uma tática inteiramente nova.

"Hoje vamos fazer algo totalmente diferente!", Parry anunciou alegremente, pegando o grupo de surpresa. "Até agora temos ouvido as questões desafiadoras de ambos os lados desse conflito. Eu as escutei muitas vezes – e vocês todos as escutaram muito mais vezes do que eu. Portanto, hoje, não vamos nos focar nisso", continuou ele energicamente. "Hoje o que eu quero saber de vocês é isto: como é ser uma mulher na Irlanda do Norte?". Parry fez uma pausa, e então continuou, com um leve brilho no olhar: "Como é ser um homem na Irlanda do Norte?".

As pessoas correram os olhos umas pelas outras, com uma expressão indagadora, e então olharam perplexas para Parry, imaginando o que aquilo tinha a ver com o dilema delas. Afinal de contas, todos os seus problemas giravam em torno da religião, da guerra e da dor pela perda de familiares. Mas Parry insistiu: "Eu quero realmente saber como é exatamente ser uma mulher na Irlanda do Norte? E como é ser um homem na Irlanda do Norte?"

Andando pela sala, Parry começou a mover os braços. "Peço que todas as mulheres vão para este lado da sala", instruiu ele, apontando com uma das mãos, "e todos os homens vão para o outro lado", indicando com a outra mão o lado onde queria que os homens se agrupassem.

Quando o grupo se reconfigurou, com as mulheres e os homens em lados opostos da sala, Parry conduziu-os para um processo simples de contar histórias. Ele pediu que as pessoas de ambos os grupos contassem a história de suas vidas pessoais na Irlanda do Norte. Ele instruiu cada grupo a ouvir cuidadosamente as diferentes histórias para descobrir se havia algo que as mulheres tivessem em comum ou que os homens tivessem em comum.

Então as mulheres começaram a contar suas histórias, trazendo à tona relatos atormentados sobre maridos e filhos do sexo masculino mortos pela violência, sobre o medo quanto à segurança das crianças, sobre a ameaça constante de irromper uma nova violência. Olhando-se e ouvindo as histórias umas das outras, logo as mulheres católicas e protestantes descobriram que todas viviam debaixo do mesmo pesadelo. Uma empatia natural surgiu conforme cada uma delas se identificava com as tristezas, medos e histórias de horror das outras – e em pouco tempo estavam se abraçando, em lágrimas, e se confortando em seu mútuo pesar e compaixão. Os homens passaram por uma abertura de coração e uma experiência de cura semelhantes às das mulheres à medida que ouviam uns aos outros e descobriam partilhar a dor causada pela divisão religiosa, devido ao fato de serem homens que viviam numa sociedade devastada pela guerra.

No final da tarde puderam ser vistos muitos abraços apertados e afetuosos entre os membros dos grupos feminino e masculino. Através do portal do gênero foi construída uma ponte poderosa e curadora por sobre o devastador abismo religioso dessa comunidade. Os dois lados perceberam que, dessa maneira, haviam dado seu primeiro e importante passo em direção à paz, cura e compreensão mútuas.

Esse caso, extraído do inspirador trabalho de Danaan Parry, falecido em 1996, ilustra aquele que é talvez o princípio mais fundamental do trabalho de cura de gênero:

- O principal ponto de mutação na reconciliação de gênero ocorre quando os indivíduos percebem a verdade do "outro" gênero como uma experiência própria. Através desse portal de identificação empática é descoberta uma unidade subjacente mais profunda; ou seja, *não existe o outro*. A reconciliação de gênero fornece um portal prático e universal a fim de despertarmos para a unidade de toda a humanidade.

O coração se dissolve em identificação empática e, através desse portal interior, as pessoas despertam para uma unidade subjacente mais profunda. A cura de gênero facilita esse despertar, independentemente da fé religiosa, da bagagem cultural, da crença filosófica e da orientação espiritual dos participantes. O coração humano é universal e, quando ele se abre, a união acontece. Quando as nuvens se desfazem, só resta ao sol aparecer; e torna-se evidente que a fonte de luz é uma só, que ela sempre existiu e ilumina tudo igualmente. Pode-se fazer uma analogia com os seres humanos no momento em que o coração compartilhado se abre numa comunidade: a unidade essencial da humanidade se torna evidente; ela sempre existiu e une todos os corações igualmente. Nesses instantes não faz qualquer diferença qual é a religião ou crença das pessoas, quais são suas identidades de gênero, quais são suas profissões, quais são seus graus de formação. Nada disso importa quando a unidade da humanidade é revelada.

Esse caso também ilustra como o trabalho de reconciliação de gênero se aplica a áreas do conflito humano que estão bem distantes da injustiça de gênero. Essa comunidade norte-irlandesa estava profundamente dividida por uma linha religiosa; então Parry, engenhosamente, secionou o grupo em dois, segundo o gênero, no sentido "ortogonal" à divisão religiosa e o resultado foi a construção de uma robusta ponte de cura para a comunidade mergulhada em conflitos.

Esse mesmo processo tem, claramente, um grande potencial de aplicação em outras regiões do mundo devastadas pela guerra. Um intenso trabalho de cura entre mulheres palestinas e israelenses – como, por exemplo, o trabalho facilitado pela Global Peace Initiative of Women, fundada por Dena Merriam – baseia-se nesse mesmo princípio.

Outros *insights* fundamentais, provenientes de mais de quinze anos de trabalho de reconciliação de gênero, estão listados abaixo. Como já tratamos mais extensamente dessas conclusões em vários pontos deste livro, vamos simplesmente resumi-las aqui:

- A injustiça de gênero é universal; as dinâmicas básicas são praticamente as mesmas nas diferentes culturas, embora as manifestações específicas divirjam em forma e intensidade.
- Fornecidas a facilitação e a estrutura de apoio adequadas, grupos de homens e mulheres sinceros podem explorar juntos as questões de gênero desafiadoras que são encaradas como tabus, e experimentarem a cura e a reconciliação de conflitos de gênero profundamente arraigados, que são muitas vezes vistos como intratáveis.
- A cura e a reconciliação de gênero eficazes requerem métodos e aptidões de facilitação que estão bem além das abordagens mais dialogais e psicológicas, de modo que explorem as fontes mais profundas do espírito humano.
- O modelo de reconciliação de gênero, documentado neste livro (desenvolvido pelo Satyana Institute), provou-se eficaz em grupos e ambientes completamente diversos, e pode ser aplicado às mais diferentes culturas.
- A chave do sucesso no trabalho de reconciliação de gênero não depende da experiência dos participantes em questões de gênero, mas sim da intenção sincera e da vontade de se engajar no processo, permitindo que ele se desenvolva segundo sua própria integridade.
- Quando tratamos das questões desafiadoras de gênero dentro de um grupo ou comunidade, ocorre uma "alquimia coletiva" que aumenta imensamente o poder transformador do trabalho. Essa extraordinária sinergia excede em muito aquilo que pode ocorrer num contexto interpessoal face a face, quer seja entre marido e esposa, cliente e terapeuta, paroquiano e sacerdote, ou discípulo e mestre. A sinergia da comunidade amplifica o potencial de cura, por isso certas dinâmicas sociais e culturais de gênero só podem ser curadas em ambientes grupais ou comunitários.

Sabedoria espiritual: Unidade além da dualidade

A crise de gênero é fundamentalmente uma crise espiritual coletiva. Como Martin Luther King Jr. enfatizou a respeito da iniquidade racial: a questão não era negros *versus* brancos, mas sim justiça *versus* injustiça. Assim também é no caso da iniquidade de gênero: a questão não é homens *versus* mulheres, mas justiça *versus* injustiça. Contudo, tanto os movimentos femininos como os masculinos tendem a formular a questão em termos polarizados e limitam suas análises a paradigmas psicológicos e sociológicos convencionais. A dimensão espiritual mais ampla é completamente omitida. O escritor e monge contemplativo Bede Griffiths observou que o movimento masculino "gira em torno da dimensão psicológica – não há nada além da psique. É onde a maioria dos povos ocidentais permanece atualmente – aprisionada na psique. Perdemos a percepção do espírito". A escritora feminista e espiritualista Carol Lee Flinders fez uma observação similar sobre o movimento feminista: "O feminismo vai longe quando faz bom uso de sua espiritualidade inerente – quando não o faz, é apenas mais uma forma de política, e a política jamais sacia nossas fomes mais profundas."

Em sua extensa pesquisa comparativa entre culturas, a historiadora Gerda Lerner ficou surpresa ao descobrir, nas origens da opressão de gênero, um padrão impressionante que se repetia em todas as culturas antigas que examinou: "A coisa mais importante que aprendi foi o significado que o relacionamento com o Divino tem para as mulheres, e o profundo impacto que o rompimento dessa relação causou na história das mulheres."[1] Lerner conclui que o surgimento da opressão das mulheres estava diretamente associado ao declínio de sua conexão com o Divino. A implicação lógica é que o fim da opressão das mulheres está intrinsecamente ligado ao fato de as mulheres restaurarem sua conexão com o Divino. Isso indica que há uma ligação fundamental entre o "feminismo" e a espiritualidade – uma conexão que ainda não foi amplamente reconhecida ou aceita. No entanto essa conexão é fundamental e, na qualidade de autores deste livro, vamos estender a conclusão de Lerner e aplicá-la também aos homens. À medida que se reconectam de modo mais profundo com suas origens divinas, os homens tendem naturalmente a se tornar mais amorosos, mais comprometidos com o serviço aos outros e mais preparados para assumir seu papel na cura e na transformação da cultura.

Por meio da invocação de uma dimensão "espiritual" ou "mais elevada" da consciência, a crise de gênero pode enfim ser resolvida – ou mesmo dissolvida. Somente nesse nível a dualidade dos opostos pode ser transcendida e formar uma unidade mais elevada. Então os gêneros tornam-se aspectos complementares de uma unidade mais ampla e grandiosa. Sem essa possibilidade de transcendência, os debates e as batalhas entre homens e mulheres não terão fim e a esperança de uma resolução genuína será fútil. A observação de Einstein, frequentemente citada, é aplicável nesse caso: um problema jamais é resolvido no mesmo nível de consciência em que foi criado. Portanto, também a "guerra dos sexos" nunca será vencida pelo outro "lado"; outro nível de consciência precisa ser produzido e que esteja acima daquele que gerou a guerra inicialmente. Tal consciência é cultivada pelas tradições de sabedoria de todas as sociedades humanas. Entretanto essa dimensão espiritual da consciência humana tem sido negada ou grandemente reduzida na cultura ocidental por, no mínimo, várias centenas de anos. É por isso que o sábio indiano Sri Aurobindo observou que a questão-chave em nossa época é se a humanidade continuará seguindo o caminho materialista traçado pelo Ocidente ou se seguirá um paradigma mais nobre que invoque a sabedoria espiritual da humanidade, para aprimorar e reunir a família humana.

Negação da divindade e a cura pela graça

Negar o sagrado é, há muito tempo, a estratégia do "patriarcalismo", e ela tem sido devastadoramente eficiente ao longo dos séculos. Por meio de uma negação sistemática da dimensão divina ou sagrada da vida, a conexão direta com a Fonte divina, que é inata a todo ser humano, fica bloqueada ou impedida, permitindo assim que as forças do poder temporal e da influência mundana controlem todos os aspectos da sociedade humana. Com o divino assim usurpado, a sociedade se subordina e se deixa manipular pelas principais instituições do poder social e cultural: política, religião, corporações, governo, forças armadas, educação, economia, mídia.

A negação da divindade é essencialmente o que tanto surpreendeu Gerda Lerner ao descobrir as origens do patriarcalismo em sua pesquisa comparativa das culturas. Contudo essa estratégia não é aplicada somente às mulheres; ela é, na verdade, o truque mais antigo que o patriarcalismo esconde na manga: negar o sagrado para, então, assumir o controle. Essa estratégia fundamental tem sido aplicada sistematicamente, sob uma forma ou outra, em todas as dimensões da sociedade humana. Foi usada pelas instituições religiosas para erradicar brutalmente a sabedoria mística e os mistérios femininos, substituindo-os pela autoridade eclesiástica dos sacerdotes e clérigos. Tem sido adotada pela economia de mercado para reduzir a Terra a um mero objeto físico, permitindo assim uma exploração implacável de seus recursos naturais e uma poluição descontrolada de seu ambiente natural, com a finalidade de alimentar o apetite insaciável por riquezas materiais. É seguidamente aplicada por governos, corporações e outras instituições sociais para transformar seres humanos fortes e sábios em joguetes tolos e obedientes – meros dentes nas engrenagens de uma máquina sem alma. É usada para controlar a sexualidade – dessacralizando a divindade inerente a *eros* – ao declará-la imoral, no caso da religião, ou reduzi-la ao vício da luxúria, no caso das instituições seculares, como as forças armadas ou a mídia corporativa. Ao longo dos últimos milênios, a negação sistemática da divindade serviu para enganar cidadãos antes éticos e honrados, levando-os a trair suas próprias almas e tolerar maldades indescritíveis, às vezes; e levando-os a esquecer o sagrado, *todas* as vezes. O esquecimento coletivo das origens do sagrado e da essência divina da humanidade tornou-se tão profundo e abrangente que nós nos esquecemos desse esquecimento. Ocasionalmente, sociedades ou nações inteiras caem nas garras de uma alucinação coletiva ou num transe demoníaco, liberando enormes forças destrutivas. O poder dessas manipulações sistemáticas e dessas forças sombrias na sociedade humana jamais deve ser subestimado, e esse tem sido o lamento de muitos analistas sociais importantes, como o estudioso Reinhold Niebuhr em seu influente livro *Moral Man, Immoral Society*.

Mas esse quadro sombrio e perturbador *ainda não* está completo! Nem é ele a mais importante ou mais profunda verdade da existência humana – longe disso. Como Martin Luther King, Mahatma Gandhi, Desmond Tutu e muitas outras vozes afirmaram enfaticamente, os pessimistas, como Niebuhr e outros, embora brilhantes, esqueceram-se de um fator absolutamente fundamental: o amor. Ao negligenciar o poder do amor e sua imensa capacidade de transformar a sociedade, os pessimistas sociais se descuidaram daquilo que Martin Luther King chamou de "a cura pela graça". Realmente, o amor é o maior poder no universo. O amor transforma totalmente a escuridão e produz uma graça intensa que desperta novamente os aspectos mágicos e sagrados da vida. E, para isso, *não* é necessário que toda a humanidade desperte repentinamente para o amor. Só é preciso que uma massa crítica de pessoas desperte para o amor; então essa relativa minoria irá, com o tempo, expandir-se e efetuar uma transformação que pode, no final, tocar o coração de bilhões de outras.

"O místico é a pupila no olho da humanidade", como observou o místico sufi Ibn Arabi; pois assim como a luz física entra no corpo através da minúscula pupila dos olhos, a luz divina entra na humanidade através do seu relativamente pequeno (mas crescente!) número de sábios, místicos e devotos sinceros do amor divino que estão presentes em todas as tradições ao redor do mundo. Agindo por meio de indivíduos de coração puro em todos os lugares, uma rede de luz e amor está agora sendo tecida em todos os planos, os quais se tornarão os alicerces de uma nova civilização baseada no amor. Essa "rede interna do coração" está assentando as bases invisíveis para uma importante transformação na consciência – por meio de uma rede sutil de luz e amor que vibra numa frequência mais alta que a escuridão coletiva. O amor funciona em ordens mais elevadas e níveis mais refinados de energia, as quais, silenciosamente, debilitam e dissolvem as ordens mais baixas de energia, que se compõem de trevas.

Identidade de gênero e de espírito

O trabalho de reconciliação de gênero nos conduz, natural e inevitavelmente, a questões fundamentais sobre quem somos, enquanto seres humanos, e qual a verdadeira natureza da nossa identidade. A questão da identidade de gênero pode ser vista como uma maneira de nos perguntarmos "quem sou eu?" e buscarmos uma resposta de alguma maneira relacionada ao gênero. Essa pergunta – "quem sou eu?" – é a pergunta certa a ser feita, como, por exemplo, podemos ver na profunda prática de autoindagação do grande sábio indiano Ramana Maharshi. Mas restringir essa questão ao domínio da "identidade de gênero" limita arbitrariamente uma indagação profunda a uma dimensão relativa. A pergunta "quem sou eu?" é o início de uma longa jornada espiritual, que, quando seguida por tempo suficiente, fará com que deixemos finalmente para trás as questões de gênero e entremos nos domínios do ser puro ou espírito.

Ao buscar a resposta para "quem sou eu?", a primeira coisa que percebemos é que não somos nosso corpo ou nossa personalidade. À medida que essa percepção se aprofunda cada vez mais, nós nos identificamos cada vez menos com nosso corpo, com nossas qualidades masculinas ou femininas e com nossa identidade sexual; e cada vez mais fortemente com algo maior, que é universal e transcende completamente o gênero. Nossa verdadeira identidade não está relacionada com o gênero, ou com nosso corpo ou sexualidade. Está relacionada com nossa essência espiritual, ou alma, ou *atman*, ou Grande Espírito, ou o não ser budista – existem muitos nomes para ela.

Portanto, a questão da identidade de gênero, quando levada adiante, transcenderá inevitavelmente e completamente o gênero. O gênero não é um fim em si mesmo, e a identidade de gênero nada mais é que uma pequena peça de um imenso quebra-cabeça. À medida que o processo de autoindagação se desenvolve, nós começamos a ver as diferenças e conflitos de gênero sob uma luz totalmente nova, e novas resoluções começam a surgir de uma maneira que jamais imaginamos. Assim, o gênero se torna um veículo para o despertar de níveis mais profundos de autopercepção, não mais um fim em si mesmo.

Cura de gênero e medicina integrativa

O campo em desenvolvimento da medicina integrativa empenha-se em sintetizar um leque de diversas abordagens à saúde e à cura – equilibrando as modalidades tradicionais ocidentais com outros métodos, inclusive as abordagens orientais e os sistemas tradicionais indígenas de cura. O trabalho de reconciliação de gênero do Satyana foi apresentado no Congresso Mundial de Medicina Integrativa, em 2007, em Santa Fé, no Novo México. Nessa conferência tornou-se evidente que o trabalho de reconciliação de gênero é uma forma de cura coletiva que ressoa com certos avanços emergentes da medicina integrativa.

Um dos modelos mais notáveis de medicina integrativa foi desenvolvido pelo médico Dietrich Klinghardt durante um período de vinte anos. Klinghardt estabelece cinco níveis fundamentais de cura, baseados nos antigos yoga-sutras de Patanjali, que especificam cinco corpos no ser humano: o corpo físico e quatro corpos "sutis". Klinghardt tem usado seu modelo de cura em cinco níveis para diagnosticar com precisão e tratar uma ampla gama de disfunções clínicas, desde doenças físicas até distúrbios emocionais, mentais e anímicos. Os cinco níveis de cura no modelo de Klinghardt são: corpo físico, corpo energético, corpo mental, corpo intuitivo e nível da alma. A característica principal desse modelo clínico é que os cinco níveis estão hierarquicamente organizados; isso significa que a cura num determinado nível traz efeitos curativos benéficos nos níveis abaixo dele, mas não nos níveis acima. Assim, por exemplo, uma modalidade de tratamento eficaz no nível mental terá efeitos curadores nos níveis inferiores, ou seja, no corpo energético e no corpo físico, mas não nos níveis superiores do corpo intuitivo e da alma. Por estar na parte mais baixa do espectro, a cura no nível físico – o foco principal da medicina ocidental – afeta somente o corpo físico. Enquanto na parte superior do espectro, a cura no nível da alma tem um efeito curativo em cascata, descendo aos níveis inferiores (corpos físico, energético, mental e intuitivo).

A partir da perspectiva do modelo de Klinghardt, a cura e a reconciliação de gênero podem ser vistas como operando basicamente nos níveis anímico e intuitivo, com efeitos benéficos concomitantes nos três níveis inferiores. Muitas das experiências de cura narradas em capítulos anteriores deste livro parecem apoiar essa interpretação, e o trabalho de Klinghardt fornece uma validação clínica independente da importância crucial da cura nos níveis anímico e espiritual, sem a qual não é possível uma cura completa e verdadeira do indivíduo e da comunidade humana.

Outra inovação fundamental da medicina integrativa é uma nova e potente forma de psicoterapia que surgiu em anos recentes, conhecida como "constelações familiares" e desenvolvida pelo psicoterapeuta e ex-padre alemão Bert Hellinger. A premissa básica dessa abordagem é que, quando um membro específico da família é excluído, violado ou marginalizado de um modo significativo, todo o sistema familiar é afetado, muitas vezes durante várias gerações posteriores. O sistema familiar resultante permanece "constelado" de uma determinada maneira, produzindo com frequência diversos tipos de dificuldades psicológicas e sintomas desafiadores nos membros seguintes da família, que não conseguem ser curados ou transformados até que a pessoa ou experiência excluída seja, de alguma maneira, reconhecida e reintegrada à percepção consciente do sistema familiar.

Apesar de o trabalho de Hellinger estar focado principalmente nos sistemas familiares (e numa proporção menor nos sistemas organizacionais, quando então é chamado de "constelações sistêmicas"), parece que a estrutura básica de Hellinger pode ser expandida, com proveito, para englobar todas as culturas e civilizações humanas. Por exemplo, a negação e a exclusão dos aspectos sagrados do gênero e da sexualidade na sociedade ocidental podem ser vistas como criadoras de uma "constelação cultural" de injustiça e desarmonia de gênero – uma constelação que não consegue ser curada ou transformada até que a dimensão sagrada do gênero seja reintegrada à sociedade. Quer seja legítima ou não essa generalização das ideias de Hellinger, o princípio básico, nesse caso, é válido: quando algo essencial é negado, o resultado é um sistema disfuncional que não consegue se restabelecer até que esse elemento essencial seja recuperado ou restaurado. Basicamente, é isso que tem acontecido em relação ao gênero em praticamente todas as sociedades humanas. O remédio é recuperar a dimensão sagrada do gênero e do eros – a união espiritual entre masculino e feminino – em todos os níveis, desde o individual até o dos parceiros íntimos, da família, da comunidade, da sociedade e do mundo.

Amor espiritual, androginia e além

O que é amor espiritual? Qual é a natureza do amor mais profundo? Como o amor pode reconciliar o masculino e o feminino? O que é amor divino? Para introduzir tais questões sobre o amor, começaremos por invocar a advertência de Rumi:

> Não importa o que eu diga para explicar e elucidar o Amor,
> a inadequação me domina quando me deparo com o próprio Amor [...]
> Nossas palavras ou ouvidos não conseguem conter o Amor,
> Pois Ele é um oceano cujas profundezas não se pode sondar [...]
> Tudo o que você disse ou ouviu é apenas sobre a casca:
> o cerne do amor é um mistério impossível de ser divulgado.
> Silêncio! Silêncio!
> Porque as alusões ao Amor são revertidas;
> quando muito se fala, os significados se ocultam.[2]

Contudo temos de falar do amor, por mais que as palavras sejam inadequadas, porque o amor é a base, os recursos e o objetivo reais do trabalho de reconciliação de gênero. Mas sejamos breves nas palavras, confiando que uma sabedoria mais profunda surgirá do silêncio que as seguirá.

A misteriosa relação entre o amor e a cura está belamente descrita numa passagem de autoria do grande místico São João da Cruz, na qual ele fala de como a ferida de amor é cauterizada pelo amor, de uma maneira que ainda cura as feridas posteriores:

> O cautério do amor resulta em uma ferida de amor naquele em quem toca. Contudo há uma diferença entre essa cauterização do amor e a cauterização produzida pelo fogo material. A ferida causada pelo fogo material somente é curável por outros medicamentos, enquanto a ferida produzida pelo cautério do amor não é curada por medicamentos; pois o próprio cautério que causa a ferida cura-a e, ao curá-la, causa-a. Quando o cautério do amor toca a ferida de amor, ele causa uma profunda ferida de amor, e quanto mais ele fere, maior é a cura. Quanto mais ferido o amante, mais saudável é [...] a tal grau que toda a alma é dissolvida em uma ferida de amor. E, agora, totalmente cauterizada e transformada em ferida de amor, a alma torna-se completamente saudável em amor, pois é transformada em amor.[3]

Portanto, a ferida cura e a cura fere. O processo de reconciliação de gênero é semelhante. Atingir diretamente a ferida de gênero é, com certeza, doloroso – dilacera o coração e, por isso, as pessoas sentem muitas vezes que "não aguentam" ou que não querem entrar nesse processo. Porém, nessa abertura dilacerante, o coração chora lágrimas de sangue e é com esse fluxo que a cura principia. A cura é produzida pelas lágrimas do coração. Um coração partido é um coração aberto, e através dessa fenda um poder curativo mais amplo e invisível pode entrar. Como se diz, "Deus entra através de uma ferida"; e, quando os corações das pessoas se partem juntos, as lágrimas de seu amor fluem juntas e tornam-se um bálsamo curativo para a ferida. Desse modo, a ferida cura.

No entanto, essa mesma cura prepara o terreno para outro nível de ferimento, assim que a próxima camada de cura é penetrada. O processo então continua em ciclos de ferida e cura, ferida e cura, intensificando-se cada vez mais. Gradualmente, à medida que vão se abrindo mais, os corações dos participantes começam simultaneamente a se fundir uns aos outros e, sem cessar, avançam rumo à criação de um único e grande coração compartilhado, no qual a percepção dos "eus" individuais – e a separação entre masculino e feminino – vão caindo por terra e se dissolvendo, até que todos se tornem um.

No final, não somos mais homens e mulheres, não mais seres "com gênero", porque o gênero é parcial e nós nos tornamos um todo. Não nos identificamos mais com uma parte apenas ou só com um lado quando todas as partes e todos os lados residem em nós. O masculino e o feminino unem-se dentro de nós em sagrada androginia. A alma une o macho e a fêmea, e vai além deles, à medida que todos nos tornamos um ser. A junção durante o intercurso sexual é o símbolo físico dessa união mais ampla. A união sexual proporciona um vislumbre temporário e finito dessa união eterna e infinita.

Nessa percepção unitiva, nós reconhecemos que sempre foi assim: nunca estivemos separados e, na realidade, o macho e a fêmea nunca foram dois. Essa completa androginia é frequentemente vista em estado natural em mestres espirituais de ambos os sexos que atingiram um alto grau de realização. Por exemplo, como observou J.G. Bennett a respeito da grande mística cristã Santa Teresa de Ávila: "Os homens encontravam em Santa Teresa uma mulher que era um homem mais completo do que eles próprios; no entanto, ela era também uma mulher completa."[4]

Essa experiência de androginia unitiva está intimamente relacionada ao amor místico, no qual há uma perda do "eu" separado – a identidade do eu, do meu e da minha personalidade –, acompanhada por uma união radical com o

Divino. O preço desse profundo dom da graça divina é pequeno, embora pareça excessivamente alto para o ego. Rumi descreve-o de modo eloquente:

Esse Amor sacrifica todas as almas, por mais sábias e despertas –
Corta suas cabeças sem usar espada,
enforca-as sem usar cadafalso.

Somos hóspedes Daquele que devora Seus hóspedes;
amigos Daquele que massacra Seus amigos.

Embora Seu olhar traga morte a tantos amantes,
Deixe-se ser morto por Ele. Não é Ele a fonte da vida?

Jamais cultive a amargura. Ele é o Amigo que cultiva gentilmente.
Mantenha seu coração nobre, pois esse Amor mais nobre
mata apenas reis próximos a Deus, e aqueles livres da paixão.

Somos como a noite, a sombra da Terra. Ele é o sol.
Rasga a noite com uma espada embebida em alvorecer.[5]

Todas as obscuridades, trevas e ilusões interiores são despedaçadas pela espada da luz divina. O amor mata o amante; elimina tudo que se opõe a ele próprio, dissolve todas as identidades separadas e parciais, até que nada reste, a não ser o coração em chamas do amante, o qual se funde então com o objeto de seu amor. Como disse o místico sufi Alansari: "Saiba que, quando perde a si mesmo, você se aproxima do Amado. Não há outro segredo a ser conhecido, e mais do que isso não é sabido por mim."

Assim, o amante sacrifica sua vida ao Amado e eles se tornam um. Toda dualidade é dissolvida numa unidade mais elevada. Com essa realização vem a inesperada descoberta de que o amante sempre foi o Outro, jamais houve dois em primeiro lugar. O "eu" separado nunca existiu realmente; foi uma ilusão desde o começo.

Usando diferentes termos, as diferentes tradições falam desse processo místico. Cristo disse: "Não há amor maior do que este: renunciar à própria vida pelos amigos." No amor espiritual, o "amigo" é o Amado, o próprio Deus ou a própria Deusa. Renunciamos à nossa vida por Deus e em Deus. Isso significa desistirmos de nossa própria identidade, de tudo aquilo que nos é mais caro, em prol do nosso Amado. Maomé disse: "Aqueles que morrem antes de morrer [...] não morrem ao morrer."

O ponto culminante do trabalho de reconciliação de gênero guarda uma semelhança com essa união mística, embora não seja talvez tão extrema ou exaltada. No entanto, não é incomum no trabalho de reconciliação de gênero os homens e as mulheres descobrirem e contemplarem dentro de si mesmos a existência da unidade entre masculino e feminino. A experiência envolve uma espécie de revelação enriquecedora, na qual o feminino sagrado e o masculino divino são vivenciados como habitando juntos, em união dinâmica e gloriosa, no fundo do coração. Os homens contemplam as mulheres radiantemente lindas, as quais espelham a divindade feminina interior deles. As mulheres contemplam os homens fortes e poderosos, os quais espelham a divindade masculina interior delas. Reciprocamente, as mulheres e os homens se elevam, aceitam-se e transportam-se numa profunda bênção mútua, transmitida de um para o outro e através uns dos outros. Os véus da separação são erguidos e a dança extática da divindade masculina e feminina é repentinamente exposta e revelada. Como descreveu um dos participantes que é praticante do sufismo há um longo tempo: "Eu vi Deus de um modo totalmente novo."

O místico flamengo Jan Ruysbroeck descreve sucintamente a experiência de múltiplas camadas que é ver o Divino: "Você contempla o que você é [...] e você é aquilo que contempla." Essa visão ou contemplação acontece no coração, no âmago de nosso ser – não é uma ideia ou conceito mental. A dualidade de amante e Amado, de macho e fêmea, dissolve-se e forma uma unidade amando: sem separação, sem sujeito e objeto, apenas amor. Numa bela passagem, Meister Eckhart descreve uma experiência de união com Deus: "A união é tão completa que esse 'eu' e aquele Ele tornam-se um só existir, e agem no mundo como uma só *existencialidade*."

O trabalho de reconciliação de gênero nos leva inevitavelmente em direção a essa experiência unitiva. Uma coisa é ler sobre essa experiência ou ouvir falar dela, mas quando ela acontece realmente, é algo muito diferente. De repente, você tem um vislumbre do verdadeiro milagre do masculino e do feminino. Você contempla essa tapeçaria gloriosa, cósmica, interpenetrante e inter-receptiva – viva e brilhante, diante e dentro de você – e sabe que faz parte dessa cintilante tapeçaria. E, em outro nível, você *é* a tapeçaria!

"Dualidade divina" é, portanto, um termo inadequado, pois não existe dualidade na divindade – ela é Una. No entanto, manifesta-se em amante e Amado, macho e fêmea, humano e divino, matéria e espírito – sempre uma unidade, mas com dois aspectos. A reconciliação de gênero é um trabalho de amor que leva à dissolução final da identidade de gênero. Apesar do valor da atual ampliação do leque das identidades de gênero, que derrubou os condicionamentos estreitos e rígidos do passado, o trabalho de cura de gênero conduz, em seu final, a uma plena liberação da "identidade de gênero", e, se isso não ocorrer, quer dizer que ele ainda não foi completado. A separação entre masculino e feminino desaparece no coração que vivenciou a reconciliação de gênero, depois aparece de novo, numa dança eterna. Todos os seres humanos são tanto masculinos como femininos – e nenhum deles. Todas as dualidades se fundem e nos tornamos um único ser e uma única humanidade.

Desidentificar-se da guerra de gênero

Em seu relevante livro, Eckhart Tolle enfatiza a preponderância da atual crise de relacionamento entre homens e mulheres: "À medida que o modo egoísta de consciência e todas as estruturas sociais, políticas e econômicas que ele criou entram no estágio final de seu colapso, os relacionamentos entre homens e mulheres passam a espelhar o profundo estado de crise em que a humanidade se encontra."[6] O diagnóstico de Tolle acerca dessa crise é que os homens e as mulheres estão involuntariamente identificados com o "corpo de dor", o agregado coletivo das dores não curadas, suportadas pelos homens e mulheres através dos tempos e que se cristalizaram e alojaram nas camadas mais profundas da consciência individual e coletiva. Como ele diz: "Muitos livros têm sido escritos, e muitos mais podem ser escritos, sobre as formas como o inconsciente se manifesta nos relacionamentos entre homens e mulheres. Mas [...] a partir do momento em que você compreende a raiz da disfunção, não precisa explorar suas incontáveis manifestações."[7] Para Tolle, essa raiz consiste na identificação inconsciente com o corpo de dor, algo que normalmente tipifica os relacionamentos disfuncionais entre homens e mulheres.

Tolle fez elaborações adicionais em seu livro mais recente, *A New Earth*, e sugeriu uma solução:

> A maior conquista da humanidade não são suas obras artísticas, científicas ou tecnológicas, mas o reconhecimento de suas próprias disfunções, de sua própria loucura [...] Reconhecer a própria insanidade significa, é claro, o surgimento da sanidade, o começo da cura e da transcendência [...] [Especialmente] quando a identificação [com o corpo de dor] cessa, a transmutação se inicia.[8]

Tolle fala de como os conflitos interpessoais podem ser transformados pela presença de testemunhas imparciais e compassivas. A presença de várias testemunhas tende a despertar uma consciência de testemunho similar dentro de cada uma das partes beligerantes – e elas começam a se desidentificar em relação a suas posições de batalha, que foram criadas por seus corpos de dor.

Tolle está afirmando de outra maneira aquilo que nós vivenciamos diretamente nos muitos anos de prática com o trabalho de reconciliação de gênero. Fazer com que a dolorosa insanidade dos conflitos de gênero saia da "segurança" oculta do lar, do quarto de dormir, da comunidade religiosa, da igreja ou do local de trabalho, e venha para a luz da consciência grupal ou comunitária – serve para desconstruir e transformar esses mesmos conflitos. Isso está exposto no Capítulo 2 como o terceiro princípio da reconciliação de gênero; ou seja, o trabalho de reconciliação de gênero é realizado de modo mais eficaz em grupos ou comunidades. Testemunhas imparciais e compassivas são parte daquilo que o grupo ou comunidade proporciona – pessoas não diretamente envolvidas com um específico conflito ou processo de gênero que conseguem, portanto, eliminar mais facilmente as projeções, desidentificar-se de seus corpos de dor e manter um campo de presença compassiva para seus pares.

Esse é o princípio central que opera no exercício de testemunho silencioso e nos fóruns da verdade com todos os gêneros. É claro que, a qualquer momento do processo de cura de gênero, as questões específicas e as dinâmicas de grupo podem mudar, fazendo com que as testemunhas imparciais e os protagonistas/antagonistas troquem de lugar. Qualquer que seja a forma como o processo se desenvolve, um grupo ou comunidade de participantes conscientes e compassivos cria um recipiente favorável ou local sagrado para a transmutação dos conflitos de gênero que foram corajosamente trazidos à luz. Naturalmente, o processo funciona melhor quando realizado por pessoas que demonstram boa intenção e sinceridade quanto a superar as dores e feridas do passado, e querem construir uma cultura de respeito, dignidade e amor florescente.

Tolle enfatiza que, para o processo de cura ser totalmente bem-sucedido, os combatentes de todos os lados do conflito devem renunciar à identidade de vítima, não apenas no nível pessoal, mas também no nível coletivo. Por exemplo, ele diz que as mulheres estão corretas em sua percepção de que o corpo de dor coletivo feminino deve-se em grande parte à violência masculina cometida contra as mulheres e à repressão do princípio feminino por todo o planeta durante milênios. Mas, se uma mulher se identificar com "o que os homens fizeram com as mulheres", isso pode mantê-la aprisionada a uma identidade coletiva de vítima. Isso "talvez dê a ela um confortável senso de identidade, de solidariedade com as outras mulheres, porém a está mantendo prisioneira do passado e bloqueando o pleno acesso à sua essência e ao seu verdadeiro poder".[9] O mesmo pode ser dito em relação aos homens que se identificam com o corpo de dor coletivo masculino. Aqui, o paralelo seria que o movimento masculino está muito certo em documentar e articular o lamaçal de injustiças que têm sido perpetradas exclusivamente contra os homens, mas, se eles estabelecerem sua identidade a partir dessa dor, acabarão presos dentro de um conflito irreconciliável e perderão o acesso ao seu verdadeiro poder.

Isso não significa negar a legitimidade da dor e da injustiça que têm sido perpetradas contra os homens, bem como contra as mulheres. As alegações de ambos os lados são legítimas. Mas é melhor recuar um passo e afirmar que as verdadeiras justiça e equidade de gênero jamais surgirão da identificação com a dor coletiva, por mais justificada que ela seja, e que a cura e transformação verdadeiras começam com o processo de desidentificar-se da dor e aproximar-se ativamente do amor e do perdão, por mais incerto que isso seja no início.

Rumo a uma nova civilização do amor

Como a opressão de gênero é universal, todas as sociedades se beneficiariam imensamente com uma autêntica cura e reconciliação de gênero. A humanidade inteira tem uma profunda necessidade de uma "Truth and Reconciliation Commission", dedicada à injustiça de gênero e ao sexismo. A humanidade como um todo precisa, algum dia, enfrentar resolutamente a agoniadora verdade da opressão de gênero e do sexismo presentes em nossa consciência, nossa sociedade, nossa família, nossos relacionamentos – nosso real legado como espécie. Precisamos cultivar um amplo perdão pelas calamitosas violações de mulheres e meninas, pela profunda traição aos homens e meninos e pela perseguição àqueles que não se conformaram aos estreitos e rígidos estereótipos heterossexuais. A humanidade jamais será capaz de passar para uma nova fase de evolução, para uma nova civilização baseada no amor e na harmonia, sem antes reconciliar os desequilíbrios de gênero num nível muito mais profundo do que o que já alcançou em qualquer das sociedades contemporâneas.

O mestre budista vietnamita Thich Nhat Hanh tem dito que o próximo Buda não surgirá na forma de um indivíduo, mas sob a forma de uma comunidade de pessoas convivendo em amorosa boa vontade e em cuidadosa percepção consciente. O trabalho de reconciliação de gênero é uma das muitas sementes plantadas nesse campo que está começando a germinar neste momento. Assim como um indivíduo evolui espiritualmente ao longo do tempo, também desse modo evoluem a consciência coletiva e a espiritualidade da sociedade. Um novo nível de evolução consciente está agora prestes a despertar na humanidade – uma nova era em nossa compreensão e expressão de gênero, intimidade e sexualidade –, para a qual todo o trabalho de cura de gênero feito até esta data tem sido apenas uma preparação. Há um nível particular de trabalho que só pode acontecer em grupos ou comunidades de homens e mulheres, e não em parcerias íntimas ou famílias nucleares.

Um novo alvorecer de uma forma mais elevada de amor entre homens e mulheres está chegando – um alvorecer que já está começando a se mostrar. Essa nova forma vai desfazer a ilusão do amor romântico e, finalmente, substituí-lo por uma forma mais nobre e universal de amor entre homens e mulheres. Ela não negará a expressão da intimidade e do amor físicos, porém elevará o impulso erótico, fazendo com que este deixe de ser um laço predominantemente físico e se torne uma forma de comunhão espiritual. Ela envolverá não apenas uma sexualidade espiritualizada, como tem sido extensivamente focada no Ocidente em anos recentes. A interação íntima entre manifestações arquetípicas do Feminino Divino e do Masculino Divino vai tornar-se mais acessível a almas adequadamente preparadas, e isso, por sua vez, trará de volta para a humanidade e para a Terra uma magia e um encanto que estiveram perdidos durante milênios. Assim que os abusos contra o feminino forem enfrentados honestamente e transmutados ao longo do tempo, a inocência e a pureza retornarão mais uma vez ao coração dos seres humanos. A dança mágica do masculino e do feminino, que é nosso direito inato como seres humanos, voltará para encantar novamente nossa vida.

Quando esse reencantamento acontecer, se ainda restarem movimentos feministas e masculinos, eles terão como meta servir a propósitos bem maiores, em vez de vencer suas próprias causas. As mulheres, os homens e as pessoas de todas as orientações sexuais trabalharão em prol do bem-estar e da libertação espiritual uns dos outros. À medida que o serviço aos outros continuar a se desenvolver livremente na sociedade, uma magia totalmente nova, que não tem sido vista há milhares de anos, começará a surgir e o relacionamento entre a humanidade e a Terra passará, então, a mudar rapidamente.

Talvez isso pareça pura fantasia, mas temos, de fato, testemunhado direta e consistentemente as sementes desse processo germinando num microcosmo, ou seja, em mais de quarenta eventos que envolveram setecentas pessoas nos retiros e programas intensivos do Satyana. Os círculos masculino e feminino, de início, lidam com suas próprias feridas, suas próprias necessidades – o que é importante e necessário porque precisamos investigar isso. Mas, no final desses encontros, os homens estão totalmente focados em homenagear e elevar as mulheres, e vice-versa. Os círculos feminino e masculino tornam-se inteiramente focados em apoiar e celebrar o "outro"; ao assim fazer, os melhores dons afloram e começa a verdadeira magia – e a diversão! Cada um desses grupos serve como uma espécie de "incubador alquímico", em que homens e mulheres juntos tornam-se os pioneiros de novas formas de cura e harmonia mútua, sem precedentes – e recuperam a admiração reverente e a magia viva da dança entre o masculino e o feminino na vida humana. Ao promover isso, esses workshops estão forjando, para homens e mulheres, novos caminhos e modelos que algum dia vão se difundir e se tornar a norma dentro de uma escala social muito maior. Assim, esses grupos nascentes, ao lado de outros grupos e comunidades espirituais similares, estão plantando as sementes da graça que vai impregnar a sociedade e, por fim, transformá-la. Esse processo pode ser visto como o princípio alquímico operando ao inverso: "Assim em cima com embaixo." Aquilo que está ocorrendo e emergindo em pequena escala dentro do microcosmo de certos grupos e comunidades espirituais vai, um dia, tornar-se uma realidade viva na família humana mais ampla.

O trabalho de reconciliação de gênero, descrito neste livro, é apenas um começo, mas ele assenta as fundações para um novo equilíbrio e harmonia entre o masculino e o feminino em nosso coração, em nossos relacionamentos e em nossas comunidades. Pelo fato de todos sermos afetados pelo condicionamento de gênero, o processo de reconciliação de gênero é uma das rotas mais diretas para o despertar do coração coletivo de uma comunidade ou grupo. O trabalho desperta naturalmente a capacidade comunitária para a compaixão e o perdão; proporciona um caminho direto e natural para a comunicação sincera e a percepção consciente. Também serve para restaurar o senso da interconexão sagrada de toda a vida, inclusive a interdependência entre a humanidade e o mundo não humano.

A visão predominante da "guerra de gênero" – como uma batalha entre homens e mulheres – está equivocada. A desarmonia de gênero é, em sua raiz, uma crise espiritual coletiva: uma guerra conduzida pela humanidade contra si mesma – motivada por uma negação da essência sagrada do masculino e do feminino, e por uma separação e um desequilíbrio tirânicos dos princípios masculinos e femininos. Esse desequilíbrio está manifesto em todos os níveis da sociedade – desde a psique humana individual até a família, a comunidade, a nação e, finalmente, a família humana inteira – e em nossas relações com nosso lar planetário.

O coração humano tem a capacidade de transcender e curar essas brechas. Um inesperado poder surge quando os seres humanos se reúnem, em comunidade, para investigar e reconciliar suas diferenças. A potencial contribuição que a reconciliação de gênero oferece ao futuro da humanidade é enorme, e está apenas começando.

Vamos encerrar com uma prece, que é uma adaptação do poema místico que aparece no final do Capítulo 1 (p. 32), escrito pelo poeta hindu Jnaneswar:

Sem o Deus,
Não existe a Deusa,
Sem a Deusa,
Não existe o Deus.
Quão doce é o seu amor!

Abraçando-se um ao outro,
Eles se fundem no Um,
Assim como as trevas se fundem com a luz
No romper da aurora.

Quando descobrimos sua Unidade
Todas as palavras e pensamentos
[e todos os livros!]
Dissolvem-se no silêncio...

Apêndice

Resumo do modelo de reconciliação de gênero do Satyana

Os estágios do processo de reconciliação de gênero do Satyana estão delineados a seguir. Foram colocados em ordem sequencial, mas, na prática, frequentemente se entrelaçam e se sobrepõem, dependendo do evento e do contexto cultural. Os passos descritos aqui se aplicam ao formato usual de cinco dias, mas podem ser usados em todos os eventos de reconciliação de gênero.

Dias 1-2: Preparação/Invocação

- Depois das boas-vindas e introduções, o workshop começa com uma invocação que unifica a intenção do grupo por cooperação, cura mútua e reconciliação.
- Normas e acordos éticos são estabelecidos para o grupo ou comunidade, o que ajuda a criar um ambiente de confiança, integridade e segurança para todos.
- O grupo se engaja em práticas contemplativas para uma posterior abertura à dimensão espiritual.
- Inclusão de exercícios para despertar a sensibilidade e a comunicação não verbal a fim de aumentar a consciência da comunicação em múltiplas camadas, característica da reconciliação de gênero.

Esses passos preliminares são essenciais, pois ajudam a criar um ambiente propício ao imprevisível e volátil processo de cura e reconciliação de gênero.

Dias 2-4: Imersão e Transformação

- Exame das desarmonias e injustiças de gênero, levando em conta a natureza e as formas do conflito de gênero que ocorre nas arenas social e cultural. Isso é feito por meio de apresentações multimídia, seguidas por um processo em grupos pequenos.

- Exercício de "testemunho silencioso" a fim de despertar a consciência do lado sombrio do condicionamento de gênero e seu profundo e abrangente impacto destrutivo sobre os indivíduos.
- Mudança de foco do coletivo/impessoal para o individual/pessoal, quando os participantes compartilham as experiências e desafios relacionados ao seu próprio gênero.
- Podem surgir questões "explosivas", que liberam uma carga ou tensão energética.
- O grupo começa a investigar o que emergiu até o momento. Como as palavras não são suficientes, usamos ferramentas tais como práticas contemplativas e trabalho de respiração. Este último, em particular, serve para invocar a "alma grupal" e cultivar uma forma única de intimidade dentro do grupo, facilitando a cura "alquímica".
- Nesse momento, as questões de gênero já foram evocadas dentro do processo grupal e exploradas coletiva e internamente. O grupo então se divide em círculo feminino e círculo masculino para investigar melhor essas questões com os participantes do mesmo sexo.
- Os círculos feminino e masculino se reúnem no fórum da verdade, para tratar das questões mais carregadas que surgiram nos círculos separados.

Dia 4-5: Consagração, Integração e Encerramento

- O grupo se separa de novo em círculo masculino e feminino a fim de criar rituais para honrar e celebrar o outro grupo.
- Depois dos rituais, o foco da comunidade muda para a integração e o encerramento. A integração inclui a consolidação dos *insights* e ensinamentos, e como aplicar na vida doméstica e profissional as lições aprendidas.

Cada um dos estágios acima é um componente crítico no processo de reconciliação de gênero.

Aplicação nas questões LGBT

Como discutido no Capítulo 1, o Satyana Institute sempre deu as boas-vindas aos indivíduos LGBT em seus programas e defendemos a importância e a legitimidade de suas questões.

A maioria dos nossos workshops em que houve uma combinação de participantes heterossexuais e LGBTs teve como resultado um nível profundo de cura, que não ocorreria se o grupo não fosse tão diversificado. Essas diferenças têm o potencial de se tornar uma fonte de tensão dinâmica no grupo, que, se adequadamente conduzida, ajuda os participantes a entrarem mais profundamente em seus corações e, em consequência, é despertada uma unidade mais intensa dentro do grupo. Nesses casos não houve a necessidade de fazermos ajustes no formato ou no projeto do workshop.

Mas, em alguns poucos casos, a diversidade de gênero era tão grande que gerou certa frustração em todos os envolvidos. Por exemplo, o indivíduo transgênero possivelmente não vai se sentir confortável nem no círculo masculino nem no feminino; o que é compreensível, pois ele não se identifica nem como homem nem como mulher. Quando há um número suficiente de transgêneros, modificamos o formato para três subgrupos: de homens, de mulheres e de transgêneros. Em geral, isso tem dado certo, resultando numa rica experiência para todos os participantes. Uma desvantagem é que há menos tempo para os fóruns da verdade e os rituais por causa da divisão em três subgrupos, em vez de dois. Já quando há poucos transgêneros (três ou menos), essa abordagem não é prática, pois os demais participantes podem sentir que seus assuntos não estão sendo tratados de modo proporcional.

Em resumo, diferentes grupos de pessoas têm diferentes assuntos e necessidades, e aprendemos que nem sempre é possível ou desejável criar um programa de cura de gênero que atenda cada pessoa em particular e todos os públicos. É mais produtivo os programas de gênero focalizarem as necessidades específicas de um público em particular. Por exemplo, há bilhões de homens e mulheres heterossexuais no mundo cuja fonte de problemas não é a orientação sexual nem a identidade de gênero; sua maior necessidade é um trabalho heterossexual de reconciliação de gênero. Forçar ou expandir ideologicamente o foco do trabalho para incluir as questões LGBT não seria apenas irrelevante, poderia descarrilar o processo e impedir que os homens e mulheres heterossexuais fizessem o trabalho de cura de gênero que tão urgentemente necessitam. E para o público LGBT, engajar-se num trabalho de cura de gênero entre heterossexuais poderia ser irrelevante e contraproducente.

As questões LGBT não dizem respeito a todas as pessoas, assim como o "assassinato em nome da honra" das muçulmanas e as "noras queimadas" indianas. Mas algo une os diversos interesses de todos esses grupos: a opressão de gênero sofrida por eles e a violação dos direitos humanos fundamentais constelados em torno do gênero. Os abusos cometidos contra os direitos humanos da comunidade LGBT dizem respeito a todas as pessoas, assim como os abusos contra as mulheres muçulmanas e os abusos contra os seres humanos oprimidos em qualquer lugar. Pois o tema unificador de todas as formas de opressão de gênero é a questão dos direitos humanos universais.

Notas

Capítulo 1
[1] Ver Robert Gilman, "Essential Peacemaking", *In Context*, nº 34 (1993): 52-4.
[2] Samuel Shem e Janet Surrey, *We Have to Talk* (Nova York: Basic Books, 1999).
[3] Robert Bly e Marion Woodman, *The Maiden King: The Reunion of Masculine and Feminine* (Nova York: Henry Holt and Co, 1998).
[4] Aaron Kipnis e Elizabeth Herron, *What Women and Men Really Want* (Novato, Calif.: Nataraj Publishing, 1995).
[5] Riane Eisler e David Loye, *The Partnership Way* (Brandon, Vermont: Holistic Education Press, 1998).
[6] Llewellyn Vaughan-Lee, *Awakening the World: A Global Dimension to Spiritual Practice* (Inverness, Calif: Golden Sufi Center, 2006, 66-83).
[7] Citado em Andrew Harvey, *The Essential Mystics* (Castle Books, Edison, N.J., 1996, 50-2).

Capítulo 2
[1] Alice Bailey, *A Compilation on Sex* (Lucis Trust, Londres, 1990, 13-5).

Capítulo 3
[1] Bill Moyers, *A Gathering of Men*, 1990, programa de televisão, produzido por Betsy McCarthy e dirigido por Wayne Ewing; Mystic Fire Video, Burlington, Vermont.

Capítulo 5
[1] Andrew Harvey, *Light Upon Light: Inspirations from Rumi* (Berkeley, Calif.: North Atlantic Books, 1996, 104).

Capítulo 6
[1] J. Hanus, "The Culture of Pornography Is Shaping Our Lives", *Utne Reader* (set/out de 2006): 58-60.
[2] Carly Milne, *Naked Ambition: Women Who Are Changing Pornography* (Nova York: Carrol and Graf, 2005); Candida Royalle, *How to Tell a Naked Man What to Do* (Nova York: Fireside Simon and Shuster, 2004).
[3] Pamela Paul, *Pornified: How Pornography Is Transforming Our Lives, Our Relationships, and Our Families* (Nova York: Times Books, Henry Holt, 2005). [*Pornificados – Como a Pornografia Está Transformando a Nossa Vida, os Nossos Relacionamentos e as Nossas Famílias*, publicado pela Editora Cultrix, São Paulo, 2006.]
[4] J. Stoltenberg, *Refusing to Be a Man* e *What Makes Pornography Sexy* (Minneapolis, Minn., Milkweeed Editions, 1994).
[5] Daniel Odier, *Desire* (Inner Traditions, Rochester, Vermont, 2001, 8-9).
[6] Sahajayoginicinta, citado em Miranda Shaw, *Passionate Enlightenment* (Princeton, N.J.: Princeton University Press, 1994, 188).
[7] Miranda Shaw, "Everything You Always Wanted to Know About Tantra... but Were Afraid to Ask", *What is Enlightenment?*, Lenox, MA, Issue Nº 13, primavera-verão, 1998.
[8] Ibid.

[9] Amarananda Bhairavan, *Kali's Odiyya - A Shaman's True Story of Initiation* (York Beach, Maine: Nicolas Hays, 2000).

Capítulo 8

[1] Stanislav Grof, *The Adventure of Self Discovery* (Albany, N.Y.: SUNY Press, 1988, 171).
[2] Para uma descrição completa e informações clínicas detalhadas, ver Stanislav Grof, *The Adventure of Self Discovery* (Albany, N.Y.: SUNY Press, 1988).
[3] Stanislav Grof, *Psychology of the Future* (Albany, N.Y: SUNY Press, 2000, 215-17).
[4] Veja, por exemplo, o Contemplative Mind Project, estabelecido em Northampton, Massachusetts (www.contemplativemind.org).
[5] Bernie Glassman, *Bearing Witness* (Nova York: Harmony/Bell Tower [Crown], 1999).

Capítulo 9

[1] "India Dealing With Infanticide", BBC News Online, www.collegenet.com/elect/app/app?service=external/Forum&sp=2194
[2] Shiva/Shakti, Krishna/Radha e Rama/Sita são três dos consortes divinos dentre os numerosos casais de deuses da mitologia hindu. Shiva é o deus da dissolução e Shakti é sua consorte, a deusa da manifestação. Krishna é uma encarnação humana de Vishnu, o deus da preservação, e é Krishna quem fala como Deus no Bhagavad-Gita. Radha é a amada consorte de Krishna. Rama é o deus que, no épico hindu *Ramayana*, salva a humanidade ao matar o demônio Ravana, e Sita é a amada esposa divina de Rama, a qual as mulheres indianas idealizam e procuram imitar.

Capítulo 10

[1] Citado em *Cape Times*, 15 de novembro de 2006, Cidade do Cabo, África do Sul. O texto completo da citação de du Plooy está disponível online em www.christianfront.org.za/news/civilunionbill.htm.

Capítulo 12

[1] Gerda Lerner, *The Creation of Feminist Consciousness: From the Middle Ages to 1870* (Nova York: Oxford University Press, 1993): citado em Carol Flinders, *At the Root of this Longing, Reconciling a Spiritual Hunger and a Feminist Thirst* (San Francisco: HarperSanFrancisco, 1999, 126). Ver também Gerda Lerner, *The Creation of Patriarchy* (Nova York: Oxford University Press, 1986).
[2] William C. Chittick, *The Sufi Path of Love: The Spiritual Teachings of Rumi* (Albany, N.Y.: SUNY Press, 1983, 194-95).
[3] São João da Cruz, "The Living Flame of Love", em *The Collected Works of Saint John of the Cross*, Kieran Kavanaugh e Otilio Rogriguez, tradutores (Washington, DC: ICS Publications, 1991, 600).
[4] J. G. Bennett, *Sex: The Relationship between Sex and Spiritual Development* (York Beach, Maine: Samuel Wieser, 1981, 50).
[5] Andrew Harvey, *Light Upon Light: Inspirations from Rumi* (Berkeley, Calif.: North Atlantic Books, 1996, 79).
[6] Eckhart Tolle, *The Power of Now, A Guide to Spiritual Enlightenment* (Novato, Calif.: New World Library, 1999, 130).
[7] *Ibid.*, 135.
[8] Eckhart Tolle, *A New Earth: Awakening to Your Life's Purpose* (Nova York: Dutton, 2005, 14 e 183).
[9] Eckhart Tolle, *The Power of Now, A Guide to Spiritual Enlightenment* (Novato, Calif.: New World Library, 1999, 141).

Sobre o Satyana Institute

O Satyana Institute é uma organização de atendimento e treinamento, sem fins lucrativos. A missão do Satyana Institute é dar apoio a indivíduos, organizações e comunidades para que eles combinem o trabalho "interno" do coração com o serviço "externo" no mundo. O instituto tem programas em duas áreas: *Power of Reconciliation* e *Leading with Spirit*. Para maiores informações, favor visitar *www.satyana.org*.

O Poder da Reconciliação (*Power of Reconciliation*) é um projeto do Satyana Institute que organiza workshops e programas de treinamento para a cura e a reconciliação entre homens e mulheres, em diversos países. A oferta de programas vai desde os workshops introdutórios de final de semana até os programas intensivos de seis dias, e são conduzidos numa grande variedade de contextos, incluindo-se organizações de serviço voluntário, departamentos do governo, organizações e congregações religiosas, ambientes psicoterapêuticos, comunidades espirituais e voluntárias e instituições acadêmicas. O projeto também conduz periodicamente programas para facilitadores do modelo do Poder da Reconciliação.

Para maiores informações, favor visitar *www.powerofreconciliation.org*.